名师名校名校长

凝聚名师共识
回应名师关怀
打造名师品牌
培育名师群体

顾明远题

——顾明远

北京师范大学校务委员会委员、中国教育学会原会长

情境·问题·思辨

——任务驱动课堂教学二十年探索与实践

张洪军 ｜ 著

中国石油大学出版社

山东·青岛

图书在版编目(CIP)数据

情境·问题·思辨:任务驱动课堂教学二十年探索
与实践 / 张洪军著 . -- 青岛:中国石油大学出版社,
2024. 5

ISBN 978-7-5636-4668-5

Ⅰ. ①情… Ⅱ. ①张… Ⅲ. ①课堂教学－教学研究
Ⅳ. ① G424. 21

中国国家版本馆 CIP 数据核字(2024)第 094794 号

书　　名:情境·问题·思辨——任务驱动课堂教学二十年探索与实践
　　　　　QINGJING · WENTI · SIBIAN——RENWU QUDONG KETANG JIAOXUE
　　　　　ERSHI NIAN TANSUO YU SHIJIAN

著　　者:张洪军

责任编辑:刘平娟(电话　0532－86983561)
责任校对:张　凤(电话　0532－86983564)
封面设计:孙晓娟(电话　0532－86981529)

出 版 者:中国石油大学出版社
　　　　　(地址:山东省青岛市黄岛区长江西路 66 号　邮编:266580)
网　　址:http://cbs.upc.edu.cn
电子邮箱:jichujiaoyu0532@163.com
排 版 者:青岛友一广告传媒有限公司
印 刷 者:泰安市成辉印刷有限公司
发 行 者:中国石油大学出版社(电话　0532－86983437)
开　　本:710 mm × 1 000 mm　1/16
印　　张:15. 75
插　　页:1
字　　数:296 千字
版 印 次:2024 年 5 月第 1 版　2024 年 5 月第 1 次印刷
书　　号:ISBN 978-7-5636-4668-5
定　　价:62. 00 元

　　回首 21 世纪过去的二十年，我们不禁感慨我国基础教育走过了一段极不平凡的探索历程。这二十年，是新一轮基础教育课程课堂教学改革从启动到深化的二十年。在这二十年中，我们经受了新课程理念的洗礼，实施新课标，使用新教材，探索新的课堂教学方式和评价方式，改革创新的浪潮一波又一波兴起，新观点、新模式、新经验不断涌现。

　　2010 年，《国家中长期教育改革和发展规划纲要（2010—2020 年）》发布，其中明确指出："深化教育教学改革，创新教育教学方法，探索多种培养方式，形成各类人才辈出、拔尖创新人才不断涌现的局面。注重学思结合。倡导启发式、探究式、讨论式、参与式教学，帮助学生学会学习。" 2017 年，教育部印发《普通高中课程方案和语文等学科课程标准（2017 年版）》，为基础教育课程课堂教学改革掀开新的一页，《普通高中生物学课程标准（2017 年版）》首次提出并凝练了学科核心素养，明确了学生学习生物学后应形成的正确价值观念、必备品格和关键能力，克服了重教书轻育人的倾向。创新素养作为学生发展的核心素养之一，对于学生的发展（尤其是高中生的发展）发挥着重要作用，是高中生的必备品格和关键能力。《普通高中生物学课程标准（2017 年版 2020 年修订）》全文出现"新"字 54 次，依据该课程标准制定的《中国高考评价体系》和《中国高考评价体系说明》共 3 万多字，"新"字出现 207 次，"创新"一词出现 60 余次。2019 年 6 月，《中共中央　国务院关于深化教育教学改革　全面提高义务教育质量的意见》发布，其中明确指出"强化课堂主阵地作用，切实提高课堂教学质量""优化教学方式。坚持教学相长，注重启发式、互动式、探究式教学，教师课前要指导学生做好预习，课上要讲清重点难点、知识体系，引导学生主动思考、积极提问、自主探究。融合运用传统与现代技术手段,重视情境教学;探索基于学科的课程综合化教学,开展研究型、项目化、合作式学习"。

在这样的大背景下,改进课堂教学迫在眉睫。针对当前课堂教学中常常表现出的浅层学习特征,改进课堂教学不仅是教育理论与实践发展的必然趋势,还是对时代发展新要求做出的积极回应。我们通过前期调研发现,某些教学方式的不合理性已经非常明显,重知识传授、忽视能力和素养培养的状态没有从根本上得到改变,学生的主体地位没有得到充分体现,不利于学生学科核心素养的培养和提升。面对技术创新、全球一体化的新时代,教育需要回到初心,重新思考"培养什么人""怎样培养人"的重大命题,借助实践与探索,回到"人之为人"的根本上来。

针对新时代课程改革的需要,优化课堂教学方式,构建基于生命发展的课堂教学模式已刻不容缓。课堂上对学生全面发展的关注、对高阶思维能力的培养以及对学生生命体验的重视等,与核心素养的诉求不谋而合。教学模式是正确反映教学客观规律,有效指导教学实践的教学行为规范。这种教学行为规范是在一定的教学思想或理论的指导下,对教师、学生课堂上的互动状态和过程加以概括而形成的,它是一种以系统、有序、简明的形式表达的结构关系。

世界上没有放之四海而皆准的教学模式。任何教学模式(基本流程)都指向完成一定的教学目标,其功能的发挥也需要一定的教学条件,这就决定了任何教学模式都不是万能的。因此,为了有效地实现教学目标,教师要认真地学习、扎实地掌握多种教学模式,随着教学条件、内容和要求的变化,适时灵活地进行嫁接改造、组合切换、发展创新。

课堂是人的"生命发展场",课堂教学助力教师专业化成长。课堂是教师专业化成长的主阵地,是学校教育教学的主阵地,课堂教学是师生在生命的交流互动中不断成长的过程。课堂是一个诗与谜共创的时空:智慧重重、魅力重重、神秘重重。近二十年来,我一直坚持不懈地对课堂教学进行实践和研究。单从教育教学涉及的课题研究方面,从2004年起,我先后主持或参与了十二项以课堂教学为主题或与之相关的研究课题,其中,2004年11月至2007年7月主持并完成了山东省教育科学"十五"规划重点课题"新课标下教与学行为的转变"的子课题"科学探究中教与学行为的转变"(课题编号为0402678,齐亚春老师和我同为课题主持人);2009年7月至2012年7月主持并完成了山东省教学研究课题"主体参与型高中生物课堂教学实践研究"(课题编号为pt-20100597);2013年4月至2015年6月主持并完成了山东省教育科学"十二五"规划重点课题的

子课题"高中生物课程资源开发与学生逻辑思维能力发展的研究"（课题编号为 JNKCZY048）；2015 年 6 月至 2017 年 7 月主持并完成了山东省校本研究专项课 题"青年教师成长的案例研究"（课题编号为 0000525）；2019 年 6 月至 2021 年 6 月主持并完成了山东省教育科学"十三五"规划课题"以学校为本的教师专业 发展路径研究"（课题编号为 YC2019391）；2019 年 4 月至 2021 年 6 月参与了 山东省基础教育教学改革项目"以板块式问题组导学案为载体发展学生核心素 养的探究教学策略研究"（课题编号为 3702055,我是课题组主要成员,位列第二 位）；2019 年 11 月至 2022 年 8 月主持并完成了中国教育学会教育科研规划课 题"核心素养背景下基于任务驱动的高中生物学课堂教学实践研究"（课题编号 为 201900180904B）；2022 年 12 月至 2024 年 5 月主持并完成了青岛市"十四五" 规划课题"基于课程标准的学生创新素养培育的生物学课堂教学实践研究"（课 题编号为 QJK2022C103）。此外,我还主持并完成了两项山东省青岛市学科教研 基地学校校本研究课题。

我对课堂教学的研究一步一个脚印,一步一步地积累,一点一点地付出,也有 不少收获和心得体会。其中,部分研究已获奖:2007 年 6 月撰写的《新课标下高 中"因学定教"引起的教学模式研究》荣获山东省 2007 年中小学教育科研优秀 成果一等奖;2012 年 7 月结题的山东省教学研究课题"主体参与型高中生物课堂 教学实践研究"荣获山东省教学研究优秀成果一等奖、山东省基础教育教学成果 二等奖（我位列第一位）;2022 年 7 月参与申报的《深度建构能力与素养课堂:探 究教学二十年时间》荣获山东省教学成果奖二等奖（我位列第二位）。本书在课堂 教学实践研究和学生素养培养、提升、落实方面也力求进一步深化和创新。

全书共十一章,分为相互独立又相互关联的四篇。第一篇《课堂教学:从"行 为研究"到"主体参与"》,写课堂教学的行为,采用因学定教教学模式和主体参 与型课堂教学模式,把学生作为组织教学的核心。第二篇《课堂教学:从"概念教 学"到"创新素养"》,渗透概念教学,设计板块式问题组导学案,实施小组合作学 习,培养学生创新素养。第三篇《课堂教学:从"资源开发"到"说课实践"》,讲 述了如何开发课程资源并将其有效融入课堂教学,从说课训练助力教师专业化成 长。第四篇《课堂教学:从"情境创设"到"情境＋任务驱动＋思辨"》,重点讲述 新情境下的任务驱动教学,促进学生深度学习,培养学生思辨能力,提升学生认知 水平。

站在新的起点,总结这二十年自己参与的基础教育课堂教学理论与实践研究 的一点点收获,倍感欣慰。面对新时期基础教育课堂教学的任务和挑战,构建基

础教育课堂教学理论体系,探索学科课堂教学高质量发展的实践路径、策略和方法,是时代的需要,是服务于立德树人根本任务的需要,是让学科教育更充分彰显育人价值并发挥"培根铸魂,启智增慧"独特作用的需要,是服务于国家创新驱动战略实施的需要,是基础教育教学研究者应该认真思考和研究的问题,也是每一位基础教育教学研究者的责任,这正是我撰写本书的出发点。由于各地区校情、教情、学情不同,教师和学生个体的差异性较大,因此本书还有很多值得探讨的问题和不够完善的地方,诚如我国著名特级教师陶继新所言:"理想的教育永远在远方,那正是我们奔跑的方向。"

　　本书多有参考前人、同人的成果,谨此诚挚地致谢!

　　由于时间紧迫,加上研究条件、作者水平有限,书中不足或不妥之处在所难免,敬请专家学者和读者朋友批评指正!

张洪军

2024 年 5 月

目 录
CONTENTS

第一篇　课堂教学:从"行为研究"到"主体参与"

古语云:"积行成习,积习成性,积性成命。"课堂上发生的教学行为,直接影响着一节课的教学质量。课堂首先应该尊重学生,以学生为主体,注重发挥学生的主体参与性,激发学生的学习兴趣。要实现这些,我们可以改变教学行为,通过设计灵活多样的教学方式,转变学生被动接受、死记硬背的学习方式。要实现这些,我们也可以尝试采用因学定教教学模式,把学生作为组织教学的核心。要实现这些,我们还可以实施主体参与型课堂教学,既强调教师在教学活动中的主导地位,又充分发挥和肯定学生的主体参与性,让学生自己学会学习、学会生存、学会发展。

第一章　教与学行为转变的研究 / 3

　　第一节　教与学行为的关系 / 3

　　第二节　科学探究中教与学行为转变的实践研究 / 6

第二章　因学定教引起的教学模式实践研究 / 19

　　第一节　因学定教教学模式简介 / 19

　　第二节　课程标准下高中因学定教教学模式的实践研究 / 21

第三章　主体参与型课堂教学实践研究 / 31

　　第一节　主体参与型课堂教学模式简介 / 31

第二节 主体参与型课堂教学实践 / 32

第二篇 课堂教学:从"概念教学"到"创新素养"

概念是人脑对客观事物本质特征的认识。对概念的掌握程度是衡量学习质量的一个重要标准。课堂教学先要基于事实、现象建构概念,然后将对生命观念的领悟渗透其中,并适时总结、提炼和外显化。核心素养是学生发展的DNA,也是新课程改革和教学改革的DNA。创设真实情境,设计板块式问题组导学案,实施小组合作学习,开展嵌入式学习评价,激发学生自觉思考、有序思考、连续思考、深度思考和批判性思考,让培养学生核心素养真正落实到课堂。创新素养作为学生发展的核心素养之一,渗透在学科核心素养之中,对于学生的终身发展发挥着重要作用,是学生的必备品格和关键能力。创新课堂教学方式,培养学生创新素养势在必行。

第四章 学科概念教学与初高中实验教学衔接 / 45

第一节 基于课程标准的概念教学实践 / 45

第二节 新课改背景下初高中生物学实验教学衔接 / 56

第五章 板块式问题组教学实践研究 / 67

第一节 板块式问题组教学模式简介 / 67

第二节 板块式问题组教学实践 / 69

第六章 创新素养培育教学实践研究 / 89

第三篇 课堂教学:从"资源开发"到"说课实践"

课程资源是课堂教学实施的必要且直接的条件,没有课程资源的广泛支持,再美好的课程理念和教学设想也很难变成课堂教学行动或教育实践方案。开发课程资源并将其有效融入课堂教学,能更好地培养学生的学习兴趣和学习能力,增加学科教学活力,提高课堂教学质量。说课是针对课堂教学的各个环节说清道理,锻炼和培养教师在一定场合系统地说出某一课题的教学设计及其理论依据的一种教研活动,涉及教材内容的分析、教学目标的确定、教学过程的设计、教学方

法的选择、教学效果的评价等,集"编""导""演""教"于一体,能综合提升教师素养。说课及课堂教学助力教师的专业化成长,教师的专业发展水平是提高教育教学质量的关键。

第七章　课程资源开发与说课实践研究 / 109

　　第一节　课程资源开发实践 / 109

　　第二节　基于学科素养的说课理论与实践 / 115

第八章　课堂教学助力教师专业化成长 / 129

　　第一节　课堂教学与教师发展 / 129

　　第二节　榜样引领谋发展,专业成长名师梦 / 130

　　第三节　以学校为本的教师专业发展路径研究 / 136

第四篇　课堂教学:从"情境创设"到"情境＋任务驱动＋思辨"

　　情境是指能激发某种情感的环境。情境化课堂教学将实际生活引进课堂,帮助学生深入理解和掌握学科知识,激发学生的情感体验和创造性思维活动,以及学习兴趣和动机,促进其知识的建构转化和迁移应用,有效促进了课堂教学中深度学习的实现和教学目标的达成。新情境下的任务驱动教学创造了任务驱动、以学定教、学生主动参与、探索创新的新型综合学习方式,引领学生逐渐形成学科知识体系,注重符合学生认知规律,引导学生辩证分析、创新思维和组织语言,促进学生深度学习。一个人的认知水平和思辨能力决定了其做事效率的高低。思辨能力的培养能促进学科核心素养的发展,"情境＋任务驱动＋思辨"的课堂是我们的追求。

第九章　基于情境创设的深度学习实践研究 / 165

　　第一节　情境创设与深度学习简介 / 165

　　第二节　基于情境创设的深度学习实践 / 169

第十章　基于学科核心素养的任务驱动课堂教学 / 189

　　第一节　任务驱动教学法简介 / 189

　　第二节　基于学科核心素养的任务驱动课堂教学实践研究 / 195

第三节　基于学科核心素养的任务驱动课堂教学成果展示 / 215

第十一章　思辨与思辨能力的培养 / 225

第一节　关于思辨的理解 / 225

第二节　思辨能力的培养 / 227

第三节　思辨能力与学科核心素养的培养 / 233

后　记 / 240

第一篇

课堂教学:从"行为研究"到"主体参与"

古语云:"积行成习,积习成性,积性成命。"课堂上发生的教学行为,直接影响着一节课的教学质量。课堂首先应该尊重学生,以学生为主体,注重发挥学生的主体参与性,激发学生的学习兴趣。要实现这些,我们可以改变教学行为,通过设计灵活多样的教学方式,转变学生被动接受、死记硬背的学习方式。要实现这些,我们也可以尝试采用因学定教教学模式,把学生作为组织教学的核心。要实现这些,我们还可以实施主体参与型课堂教学,既强调教师在教学活动中的主导地位,又充分发挥和肯定学生的主体参与性,让学生自己学会学习、学会生存、学会发展。

第一章
教与学行为转变的研究

第一节　教与学行为的关系

一、研究分析课堂教学,不可缺少对教学行为的关注

我们在课堂上教,学生在课堂上学,讲授、对话,实验、探究,一切都是那么自然。古语云:"积行成习,积习成性,积性成命。"课堂上发生的教学行为,直接影响着一节课的教学质量。如果教师不能对教学行为进行反思,那么就很难改进自己的教学,也很难改变教学理念,更谈不上提升自己的教育素养。无论是研究教师的教,还是研究学生的学,都必须重视对教与学行为的研究。分析课堂教学,也就必须对教学行为进行分析。关注课堂教学行为,教师和学生都将从中受益。

会教的教师一定具有良好的教学行为,这些教学行为共同组成一堂好课,最终影响学生的学习效果。

二、教与学行为的界定

关于"行为"一词的含义,现代心理学的观点为:人类的行为,是基于特定的欲求,为了实现特定的目标,并选择各种各样的手段去实现目标的活动。我们在讨论课堂教学时所关注的行为,是指教师和学生在课堂上发生的可观察和可测量的事件,既包括教师和学生的生理变化、肌肉动作、语言,也包括教师和学生的活动所形成的产物,如各种作品。

关于教学行为,目前有不同的定义。我们认为的课堂教学行为既包括教师

的教,也包括学生的学,凡是教师和学生在课堂上发生的可见的行为都应该纳入教学行为的范畴。这一定义属于教学行为的广义定义,它把课堂上教师与学生之间、学生与学生之间发生的所有行为都纳入了观察与分析的范畴;同时,这里所说的教学行为是可观察到的行为,它区别于教师和学生头脑内部发生的认知过程和情感。

三、教与学行为之间的关系

从教与学的关系看,所谓的有效的课,一定是有助于学生学习的课。所有的教都通过促进学来起作用。凡是好课,一定能促进学生的学。一般地说,评价教学效果有三个构成因素,即知识、能力、素质。所以,评价一堂课时,首先要看教师在教学目标和教学指导思想上有没有明确的自我要求和实施措施(这是实现一堂好课的前提),其次要看教学目标在学生那里的体现,也就是教学目标落实的程度(这是实现一堂好课的落脚点,也是衡量教师教学水平的首要依据)。

从教师的行为促进学来看,能唤醒学生学习兴趣的行为都是良好的行为。如果教师的行为表现出投入、好意和关注,那么学生将更有兴趣学习,从而获得更好的学习效果。

四、教与学的行为与学习心理

1. 课堂学习时间上的高效期与低沉期

学习心理学实证研究已经揭示,在40分钟的课堂上,学生学习的高效期与低沉期是相间分布的:一般在前15~20分钟,学生的学习效率比较高;在最后10分钟,学生的学习效率也比较高;在中间10分钟左右的时间,学生的学习效率比较低。

学习心理学还揭示,学习时存在首因效应和近因效应:对于最先接触的学习材料和最后接触的学习材料,学生记忆的效果好;对于中间接触的学习材料,学生记住的内容少,记忆效果差。

课堂上教与学的行为如果符合学习心理学的规律,那么将产生良好的学习效益。根据学习心理学,课堂上的教学行为需要针对低沉期改变讲授方式,如将语言讲解转变为视频讲解或者将讲授转变为学生讨论,变换学生的学习方式,这样可以再次唤醒或维持学生的学习兴趣。

根据学习心理学,需要考虑在学生学习的高效期进行重要概念的讲述,而在学生学习的低沉期安排一般支撑性事实的介绍。这样,重点内容在高效期展开,可以提升学生的学习效率。

2. 记忆和遗忘

学习心理学理论中关于记忆的过程的观点是:感觉器官将外界信息形成感觉记忆后保持一段时间,然后通过注意将信息储存至工作记忆,最后通过将新信息与先前的知识建立联系而形成长期记忆。

长期记忆的知识,可以通过陈述性知识和程序知识、内隐知识和外显知识来区分。知识通过多种方式编码而与其他知识相关联,构成组织,形成一个网络系统。常练习、频繁使用的信息,提取非常容易。

当信息不常使用或完全不用的时候,则很可能衰退甚至消失。关于一件事情细节的信息往往比事情本身的基本意义或者主旨消失得更快。记忆会受到干扰信息的影响而消退。

当前脑科学还没有揭示具体的学习如何与脑结构的变化相联系,还难以直接为提高课堂学习效率提供指导。我们探讨学习行为有效性的主要依据还是有关学习心理学的研究成果。

当我们重温有关学习心理学的研究成果时,会发现几乎每一个成果都对我们有启发。例如,教与学的行为如果能促进注意、信息编码、记忆和信息提取,那么就是有效的。因此,将概念结构化、在新知识与已有知识之间建立联系,都是能有效促进记忆和信息提取以及有效对抗遗忘的方法。

学习心理学还告诉我们,首次提取的信息非常关键,这是一个信息重构的过程,因此首次提取信息务求准确。我们由此可以明白,为什么学生一旦有知识性错误,就很难改正。又如,精细的信息特别容易被遗忘,因此精细的信息需要予以特别的注意。

3. 元认知与自我调节学习

元认知(Metacognition)是人们对自己的思维与学习过程的意识和理解,以及对能促进学习与记忆的思维与学习过程的调节。简而言之,元认知就是对思维的思维。学生的元认知越高级,在学校的学业成绩就可能越好。自我调节学习(Self-regulated Learning)的过程就反映了元认知的过程。

根据元认知与自我调节学习理论,可以推演哪些教学行为是有效的。显然,那些能够提升学生元认知水平或者能够对学习做自我调节的行为是有效的行为。从行为的外在表现看,那些有效注意时间长、高度自律、能用多种策略解决问题、能调整策略、会适时寻求帮助的学生,其学习行为将与高效学习有更密切的联系。

五、教与学的行为与学科内容

教与学的行为是以心理活动为基础,承载着学习内容的传递或信息的获取,具有目标导向的。每一堂课对学生来说都是有学习目标预期的。教学目标的实现依赖于学习经验的选择和组织,教学目标最终是否达成是通过评价来判断的。学习目标实现的途径就是学生在每一堂课上的学习行为。实现教学目标所依赖的经验的选择、组织、呈现,既通过教师教的行为在课堂上表现出来,也通过学生学的行为而内化。

教与学的行为、教学目标、教学内容与教学过程存在统一性,对教与学的行为的探讨,就必然要与教学目标、教学内容、教学过程建立联系。

生物学课堂上,教师讲解的、学生讨论的主要是生物学事实、概念、思想、方法,师生在进行问答对话的过程中思考的也是和生物学事实、概念、思想、方法有关的内容。这些行为承载的信息才应该是我们关注的核心。

有助于学生学习的课,既能提升学生的学业成绩,也有助于提高学生的知识和技能水平,让学生有应对未来工作、生活所需的知识、能力与态度,对学生的终生幸福有帮助。

从这个意义上来看,我们在探讨教学行为是否有效时,一定要有更加宽阔的视野。联合国教科文组织曾经提出,教育的目的,是让学生学会认知、学会做事、学会共处、学会做人(发展)。生物学课堂教学的目标,是育人,是促进学生发展。

第二节　科学探究中教与学行为转变的实践研究

一、问题的提出

适应当前教育改革大潮,大力实施素质教育和科教兴国的伟大战略,需要培养具有创新思维、创新精神、创新品格的劳动者。新课程改革的宗旨是要使学生学会求知,提高学生的科学素养,促进学生的全面发展。因此,教育必须改变传统的教学方式,使教学方式适应时代发展的趋势,使培养出的人才满足社会发展的需求。生物教学行为的转变就是改变传统教育中教师是知识传授者、课堂主宰者的现象,通过设计灵活多样的教学方式,激发学生学习生物的兴趣,转变学生被动接受、死记硬背的学习方式,拓展学生学习和探究生物问题的空间,培养和提高学生自主学习、创新学习和主动探究的能力,促进学生身心健康发展和全面发展。教师

应努力转变教育观念,并在教学实践中转变教学方式,促使学生转变学习方式,引导学生培养现代公民应具备的人文素养,以应对新时代的挑战。

二、"科学探究"概念的界定

"探究"即探索研究,通过多方寻求答案,最终解决问题。"科学探究"一般有两层意思:一是科学家所进行的探究工作;二是获取知识、领悟科学的方法,一种教与学的活动。本书中的"科学探究"是指后者,包括教师的探究性教学和学生的探究性学习。《全日制义务教育生物课程标准(实验稿)》中将"科学探究"表述为:学生积极主动地获取生物科学知识、领悟科学研究方法而进行的各种活动。科学探究通常包括提出问题、做出假设、制订计划、实施计划、得出结论和表达交流。

本书中将"科学探究"的概念界定为:在教学过程中,基于学生的先前经验和能力发展水平,通过为学生创设情境、组织活动,引导学生发现问题,并通过自主探究、小组合作解决问题,让学生充分动手、动脑,提升对学习的兴趣,发展科学探究能力、创新思维能力,形成科学态度和价值观的活动。

三、研究意义

在本书中,我们旨在面向全体学生,提高生物科学素养,利用探究式的教学模式把学生从被动地接受知识中解放出来,使学生真正成为课堂的主人,主动地参与到教学中,大大提高求知欲,由"要我学"变成"我要学",充分体现教学改革的主导思想。在具体的教学过程中,要灵活地综合运用各种学习方法和策略,使探究学习更具有问题性、实践性、参与性和开放性,使学生在已有知识和技能的基础上,不断地获取新知识,提升运用这些知识的能力,并形成一种稳定的行为,即学生主动发现与解决问题的习惯,以及主动获取、处理、运用信息的习惯等。

在生物教学中,科学的教与学的行为对全面开展素质教育有着非常重要的意义。

(1)建立主动探究的科学的教与学的行为,有利于在教学过程中培养学生的创新能力,促进学生的全面发展。通过建立主动探究的科学的教与学的行为,可以使学生积极地参与教学活动,充分体现主体地位,自主探究,积极思考,提高思维能力,得到创造性的发展。

(2)能够推进梁山县初中生物教学的实践和课程标准的落实。在研究中,在梁山县样本初中进行教学实验,改变了传统的教与学的方式;教师的引导,促进了学生在学习中主动探究,使学生成为学习的主人,培养了学生主动学习的习惯,提高了学生的探究能力和创新能力。将研究成果在梁山县进一步推广应用,可以促进梁山县初中生物教学中教与学行为的转变,提高教学质量,促进学生发展。本研究的理念与课程标准相符,因此研究结果的推广应用可以有效推进课程标准的落实。

(3)有利于培养一批具有先进教育教学理念的骨干教师。首先,课题组成员通过理论学习、课题实施等,认识到当前社会需要的不再是机械式学习、死记硬背的人,对当前教学中教师和学生角色的转变有了更加精确和深刻的认识,更新了教育教学理念,能以学生为中心,通过引导和启发,促使学生主动学习、自主探究,从而使学生自主获取知识并发展能力。通过研究成果推广,也可以使一批一线教师拥有先进的教育教学理念,能以学生为中心,促使学生主动学习。

四、研究内容

1. 研究假设

(1)科学探究中教与学行为的转变,能够开发学生的智力,培养学生的创造性思维和自学能力,可以通过自我探究引导学生学会学习和掌握科学的方法,为学生的终身学习和工作奠定基础。教师作为学生科学探究学习的导师,其任务是调动学生的积极性,促使学生自己去获取知识、发展能力,发现问题、提出问题、分析问题、解决问题。与此同时,教师还要为学生的学习设置探究的情境,创造探究的氛围,促进探究的发展,把握探究的深度,评价探究的成败。学生作为探究性学习的主人,要根据教师提供的条件,明确探究的目标,思考探究的问题,掌握探究的方法,敞开探究的思路,交流探究的内容,总结探究的结果。这样,学生通过科学探究中教与学行为的转变,可以养成积极探索、主动获取知识的良好习惯,培养科学探究精神和创新能力,真正成为学习知识的主动者。

(2)科学探究中教与学行为的转变,能够促使教师改变传统的教育理念和教学方式,在教学活动中始终以学生为中心,并通过创设情境、组织活动等方式引导学生主动学习、自主探究。

2. 研究目标

(1)研究成果目标:通过科学探究中教与学行为的转变,使学生在教学活动中充分发挥主动性,养成积极探索、主动获取知识的良好习惯,提高分析问题、表达问题和解决问题的能力,培养科学探究精神和创造能力,真正成为学习的主动者。

(2)教师目标:更新教师的教育理念,破除教师的"自我中心"思想,使其把自己作为学生主动探究的指导者、参与者、合作者,改变传统的灌输式教学方式,

在教学活动中注重问题导向、活动组织、启发引导,从而真正让学生成为学习的主动探究者和知识的主动建构者,并在主动的探究性学习中发展自我。

(3)学生目标:学生通过积极主动地动脑和动手探究,培养提出问题、分析问题和解决问题的科学探究能力,提高独立思考、合作交流、自主探究和主动获取信息的能力,初步掌握科学研究的一般方法,学会如何进行学习。

3. 主要内容

(1)改变教法。改变传统教学中教师作为教学活动的主体,一味进行知识灌输的教法,使教师成为学生学习的组织者、指导者、合作者,让学生主动参与到学习活动中,真正成为学习的主人。

(2)加强学法指导。"授人以鱼不如授人以渔",在教学过程中注重引导学生学会学习,形成正确的学习态度,具备提取和处理信息的能力、建构知识的能力、逻辑思维能力、解决问题的能力等,从而具备自主学习的能力。

(3)改变学生的学习习惯和方式。将课堂交给学生,改变学生被动接受知识的惰性思维和习惯,让学生的大脑动起来、思维活起来,认识到自己在学习中的主体地位,积极参与到课堂中,成为知识的主动获取者。

(4)加强实践,培养学生的操作技能。生物学科是一门实验性很强的学科,涉及很多抽象、微观的知识,所以生物教学中学生的动手操作和实践体验尤为重要。在教学中,要注重引导学生动手摆贴模型、进行实验操作或直接带领学生走进大自然等实地场景,一方面化抽象为形象,帮助学生直观地感知知识,另一方面提升学生的动手操作技能。

(5)加强学生学习中合作、交流和表达的训练。在教学中,要注重小组讨论、合作交流、成果展示等合作探究活动的组织,增强学生的团队合作意识,提高学生的交流互动能力和语言表达能力,促使学生在自主探究中通过多元化方式提升探究效果。

五、研究的依据

1. 创造心理学

心理学家吉尔福特认为智力可以分为记忆和思维,创造力中最重要的成分就存在于探究思维中。探究是一种并不按常规方法解决问题的思维形式。心理学家斯坦纳等人的研究成果表明:通过适当的教育可以提高人们的创造性思维能力。我们讲的"探究"就是指探索和研究,探索和研究的目的之一就是发展学生的创造力。所有这些研究成果都为我们的研究提供了重要的心理学基础。

2. 建构主义学习理论

建构主义学习理论的观点为:"人的认识不是对客观现实的被动反映,而是主体以已知经验为依托所进行的主动建构的过程。学生是学习活动的认知主体,是建构活动的行为主体。学生作为主体的作用体现在认知活动中的参与功能,没有主动参与的任何传授都是毫无意义的。"建构主义学习理论强调以学生为中心,强调学生学习的主体性、主动性、社会性和情境性,因此学生要在自己已有知识和经验的基础上,成为学习的主动建构者。作为教师,要在教学过程中充分发挥学生的主动性,体现学生的创新精神,让学生有多种机会在不同的情境下运用已有的知识和经验获取新知识,通过新旧知识整合建构知识体系,并能运用所建构的知识体系解决问题。

3. 潜力学理论

在人的体内蕴藏着丰富的自然的、社会的精神禀赋和潜能,即"沉睡着的潜力"。这种潜力是无穷的,如果能唤醒它,则能让人奋发向上,提高智能。我们研究的是,在教学中充分设计灵活多样的教学方式,创造让学生动手动脑的条件,激发学生主动学习的欲望。兴趣有了,习惯就会成为自然。基于以上理论,我们提出了科学探究中生物教与学行为的转变,旨在从实际出发,探索出一种有效的教学模式,使学生从接受性、积累性学习转变为主动性、发展性学习。

六、研究方法

1. 实验对象

梁山实验中学初一年级 1~6 班学生。

2. 对照对象

梁山实验中学初一年级 7~12 班学生。

3. 研究方法

(1)文献研究法:通过对相关文献资料的收集、整理、分析、比较、研究,可以全面、正确地界定课题研究的价值性、可行性以及关键概念的内涵与外延,确定合理的研究目标,制订合适的实施方案,并在研究过程中及时修正研究方向。

(2)教育实验法:将平行班随机均分为实验班和对照班,通过对照实验,在实验的不同阶段对实验对象的主动探究性学习能力、学习兴趣、学习成绩进行测评。测评方式为实验班和对照班的横向对比,以及实验班前后不同时间段的纵向对比。

该实验在梁山实验中学初一年级进行，1～6班为实验班，7～12班为对照班。目前，各班学生均为60～65人。

（3）行动研究法：在教与学过程中，边实践、边探索、边检验、边总结、边完善，把探究与实践紧密地结合起来，最终形成一套系统的有效教学策略体系。在实验过程中，对随时出现的新情况、新问题进行记录，最后进行总结反思，从而有效解决问题。

（4）个案研究法：对某一被试进行长时间、较系统的连续观察、实验、记录，深入具体地分析和研究其主动探究性学习习惯的形成和发展规律，以及在该过程中学习能力的发展规律。

（5）调查法：主要调查课题研究之初课堂教学的现状和师生理解情况，并对研究过程中、研究之后的状况进行详细的跟踪调查，为研究的顺利进行提供事实性依据。

4. 变量的选取

（1）自变量：主动探究性生物学习方式。实验班学生在生物学科的学习中采取教师引导下的主动探究性学习方式；对照班的学生在生物学科的学习中采取以书本知识为主的被动接受、死记硬背的传统学习方式。

（2）因变量：学习兴趣，学生主动发现与解决问题的能力，学生主动获取、处理、运用信息的能力，学生成绩。

（3）无关变量：学生基础，教师教学水平，教师教学态度。

（4）无关变量的控制。

① 学生基础：为保证实验班和对照班学生基础相同，分班前进行测试，计算出初始对比值。为保证实验班和对照班初始值相同，要保证实验班和对照班学生是从水平相同的平行班中随机均分产生的，而且男女生比例尽量接近。

② 教师教学水平：教师是实施这一课题的重要因素，所以要加强教师的思想转变，提高教师的教学水平。此外，为保证因变量不会受到教师教学水平的影响，要保证实验教师的教学水平相近，且都不担任其中任意一个班的班主任。

③ 教师教学态度：为保证教学实验的有效开展和顺利推进，实验教师在实验班和对照班都要有积极的教学态度，热爱学生，热爱教学。此外，实验教师要多思考、善落实，在实验班的教学中要能通过科学有效的教学行为的转变引导学生在课堂上主动探究。

七、研究阶段

该研究任务艰巨,且需要实践检验,反复论证。我们将整个研究分为以下几个阶段:

(1)第一阶段:加强理论学习,转变观念,制订计划(2004年10月)。

申报的子课题获得批准后,我们课题组听取了梁山县教研室教研员齐亚春老师的动员报告,统一了认识,明确了分工。课题主持人为齐亚春、张洪军,课题组其他成员有五位,即李传民、曹景雷、张瑞品、张秀君、唐烨。我们建立组织系统,组建课题领导小组和课题实验研究小组,广泛收集有关资料,召开教育教学理论学习研究座谈会,并制订计划。

(2)第二阶段:根据制订的计划,进行课题实施(2004年11月至2005年6月)。

选取实验对象,包括对照班和实验班学生,以及个案跟踪的学生,在生物课堂教学中全面开展教学实验。逐步研究教与学行为转变的学习模式,设计体现主动探究、合作学习、自主学习能力的教学案例,进行备课,反复修改并试讲,探讨教学模式。

(3)第三阶段:检查效果,阶段性总结,修改计划(2005年9月至12月)。

对实验班和对照班按照制订的方案分别实验,定期交流实验数据,向整个课题组汇报。经过大家共同探究,得出结论,形成模式。

(4)第四阶段:改进提高,进一步深入研究(2006年1月至7月)。

(5)第五阶段:评估效果,交流提高(2006年9月至12月)。

(6)第六阶段:总结经验,交流成果(2007年1月至3月)。

在科学实验的基础上,课题组各成员写出科研论文,展示体现主动探究性学习成就的观摩课,参加优质课评选和教学能手评选。

八、可行性分析

完成本研究,课题组具有以下优势:

(1)实验教师年富力强,教育观念新颖,富有创新精神和探索精神,是学校的骨干教师,可以有效落实和顺利推进教学实验。

(2)教育设备先进,每间教室均配有一套多媒体设备,可以在课堂上播放视频、音频等,能有效地激发学生兴趣、拓宽学生视野、提升学生的感性认识,为教师开展探究性教学和学生进行探究性学习提供了良好的设备条件。

(3)学校拥有藏书丰富的图书馆和阅览室,课题组成员可以广泛收集、阅览与本课题相关的资料。

（4）学校领导富有改革精神,大力支持和鼓励课题研究,可以为本研究提供充分的精神支持和物质保障。

九、如何指导学生反思

学生在学习过程中对所学的知识、探究过程、思想方法及相关问题进行审视和分析,对自己的学习行为、学习方式和学习态度进行反省、分析和总结,能有效地促进自己各项能力的发展,从而不断提高科学素养。在学习中反思,在反思中升华。

反思是一种自我评价,是学生以自己的学习活动过程为思考对象,对自己的学习行为、学习方式和学习结果进行审视和判断,从而分析、研究、解决存在的问题的过程,是一种通过提高学习主体的自我觉察水平来促进能力发展的途径。它注重引导学生对自己的学习过程、学习方法和学习态度及时地进行反省、分析和总结,找出存在的问题,并及时调控学习过程和改变学习策略,根据学习目标总结学习体验与收获,分析利弊得失,及时概括、升华为新的体验与收获。

1. 要求学生对所学的知识进行反思

学习活动总是建立在学生的知识基础之上的,因此在学习某部分内容时,要引导学生反思自己的知识基础是否达到了活动所要求的程度,包括生物学知识记忆的熟练程度、对知识本质属性的理解程度、对知识的各种表达形式的掌握程度。在经历一些学习活动后,要反思自己学到了哪些新知识以及这些新知识与自己原有的认知结构是如何联系的,反思自己原有的认知结构有无缺陷。若有,思考这些缺陷是如何造成的,如何尽快弥补。

例如,在学习《细胞呼吸》这一节后,学生通过对所学内容的对比反思得出:有氧呼吸与无氧呼吸的第一阶段完全相同,场所都是细胞质基质,产物均为丙酮酸,最后生成不同的产物,产生数量不等的能量。这就是说,只要对比得出有氧呼吸与无氧呼吸的相同点,记住它们的反应式,有关二者的计算问题就会迎刃而解。

又如,对细胞图像的辨别问题,学生归纳出"三看识别法",即"一看数目,二看有无,三看特殊行为",对处于分裂后期的图像还可用"过去—将来"的办法,如此精要的概括是学生对所学知识反思的结果。

如果每次都能对不同背景下的同一对象进行反思,并将反思结果用自己的方式加以比较、分析、归纳,就会大大提高对其本质属性认识的深刻程度,久而久之,认知程度就会越来越高,而且知识的可迁移性也会越来越强。

2. 要求学生对自己的探究过程进行反思

教师将学生带入知识再发现的过程,让学生去观察研究对象,发现问题、提出问题;利用已有的知识,经过深思熟虑对问题做出猜想,提出自己的假设;设计调查或实验方案;通过实施调查或实验过程验证假设;利用各种形式的交流得出科学的结论;等等。在探究活动结束后,教师应要求学生尽力回忆自己从课堂开始到课堂结束的每一个步骤,如:开始是怎么想的,走过哪些弯路,碰到过哪些钉子,为什么会走这些弯路、碰到这些钉子,有什么教训可以吸取;自己的思路与老师或同学的思路究竟哪个更合理,哪种方案最优,自己在思考过程中能否做出某些调整,为什么当时不能做出这些调整;自己在思考过程中是否进行过某种预测,这种预测对自己的思考是否起了作用,自己在预测和估计方面是否有普遍性的东西可以归纳;等等。这样不仅使本研究的研究方案、过程直接得到了改进,还使我们在评估和改进方案的过程中增长了知识,提高了相关技能,为今后对类似课题研究方案的优化奠定了良好的基础。

3. 要求学生对探究过程中涉及的思想方法进行反思

生物学思想方法的传播和学习,既要靠教师在长期的教学中提示、归纳和点拨,又要靠学生自己在长期的学习中反思、领悟、吸收和利用。

例如,研究生物学问题(即科学研究)时所用的一般方法为观察现象—提出问题—做出假设—实验验证—得出结论—总结交流,研究某些规律时所用的方法有假说—演绎法和猜想—反驳—验证。要分析这些方法的含义、特点,分析它们适用于研究哪类问题,以前学习时有没有用过,在研究什么问题时用过,等等,以加深对所学生物学思想方法的理解,从而提高实践应用能力。

4. 要求学生对探究活动的结果进行反思

对探究结果进行反思,通常表现为:思考探究结果是否与探究者原有的知识相矛盾,探究结果是否与日常的经验、现象相冲突;思考探究结果中各因素之间的关系是否符合逻辑,探究结果的可能性大小及相应的解释;思考探究结果对应的相应结论是什么;如果经过探究活动得到的结果和假设之间存在差异,思考引起这种差异的原因又是什么。学生关注对探究结果的反思,就是发现和提出问题的前奏,是创造性思维的表现。

5. 要求学生对探究活动中相关的问题进行反思

若要避免一知半解似的学习,就必须将思维的触角伸展开,在活动结束后对那些相关的问题进行反思,以拓宽视野,培养能力,延伸思维。因此,在探究活动

将要结束时要留有一定的时间让学生对所学内容进行反思,看一看还有哪些未解决的问题,还能提出什么新问题,还想知道或弄清楚哪些有关的问题,即通过"你还想了解什么""你还有什么想法""我不同意……""关于……我想应该……"等激活学生的思维,培养学生发现问题、提出问题的能力。

在学完《DNA 的粗提取实验》以后,因本实验涉及的步骤相对比较烦琐,教师提出了许多问题,如"实验材料为什么要用鸡血,用其他动物的血可以吗""用日常生活中常见的新鲜蔬菜、水果代替鸡血可以吗""盐溶液的浓度还可以改变吗""本实验有没有可改进的地方呢"等拓展性问题,使学生带着问题、带着探究的欲望离开课堂,把对问题的探究延伸到课外,既延长了学生思维的时间,扩大了学生思维的空间,同时也暗示了创新没有止境,探究没有尽头。

6. 要求学生对学习中的认识和观点进行反思

"知识只有触及人的精神领域时,才会变得鲜活而富有生命。"这一环节,就是让学生通过联想、想象将所学知识与个人经验结合起来,触及学生的态度与情感,使学生发展智慧、提升思想。情感态度与价值观的教育,是跨学科的或泛学科的。教师应立足于生物学科,通过生物学科的教学培养全面发展的新人。这种教育并不是虚无缥缈的,应通过各种教学活动来实现。

例如,在学完《基因突变及其他变异》一节后,有的学生总结说:"生物的遗传物质在外界条件发生变化时可能发生改变,这说明任何事物都不是一成不变的,都在发展变化之中,也正是这种变化提供了生物进化的原材料,促使生物进化。"又如,在学完《细胞增殖与癌变》一节后,有的学生说:"细胞增殖有时对人们有益,若是无限、恶性增殖即癌变,则对人们有害,由此我认为要用一分为二的观点对待一个人,要辩证地看问题,要善于从不利中找出有利的方面,还要从逆境中看到希望。"学生的语言虽然不太精练,对道理的领悟略显生硬,但毕竟是有感而发,言为心声,大大开阔了联想、想象的空间,升华了认知。

十、创新之处

(1)本研究立足于课堂教学改革,优化学生的思维品质,增强学生的问题意识,提升学生的探究能力,让学生学会选择,学会创造,为学生的终身发展奠基。对转变传统教学方式和人才培养模式进行有益的探索,有利于引导和鼓励广大中学教师准确地把握教育改革的方向,转变传统的人才培养模式。

(2)本研究倡导"自主探究,合作交流,实践体验"的原则,旨在转变传统的课堂教学模式,引导学生改变学习方式,其成功经验可以对实施课程标准的广大教师产生启发,从而产生良好的社会效益。

（3）课题组成员从理论和实践相结合的角度撰写论文或参与编写图书,对课程标准下教与学行为的转变进行大胆而卓有成效的探索,有助于教师教学能力和学生思维能力的发展,并在实践与理论的有机结合中为广大教育教学研究者提供了一种十分有效的教育研究模式。

（4）课题实验和研究锻炼了教师队伍,促进了教师的专业发展。通过这项研究,一批优秀青年教师脱颖而出,成为当地教育科研的骨干力量。本研究为建立一支科研型、学者型教师队伍提供了范例。

十一、研究成果及其形式

（一）研究成果

1. 形成新的教学模式

经过三年的努力,我们切实改变了样本学校原有的教学模式,形成了有效促进学生探究性学习的教学模式,构建了一个探究性学习的活动系统。该活动系统包含开放性的学生活动,为学生系统地提供了自主探索、充分展现、愉快合作、自我体验的时间和空间,也有利于教师指导作用的发挥。在该教学模式的指导下,通过教与学行为的转变,教师真正成为学生学习的指路人,学生真正成为学习的主体。

2. 有效实现师生观念的转变和教与学行为的转变

对教师而言,能以学生为中心,尽量给学生提供表现自己的机会,善于引导学生自主探究、主动建构。对学生而言,能通过探究活动主动参与到课堂中,提高学习的积极性和主动性,并在科学探究中切实提高探究能力、创新能力和解决问题的能力。

3. 教学实验成果显著

经过问卷调查和测试,实验班和对照班学生数据差异明显,实验班学生在学习兴趣、学习能力、学习成绩上明显优于对照班,且实验班学生在各方面有明显提升。

（二）成果形式

成果形式见表 1-1 和表 1-2。

表 1-1 主要阶段性成果形式

序号	研究阶段	阶段任务	成果形式
1	准备阶段	理论学习、制订计划、问卷调查	课题计划、调查问卷

序号	研究阶段	阶段任务	成果形式
2	实施阶段	理论建构,开展教学实验(开展实验班和对照班的教学)。在教学实验中反复探讨和完善教学模式	教学理论、教案、课件、典型课例、实验数据、实验报告、教学模式
3	总结阶段	总结交流,形成课题研究总结报告	总结报告

表 1-2　最终成果形式

序号	完成时间	最终任务	成果形式
1	2004 年 10 月至 2005 年 11 月	撰写课题研究的开题报告、中期报告	开题报告、中期报告
2	2005 年 12 月至 2007 年 1 月	撰写与课题相关的系列论文	论文
3	2007 年 3 月	撰写结题报告,在省级及以上报刊公开发表论文	结题报告、公开发表的论文

十二、课题实验的组织管理

1. 课题领导小组

组长:曹务臣。副组长:赵修杰、李林玉。

2. 课题组成员

主持人:齐亚春、张洪军。其他成员:李传民、曹景雷、张瑞品、张秀君、唐烨。

3. 指导专家

王印国,济宁市教研室生物教研员。

十三、实验班、对照班学生测评情况

实验班、对照班学生测评情况按表 1-3、表 1-4、表 1-5 填写。

表 1-3　实验班和对照班学生学习兴趣实验后对比数据统计

	对学习有兴趣	愿意讨论	愿意发言
实验班			
对照班			

表1-4 实验班学生学习能力实验前、后数据统计

	主动参与探究率	主动举手质疑率	探究成功率
实验前			
实验后			

表1-5 实验班学生学习成绩实验前、后数据统计

	人数	平均分	优秀率	及格率
实验前				
实验后				
差异				

十四、经费

（1）学习材料费、小型会议费、打印各种资料的费用，约 1 000 元。

（2）外出参观、学习、考察的费用，约 1 000 元。

（3）课题研究组织费用，约 1 000 元。

参考文献

[1] 中华人民共和国教育部. 全日制义务教育生物课程标准（实验稿）[M]. 北京：北京师范大学出版社，2001.

[2] 郑春和. 改变学习方式 倡导探究学习 [J]. 生物学通报，2002，37（1）：37-39.

[3] 张洁. 对"科学探究"教学的几点建议 [J]. 中学生物教学，2002（12）：25-26.

（注：2004 年 11 月至 2007 年 7 月，作者主持并完成了山东省教育科学"十五"规划重点课题"新课标下教与学行为的转变"的子课题"科学探究中教与学行为的转变"，课题编号为 0402678，齐亚春和作者同为课题主持人）

第二章
因学定教引起的教学模式实践研究

第一节　因学定教教学模式简介

一、因学定教教学模式的概念界定

模式一般指可用于指导实践活动的可操作性知识理论系统。"教学模式"最早由布鲁斯·乔伊斯和玛莎·韦尔提出,是指在教学思想和教学实践基础上建立起来的,用于指导教学活动的结构框架和活动程序。教学模式使课堂教学有理可依,使课堂教学在理论的指导下更加科学有效。

因学定教思想可以追溯到孔子提出的"因材施教"。要实现因材施教,必须充分了解学生,根据学生的个体差异进行教学。陶行知提出的"教的法子必须根据学的法子"中也含有因学定教的思想。

因学定教的本质是把学生作为组织教学的核心。"学"包括学生身心发展的特点、知识基础、思维习惯、生活经验、兴趣爱好,以及未来发展的需要等;"教"包括教学目标、教学方法、教学内容、教学活动、教学评价等。因学定教教学模式改变了传统的因教定学教学模式,即在充分了解学生的基础上,使教学适应学生的特点,并以学生为主体确定教学活动,使学生充分发挥主动性,促进学生学习能力、思维能力、解决实际问题的能力、合作交流能力的发展,培养学生的科学探究精神,增强学生的创新意识,使学生的潜能得到充分发挥,从而促进学生全面发展,满足社会发展的需求。

二、因学定教教学模式蕴含的思想

因学定教教学模式蕴含的思想主要包括以下三个方面:

(1)教始于学,即学生的学习在前,教师的引导在后。因学定教教学模式不同于传统的教学模式。在传统的教学中,教师直接进行讲授。在因学定教教学模式下,学生先进行自学,教师根据学生自学的情况,针对学生存在的问题进一步展开教学。也就是说,教师首先让学生根据导学案预习,然后根据学生预习情况,精选学生难以理解的内容组织教学活动。在课堂教学中,教师先让学生自主探究,再让学生相互交流讨论,最后根据学生的回答进一步引导和启发学生,从而使学生建构完整、准确的知识体系。

(2)教基于学,即基于学生情况组织教学。这里的学生情况不仅指学生的知识基础,还包括学生的兴趣特点和认知特点。教学的对象是学生,教学要以学生为中心。教师必须根据学生的情况选择适合学生发展规律、能力基础以及兴趣特点的教学内容,组织学生可以完成的学习活动,选择恰当的教学评价方式,使教学活动真正适应学生发展的特点。

(3)教服务学,即通过教学促进学生发展,使教学为学生今后更好地适应社会而服务。教学活动要以学生为主体,从满足学生发展需求出发,力求促进学生能力发展和素养提升,使学生具有终身学习能力和探究创新能力,能运用所学知识解决现实生活问题,从而更好地适应社会。

无论从以上哪个方面解释,因学定教教学模式都是围绕学生这一中心,一切从学生出发,一切为了学生。

三、因学定教教学模式的特征

因学定教教学模式不同于传统的因教定学教学模式。因教定学教学模式强调教师的教,以教师为主体进行知识讲授,学生处于被动接受的地位;因学定教教学模式强调以学生为主体,教学目标的制定、教学内容的选择、教学活动的组织、教学效果的评价都要根据学生实际情况进行,教学活动适合学生发展的现状并能促进学生发展。由此可以总结,因学定教教学模式的特征主要包括以下几点:

1. 超前性

超前性即“教始于学”,学习活动应该在教学活动之前进行。超前包含两层含义:一是学生借助导学案先进行课前预习,二是课堂中学生的活动在教师讲解之前。因学定教教学模式改变了传统教学中教师一味给学生灌输的教学顺序,强调根据学生情况开展教学活动,通过学生课前预习、课中自主探究,了解学生自主

获取知识的程度,在此基础上进一步开展教学活动,给学生充分的自主思考和学习的时间,充分发挥学生的主动性,从而培养学生的自主学习能力和探究能力。

2. 针对性

针对性即"教基于学",教学内容要针对学生的发展情况进行选择。教学情境要挑选学生熟悉并感兴趣的,要符合学生的经验水平,有效引发学生的情感体验;问题设置要落在学生的最近发展区,使学生通过自主探究或在教师的启发和引导下能够解决;教学活动学生要能够独自完成,并有所收获;教师的引导和补充要既不冗余也不缺漏,即教师的教要完全针对学生的知识技能发展水平和自学效果,教的多少完全取决于学生之前学的多少,根据学生存在的问题和不足进行启发和引导。

3. 发展性

发展性即"教服务学",教学活动要能满足学生未来发展的需要。教学是为了促进学生全面发展,使学生适应社会发展趋势,满足社会发展的需求。因学定教教学模式强调根据学生的发展需要组织合理的教学活动,提高学生的自主学习能力、探究能力、创新能力、逻辑思维能力、合作交流能力,以及运用知识解决实际生活问题的能力,从而促进学生全面发展,使学生不仅获得科学家的知识,更能获得科学家的思维和能力,能像科学家一样思考和探究。

第二节　课程标准下高中因学定教教学模式的实践研究

一、问题的提出

1. 时代背景

随着经济、科学技术的发展,社会对人才的培养提出了更高的要求,仅仅有知识不再适应当前社会发展的需要。21 世纪需要的是具有学会学习、自主探究、勇于创新和运用知识解决实际生活问题能力的高素质人才。为了适应时代发展的要求,2001 年我国开启了第八次基础教育课程改革,教育部颁布的《基础教育课程改革指导纲要》中明确提出了"改变课程实施过于强调接受学习、死记硬背、机械训练的现状,倡导学生主动参与、乐于研究、勤于动手,培养学生搜集和处理信息的能力、获取新知识的能力、分析和解决问题的能力以及交流与合作的能力",并明确指出了要实现教学方式的变革。由此可见,课程改革更加注重以学生发展

为本。而当前的教育更多的是以教师讲授为主,忽略了学生的身心特点、知识基础、学习规律,忽略了学生的主动性和能力的发展。

因学定教教学模式以促进学生发展为出发点,倡导以学生为主体。它要求教师根据学生的发展规律组织教学,将课堂交给学生,引导学生主动学习、自主探究,以促进学生的全面发展。由此可见,因学定教教学模式可以以极大的优势使教学满足课程改革的要求,促进学生全面发展,从而使学生更好地适应时代发展的要求。

2. 课程标准的要求

2003 年,教育部印发了《普通高中生物课程标准》,指导第八次基础教育课程改革的教学实践工作。其中提出了"提高生物科学素养""面向全体学生""倡导探究性学习"和"注重与现实生活的联系"四大课程基本理念,并从"知识""情感态度与价值观"和"能力"三大方面提出了课程的具体目标,这是课程教学的出发点和落脚点。《普通高中生物课程标准》的印发表明,国家更加注重教师通过生物教学,使学生在获取知识的基础上,提升学习兴趣,养成科学态度,培养科学精神,树立创新意识,提升搜集和处理信息的能力、获取知识的能力、解决实际问题的能力以及合作交流的能力等。因学定教教学模式体现了"以学生为本,以学生的发展为本"的理念,要求教学从学生的需求出发,从学生的学情出发,教为学服务,使教有助于学生的探究性学习,有助于学生实践能力的培养,有助于开发学生的创造潜能。

二、理论基础

1. 建构主义学习理论

建构主义学习理论最早由瑞士著名心理学家皮亚杰提出,该理论的观点为:"知识是人建构的,而不是客观地存在于人脑之外,学习过程不是学习者被动地接受知识,而是积极建构知识的过程。"建构主义学习理论强调学习是以学生为中心的,在教学过程中应充分发挥学生的主体地位。学生是在教师的引导下,在已有知识的基础上,积极主动地建构新知识。建构主义学习理论强调"学生并不是空着脑袋走进教室的",学习不能忽略已有知识,应该在新旧知识之间建立联系,通过同化和顺应完成知识的意义建构。这就要求教师了解学生已有的知识,在此基础上引导学生利用已有知识"生长"出新知识。新知识是学生在一定情境下进行自我建构产生的。"情境""协作""对话"和"意义建构"是有效学习的四大要素。教师作为教学情境的创设者,是学生进行意义建构的保障者、支持者、引导者、

合作者。因学定教教学模式以最大限度发挥学生的主体地位为主,强调教学内容的选择、教学活动的开展、教学效果的评价始终围绕学生当前发展状况和未来发展需要进行。

2. 人本主义学习理论

马斯洛和罗杰斯是人本主义学习理论的杰出代表,人本主义学习理论的核心是"以人为本"。罗杰斯认为,学生首先是活生生的人,他们具有独立的人格,具有主观能动性,而不是被动接受知识的容器,因此教育要满足人对精神、情感和交往等的需要,把学生作为教学的主体。教师是学生学习的促进者,不仅教授学生知识,更重要的是为学生提供学习的途径和方法,由学生自己决定如何学习,从而让学生学会学习。因学定教教学模式强调以学生为中心,教学活动以学生情况为基础,围绕学生的需要进行,目的是促进学生发展。

3. 最近发展区理论

最近发展区理论是由苏联著名心理学家维果斯基提出的,该理论认为学生的发展水平分为两种,一种是学生当前能独立解决问题的实际发展水平,另一种是在他人帮助下所能达到的潜在发展水平。二者之间的差距就是最近发展区。最近发展区理论认为"教学应该走在学生发展之前",通过教学使学生既能达到最近发展区,又能创造新的最近发展区。因此,教学活动要以了解学生的发展现状为基础,落在学生的最近发展区,既不能太易而局限于现有发展水平,也不能太难而脱离最近发展区。此外,最近发展区理论强调促进学生的发展。因学定教教学模式强调依据学情组织教学活动,促进学生发展,使学生适应未来社会发展的需要。

三、课程标准下高中因学定教教学模式的实施策略

1. 设置课前学案

因学定教教学模式要真正发挥实效,课前学案起着至关重要的作用。课前学案能体现出学生预习的效果,是开展教学活动的载体。通过课前学案,一方面,学生可以在自己的能力范围内获取相对简单的知识,并提高自学能力、独立思考能力,提高课堂学习效率;另一方面,教师通过对学生预习情况的检查,可以了解学生的知识掌握情况,从而依据学情选择适当难度的教学内容,并制订具有针对性的教学活动方案。

2. 创设真实情境

赞可夫曾说过:"教学法一旦能触及学生的情绪和意志领域,触及学生的精神

需求,就能发挥高度有效的作用。"因学定教教学模式强调依据学生兴趣和能力进行教学活动,并在教学活动中促进学生发展,满足学生未来发展的需要。将与教学内容相关的实际生活情境引入课堂,一方面可以激发学生的学习兴趣,增强学生对所学内容的熟悉感;另一方面可以化抽象为形象,增加学生的感性认识,帮助学生理解记忆。此外,教师将合理的生活情境引入课堂,将知识与实际生活联系起来,可以促进学生对知识的深度理解,提高学生解决实际生活问题的能力,并能够让学生认识到知识的社会价值,激发学生的内在学习动机。创设社会生活情境时,既要注意情境的真实性、恰当性,也要根据不同的教学内容以不同的方式呈现生活情境,还要根据教学实际情况进行调整,从而选择最能体现教学内容的生活情境。

3. 巧设问题串

以问题串为引导的教学活动能更好地体现学生的主体性。学生通过对问题串中各问题的解决,在自主建构知识的同时,可以有效地发展科学思维和探究能力。问题串的设置要体现"因学",即问题串要符合学生的思维发展特点和认知特点,让学生既能通过自主探究解决问题,又可以进行深度思考。教师要依据教学目标提出建构核心知识的问题,进而引出具有逻辑关系的子问题串,在问题的驱动下促进学生思维的发展和知识的建构。在课堂教学中,问题串的设置会出现预设之外的生成性问题,所以教师要针对学生的认知特点在预设的问题串之外进行追问,引导学生解决问题。

4. 组织学生活动

因学定教教学模式强调学生的主体性,教学活动的开展除了要以学生的基础为前提外,还要始终围绕学生主体进行,引导学生自主建构知识,发展素养。学生活动是发展能力的重要途径,学生通过自主思考可以培养独立学习能力,通过阅读资料、观察图像可以培养信息提取能力,通过小组合作交流可以培养团队合作能力、语言表达能力,通过构建模型可以培养动手能力、逻辑思维能力,通过社会调查可以培养搜集、分析、处理信息的能力。因此,教师在教学过程中要以活动为主体展开教学,根据不同的教学内容,引导学生开展不同的探究活动。在整个教学过程中,教师为学生的活动提供支持和引导,让学生自主感受、自主思考、自主活动。此外,教师创造的环境要轻松、民主,探究任务要开放、明确且难度适中,教师还要根据不同内容的特点选择合适的探究活动,在探究活动中尊重学生的主体地位,关注学生的活动效果。

5. 多元评价效果

不同的学生有不同的经验背景、知识基础和能力发展水平,因此教学评价要充分考虑学生的个体差异,根据不同学生的情况进行针对性评价,并贯穿教学活动的始终,评价学生的动态发展状况。此外,教学评价要注意多维度评价,因学定教教学模式强调学生的综合发展,除了评价知识获取情况外,还要评价学生的探究能力、创新能力、逻辑思维能力等,尤其注重评价学生运用知识解决实际生活问题的能力。

四、课程标准下高中因学定教教学模式的实施流程

在课程标准指导下,基于以上对因学定教教学模式概念的界定,以及对因学定教教学模式实施策略的分析,现从"教始于学""教基于学""教服务学"的思想构建因学定教教学模式实施流程模型(如图2-1所示)。该模型共分为三大环节:因学定教学目标、因学定教学过程、因学定教学评价。将上述课程标准下高中因学定教教学模式的实施策略融入三大环节中,将实施流程具体细化为以课前学案引导学生预习、以学生基础确定教学目标、以学生兴趣确定教学情境、以学生需要选择教学内容、以学生能力组织学习活动、以学习效果进行教学评价。

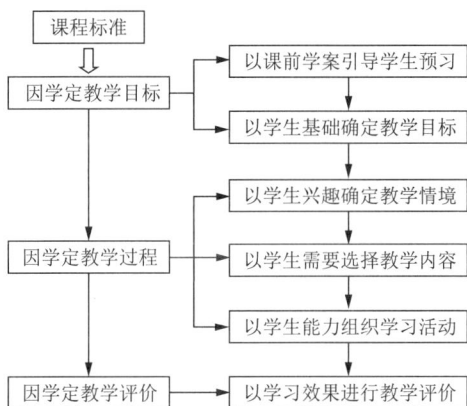

图2-1 课程标准下高中因学定教教学模式实施流程模型

1. 因学定教学目标

(1)以课前学案引导学生预习。

在教学活动之前的学习活动不能是盲目的,需要教师进行方向性引导,最重要的引导手段就是利用好课前学案,通过课前学案呈现预习任务。学生在课前学案的引导下,自主阅读课本,收集资料,最终完成任务,从而实现有效预习。课前

学案不能仅以填空题的形式呈现,要以问题为主,因为在问题背景下,学生的思维可以更开阔,也更能体现知识基础和能力发展水平。教师要重视对课前学案的检查(因为学生的完成情况可以清晰地体现学生的知识基础),并以此为参考开展具有针对性的教学活动。

(2)以学生基础确定教学目标。

依据课程标准,教师在通过课前学案了解学生基础的前提下,确定适合学生当前发展水平的教学目标。教学目标是教学活动的出发点和落脚点,只有确定科学合理的教学目标,教学活动的开展才能科学有效。教学目标要高于学生当前发展水平,并能通过教师引导得以实现;教学目标要明确具体,不能过于宽泛;教学目标要体现学生素养的发展,不仅关注知识的获得,还要关注思维、能力等的发展。

2. 因学定教学过程

(1)以学生兴趣确定教学情境。

教学情境是滋润学生发展的"土壤",教师要通过对学生兴趣的了解,将学生感兴趣并熟悉的情境引入课堂,激发学生的学习兴趣,并在情境中通过直观的形式呈现知识,促进学生对知识的理解。教师针对情境中的问题,组织学生活动,使学生自主探究,并在已有经验的基础上建构新知识。学生通过运用所学知识解决情境中的问题,加强了知识与实际生活的联系,能迁移应用知识解决实际生活中的问题。总之,依据学生兴趣创设情境,使学生在情境中提高学习动机,并发展自主探究能力、逻辑思维能力、解决问题的能力等,充分体现了以学情确定教学活动,以教学活动促进学生全面发展,使教学活动服务于学生未来的发展。

(2)以学生需要选择教学内容。

因学定教教学模式强调在充分了解学情的基础上,根据学生的实际需要确定教学内容。学生需要主要体现在两点:一是学生当前的需要。传统的课堂教学将很多时间花费在学生已知或通过自学可以完全掌握的知识上,这是课堂低效的重要原因。因学定教教学模式必须克服这一点,根据学生需要选定需要教师引导才能获取的内容。二是学生未来的需要。因学定教教学模式强调教学要满足学生未来发展的需要,使所学知识能真正为己所用,并有效运用到实际生活中解决现实问题,因此教学内容的选择除了要考虑学生的经验之外,还要考虑知识与社会生活的意义连接,使所学知识能真正促进学生发展,并具有实际应用价值。

(3)以学生能力组织学习活动。

因学定教教学模式强调以学生为中心,通过教学实现学生的全面发展。因此,

教师要在教学目标的指引下,根据特定的教学内容,以创设的真实情境为背景,根据学生能力组织学生活动,引导学生通过活动建构知识,并发展探究能力、自主学习能力、逻辑思维能力、团队合作能力、解决问题的能力以及创新意识。学生活动主要包括自主探究、小组讨论、构建模型、社会调查等。学生活动不能为了形式而盲目选择,要注意以下两方面:一方面是学生活动要在学生的能力范围之内,不能过度放大活动的形式而导致学生无法完成;另一方面是学生活动要能促进学生的发展,要根据不同的内容选择不同的活动形式,既让学生有独立思考的时间,又让学生可以相互交流、集思广益,从而促进学生思维和各种能力的发展。

3. 因学定教学评价

以学习效果进行教学评价。教学活动要注重教学评一体化,因学定教教学模式要贯穿教学活动的始终,教学评价同样要以学生为中心进行,以科学的评价促进学生发展。因学定教教学模式注重学生能力的发展,但发展能力的同时不能丢弃知识的获取,而应在发展能力的基础上促进学生更好地掌握知识。所以,教学评价一方面要评价学生的知识掌握情况,另一方面要从学生兴趣、迁移应用能力、创新能力、探究能力等维度评价学生能力的发展水平。教学评价要注意多元化评价,学生是学习的主体,同样也是教学评价的主要对象,学生有不同的知识经验、情感态度,有不同的成长环境,有不同的成长需求,因此教师要根据学生的差异进行发展性评价,注重每个学生在原有基础上的发展情况,而不能以统一的标准评价所有的学生。此外,教学评价不仅在教学活动的最后进行,还要贯穿教学活动的始终,从而使教师及时获得反馈信息,发现问题,并进行及时的调整或改进。

五、努力构建"学为中心"的好课

在课程标准的指导下,一节课是不是以学为主的好课(也称为"优质课"),可以从以下两个层面加以判断:

(一)理念层面

1. 看学生的表现,而不是看教师的表演

从理念层面看,是不是一节以学为主的好课,主要看学生的表现,而不是看教师的表演。具体地说,主要看学生在课堂学习过程中自主学习的程度、合作学习的效度和探究学习的深度。这"三度"只要有一度好,就是一节好课。比方说,自主学习的程度,就是学生在学习过程中有没有自由度、时间度、能动度和创新度。自由度就是看学生的学习目标、方法、进度,以及对结果的评价多大程度上由自己决定;时间度就是看学生有没有自学时间,自学时间有多少;能动度就是看学生的

学习是积极主动的还是消极被动的;创新度就是看这节课中学生是否有所创新。

2. 看教师有没有坚持"一个中心,两个基本点"

"一个中心"是指坚持以学生发展为中心。以学生发展为中心,要求教师在教学过程中时时问自己:我传授给学生的知识和技能有用吗?什么时候有用?这样的方法和能力有利于学生终身发展吗?作为一个合格的公民,学生需要什么样的情感态度和价值观?一节课也是如此,教师传授的知识、教给的方法、培养的能力和价值导向,都应为学生的终身发展服务。

"两个基本点"就是坚持依标施教,坚持体现人文性、综合性、开放性和实践性。所谓人文性,就是要坚持以人为本,要求一节课的教学内容生活化、个性化(有选择性)、有地方特色等,教学形式丰富多样。所谓综合性,就是要培养学生的综合能力,要求一节课要体现综合性,可以是相关知识的综合,也可以是教学目标的综合,还可以是看问题的角度的综合。所谓开放性,就是要求教师的教学思想开放,不能固定在某一种思想或理论上,而应博采众长,为我所用;就是要求教学目标开放,即教学目标的设定不能仅限于教学内容的完成度,还应从学生整体综合素质的提高、人文精神的培养等方面入手;就是要求教学内容开放,即改变学科教学的单一性,体现学科的综合性;就是要求教学结尾开放,一节课结束时应在总结、升华的基础上,激发学生对相关内容或相关问题产生继续学习的欲望,促使学生在课后主动搜集信息、解决问题。所谓实践性,就是在教学中要理论联系实际,强调学以致用,分析和解决现实问题。

(二)操作层面

1. 主要看学生能否做到联系生活、主动问答、自主讨论、自评互判

联系生活是自主学习,主动问答是探究学习,自主讨论是合作学习,自评互判包括这三种学习,难度更大。

联系生活就是学生联系自己的生活实际,联系现实,联系科技新进展。

主动问答即学生积极主动地提出问题和回答问题。教育家胡佛说:"整个教学的最终目标是培养学生正确提出问题和回答问题的能力,任何时候都应鼓励学生提问。"因为"提出一个问题往往比解决一个问题更重要"(爱因斯坦),"最精湛的教学艺术,遵循的最高准则就是让学生自己提出问题"(布鲁巴克)。可见,主动问答既是教学目标,又是教学手段、教学艺术。学生不会回答不要紧,关键是要有问题意识和问题能力。问题解决不了或不会解决不要紧,但是教师要给学生回应,这是对学生的一种尊重。

自主讨论是指在教师的引导下,学生自选问题,并就这一问题自由交换意见或进行辩论,最终解决问题或生成新的问题。讨论对于培养学生的语言表达能力、辩证思维能力,以及合作意识和合作能力具有十分重要的意义。

自评互判,这一点要求更高。心理学家罗杰斯认为,当学生以自我批判和自我评价为主要依据,把他人评价放在次要地位时,独立性、创造性就会得到发展。就是说,学习者只有自己决定评价的标准、学习的目的,以及达到目的的程度等,才是在真正地学习,才会对自己学习的方向真正地负责。朱智贤、林崇德认为,学生评价能力发展的突出特点就是十分看重同龄人对自己的评价和看法,所以教师要利用好这一点。自评互判往往是引发高潮的切入点。比如,有个学生说错了一个词,他马上意识到说错了,这就是自我评价。又如,讨论问题时,一个学生提出了自己的想法,另一个学生马上进行反驳,其他学生立刻提醒双方再仔细看看课本细节。学生出现了争论、冲突,学习更容易入脑入心。当然,自评互判的含义很宽泛,包括命题、做题、互批、互改等。

2. 次要看教师能否做到引人入胜、精导妙引、结尾无穷

在学生活动的过程中,教师要做到引人入胜、精导妙引、结尾无穷。

引人入胜指的是在一节课的起始阶段,教师根据教学目标创设情境、激发兴趣,让学生对某一课题处于最佳学习状态。

精导妙引就是教师运用各种有效手段和方法,对学生的学习活动给予精心指导、巧妙引领,其目的是掀起教学高潮,调动学生学习的积极性和主动性,促进课堂教学目标的实现。

结尾无穷指的是要激发学生对相关内容或问题产生继续学习的欲望,将教学小课堂带入人生大课堂,让学习上升到情感态度和价值观层面。

当然,课好不好最主要的是看教学的结果。所谓结果,主要看目标的达成度和学生的满意度,这两者缺一不可。更高的要求是幸福指数高,就是说学生持续性满意,长时间满意。

六、总结反思

因学定教教学模式强调以学生为中心,根据学生的兴趣特点、知识基础、认知特点,确定教学的目标、内容、方法、活动和评价,从而使教学活动更适应学生的发展水平,促进学生知识的建构和能力的发展。

1. 实现教育教学理念的变革

因学定教教学模式符合第八次基础教育课程改革的理念,将以讲授知识为主

的传统教学理念转变为促进学生全面发展的以学生为主的教学理念。教育教学理念的变革可以进一步促进教师探索、创造全新的教学模式。

2. 实现师生角色的转换

传统教学是以教师为中心，由教师进行单方面传授的灌输式教学；而因学定教教学模式是以学生为中心，根据学生特点进行有针对性的教学活动，并且在教学过程中以学生的探究性学习为主，教师仅起到启发和引导的作用，为学生提供充分的自主探究、创新的空间。

3. 提高课堂教学效能

因学定教教学模式使学生的学习积极性、主动性充分调动起来，为教学的有效性奠定了良好的基础。课堂教学是在充分了解学生的基础上进行的，所以教学活动更适应学生发展，从而提高课堂教学效能。此外，因学定教教学模式注重学生能力的发展，使学生具有自主学习的方法、思维习惯和能力，从而使学生在教师的引导下实现高效学习，提高课堂教学效能。

4. 促进学生能力的发展

学生作为课堂的主人，通过自主探究、合作交流等活动主动建构知识。知识的建构使学生获得了成就感，激发了学生的学习欲望和学习兴趣；活动的参与提高了学生的自主探究能力、小组合作能力、独立思考能力；真实情境问题的解决提高了学生运用知识解决实际生活问题的能力。

综上所述，因学定教教学模式以学生为中心，通过课前学案组织学生预习，在此基础上组织有适切性、发展性的学生主体活动，促进学生在活动中自主建构、主动探究，有助于发展学生的科学思维和探究能力，提高学生运用知识解决现实生活问题的能力，使学生适应未来社会的发展。

参考文献

[1] 陶行知. 教学合一 [A]. 方明. 陶行知教育名篇. 北京：教育科学出版社，2005.
[2] 孔庆国. 创设教学情境，引导学生主动探究 [J]. 教学论坛，2005（4）：26-27.

（注：2007 年 6 月，作者撰写的《新课标下高中"因学定教"引起的教学模式研究》荣获山东省 2007 年中小学教育科研优秀成果一等奖，证书编号为 0705698）

第三章
主体参与型课堂教学实践研究

第一节　主体参与型课堂教学模式简介

一、问题提出的背景

中国传统的教学方法是讲授法,传统教育往往忽视学生的积极主动性,而是过分强调教师的作用。这一观念严重抹杀了学生的主动性,容易造成教师把学生当成知识的容器,一味地灌输的后果。受传统教育观念的影响,教师往往居高临下地看待学生,很少甚至从来没有考虑过培养学生对学习过程的共同管理能力。没有学生学习的主动性,没有学生在课堂教学活动中的积极主动,仅靠重复强化和外在的诱惑或威胁来维持教学活动,其后果不仅是学习质量降低,更严重的是压制了学生主动性和能动性的发展,这就使得学生不能真正体会到学习的快乐,不能体会到因主动性发挥而得到的精神的满足和能力的发展。我们必须以辩证的观点看待教师和学生的关系,既强调教师在教学活动中的主导地位,又充分发挥和肯定学生的主体参与性。让学生自己学会学习、学会生存、学会发展,若没有学生主体的参与,这一切都无法实现。所以,现代教育的课堂教学模式必须充分体现学生的主体参与性,培养学生的创新意识、创新精神和创新能力,转变以知识为本位的思想,形成以人为本位的观念,以适应现代社会对高素质创新人才的需要。

二、课题研究的意义

如何发挥学生的主体性,培养学生获取知识、运用知识的能力,使学生学会探

索,学会合作,将是学校教育面临的一个重要课题。《普通高中生物课程标准》明确地指出:"倡导探究性学习,力图促进学生学习方式的变革,引导学生主动参与探究过程、勤于动手和动脑,逐步培养学生搜集和处理科学信息的能力、获取新知识的能力、批判性思维的能力、分析和解决问题的能力,以及交流与合作的能力等,重在培养创新精神和实践能力。"这清楚地表明,主体参与型课堂教学应是高中生物教学的重要方式。主体参与型高中生物课堂教学模式成为课题研究的重要内容。学生是认识的主体,又是创造与发展的主体,充分尊重学生的主体地位,正确发挥教师的主导作用,是主体参与型课堂教学模式的指导思想。

首先,主体参与型课堂教学模式改变了传统的教学模式,变过去以教师为中心的教学设计为教师调控活动、学生认知活动和学生心智发展同步设计的三维教学结构。它强调学生参与活动,关注学生的心理发展和创新思维。

其次,主体参与型课堂教学模式以学生的基础水平确定教学方式,以学生的兴趣确定教学内容,以学生的意愿和特长选择教学项目。它强调在教师的引导下,学生进行自我组织、自我设计、自我评价等多方面的自主活动。

最后,主体参与型课堂教学模式为学生的整体素质奠定了终身发展的基础,学生主动学习的意识强烈,思维活跃,敢于充分发表自己的意见,有较强的分析、总结能力。在与教师的直接交往中,在解决实际问题的过程中,学生逐渐把教材反映的人类文化的精华转化成自己的精神财富,又通过对活动的参与展现出自己的能力。

第二节　主体参与型课堂教学实践

一、课题研究的理论依据

1. 符合现代教育思想

德国科学家费希勒说:"教育不是首先着眼于实用性的,不是首先要去传授知识和技能的,而是要去唤醒学生的力量,培养他们的自我性、主动性、抽象的归纳力和理解力,以便使他们能在目前还无法预料的未来局势中自我做出有意义的选择。"马克思也曾说过:"教育就是要让每个人的个性得到充分、自由的发展。"马克思在确立人的现实客观性的基础上,也突出强调了人的自觉能动性。马克思主义哲学也具有鲜明的主体参与思想。现代教育思想认为:根据教学目标、学生现

有的水平、教学内容来确定课堂教学策略是实现素质教育的重要途径,可以把学生培养成为自觉学习的主体。

2. 心理学基础

建构主义学习理论的观点为:人的发展不是一个完全外塑的结果,而是一个在认识、实践中主动建构的过程。皮亚杰从发生认识论的角度深刻地揭示出,认知源于主体与客体间相互作用的活动。建构主义学习理论认为,学习不是学习者被动地接受知识,而是积极建构知识的过程。知识不是由教师向学生传递的,教师的作用应是促进学生自己建构知识,学生是在一定的情境下主动地学习,对外部信息做出主动的选择和加工。

认知心理学理论的观点为,认知是创新的心理基础。布鲁纳和奥苏贝尔强调学习是以已有的知识经验为认知结构基础,与新知识相互作用,形成新意义的过程。皮亚杰强调:主体在认知过程中是积极的、主动的,具有能动性;主体的认知结构是一个永不停息地发生发展的过程。

人本主义学习理论的观点为:人总是社会现实中的人,具有人的价值和尊严,具有人的主动性和创造性,有自我实现的愿望和丰满的人生。罗杰斯说过:"各级水平的学生在遇到对自己有意义的、恰当的问题时,必然会进行自我主动地学习。"他强调以人为本,以学生为本。

心理学研究表明,学生对学习内容的巩固程度,与教学与学习的方式有很大关系,一般来说,学生通过阅读文字材料或仅听老师讲授,能够记住 10%~20% 的内容;学生对看到的实物与实物现象进行描述,便能记住 70% 的内容;如果学生亲手做过,又描述过或讲过,则能记住 90% 的内容。这也说明主动参与能使学生的学习取得良好的效果。

3. 教育学基础

教育作为一种培养人的社会实践活动,是人"直接以建构和塑造主体自身为对象的实践领域"。正如法国作家孔巴兹所言:"未来的学校应该培育灵魂,锻炼精神,优化情感,使学生成为热爱世界的主人。"现代教育培养的人应该是有主体性的人,只有这样的人才能积极主动地参与社会生活,并为社会进步做出贡献。从这个意义上讲,教育在本质上是对个体主体性的培育过程,是一种主体性教育。

主体教育理论的观点为:人的主体是人的自然性和社会性最本质的特征,是人之所以成为人的最重要的前提。主体教育是根据社会发展需要和教育现代化要求,通过引导和启发受教育者、创设环境、规范活动,将受教育者培养成为自主地、创造性地进行认识和实践的社会主体。

终身教育理论的观点为:教育不仅是一个统一的连续不断的过程,还是贯穿生命的过程,而且要促使个体身体、智力、情趣、社会性等全面发展,不以获得知识为主要目标,而是把重点放在人的发展上。我国现代教学理论确立了学生在教学活动中的主体地位,强调学生在教学中应具有主动性、积极性,强调学生是教学环境的主人,创造良好的教学环境离不开学生的支持、参与和合作。

赞科夫的发展性教学理论强调以最好的教学效果来达到学生最理想的发展水平,特别强调以学生为主体这个重要前提。

从教与学的关系来看,教学是教师"教"与学生"学"的双边活动。不同的教学模式所取得的教学效果是有很大差别的,如果教师用一半的课堂时间把要点讲出来,然后与学生共同研究、探讨,学生会争先恐后地发言,师生共同创造一种生动、和谐的学习氛围,这种教学模式的教学效果比满堂灌的教学模式的教学效果要好得多。

4. 社会学基础

从社会学的角度看,社会发展就是在极大地发展人的创造性和潜能的同时,培养人对社会的责任感。主体参与是社会责任感的具体体现。学校就是一种正式的社会组织。从社会学的观点研究课堂教学中的师生互动,就是将课堂看作一个微型社会,课堂教学过程是课堂中各种角色相互作用并发挥特有功能的过程。

在课堂教学中,参与社会活动的主体有三种,即教师个体、学生个体、学生群体。课堂教学中各种互动都是通过师生的各种行为来表现的。师生间行为的主要属性是控制与反控制、控制与服从、相互磋商,而学生间行为的主要属性是竞争与合作。学生与学生间的互动、教师与学生间的互动,就是在课堂教学这一社会情境中,通过一定的言语行为和非言语行为进行的。

课堂教学不仅是以知识的传递和学习为基础的教育过程,还是以人际互动为中心的社会过程。在主体参与型课堂教学模式中,教师与学生处于平等的地位,教师不是以权威者自居,而是以引导者出现,不是把知识讲给学生就完事,而是让学生自己去思考、质疑、行动。

5. 学科基础

观察和实验是生物学基本的研究方法,在课堂教学中,教师应利用多种教学手段、方法为学生创造主体参与的教学环境:利用生物学科的特点,给学生提供动手做的机会,培养学生的思维能力、语言表达能力;利用新颖有趣的实验、新奇美妙的现象激发学生的学习兴趣和求知欲,引导学生去探索和研究生命活动的规律。让学生参与教师演示实验,效果更佳。可以将教师的演示实验变成学生的分

组实验,增加学生动手、动脑的机会;也可以引导学生因陋就简,自制教具,进行生物小实验,提高分析问题、解决问题的能力。

主体参与型高中生物课堂教学模式就是通过师生多种感官的全方位参与,促进认知与情感的和谐,以及多维互动教学关系的形成,从而有利于学生知识的巩固和思维能力的培养。

二、课题研究的主要目标

当前,在普通高中生物学课堂教学中对学生科学素养的培养还存在许多不尽如人意的地方,如理论上的缺陷和实践的缺乏。长期以来以升学和应试为导向的课堂教学更多地关注学生的知识掌握情况,行为主义课堂教学观占据了主导地位,即课堂上教师唱主角,满堂灌,视学生为容器,注入填鸭式教学长期占据统治地位,因而出现了"重知识,轻能力","高分低能",超强度的强化训练导致学生负担加重等现象。因此,迫切需要研究课堂教学的有效模式以及关注作为认知主体的学生的最终发展效果,主体参与型课堂教学模式的构建是一个很好的切入点。

本研究从以下两个方面着手:努力探讨适合普通高中生物学课堂教学且体现素质教育要求的教学模式,从而更好地促进生物学教学,以期达到教育的真正目的;培养学生学习生物学的兴趣,提高教学质量,增强学生的主体参与意识,发展学生的创造性思维,提升学生的探究能力。

探索旨在实现学生全面发展并追求师生共同发展的创新、务实的高效课堂教学模式,是本研究的创新点。针对传统生物课堂教学的弊端,以课程标准为理论依托,着眼于学生生物科学素养的提高和个性的全面和谐发展,构建主体参与型生物课堂教学模式,进一步拓展学生学习和探究生物学问题的空间,培养并提高学生自主学习、创新学习和主动探究的能力,充分发挥学生的主体作用,促进学生身心健康发展,培养学生终身学习的愿望和能力。

三、主体参与型生物课堂教学模式的基本程序

经过几年的论证和探讨,我们认为主体参与型生物课堂教学模式的基本程序(如图 3-1 所示)应有以下几个环节:

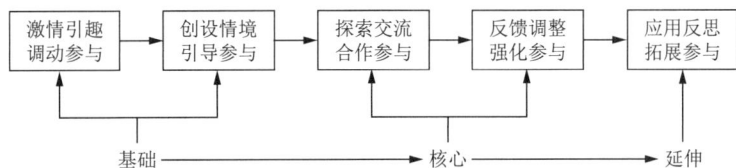

图 3-1　主体参与型生物课堂教学模式的基本程序

（1）激情引趣,调动参与。

情绪和情感是影响学生学习活动的重要因素。学生一旦对某一活动或某一学科产生强烈、稳定的兴趣,就会为之付出极大的努力。课堂上只有充分激发学生发现、创造、探究的热情,才能使学生在最大限度上进行有效学习。事实证明,这种主动参与的学习比消极被动的学习效果要好得多。学生强烈的情感在兴趣的引导下可以变成追求学习成功的巨大动力。在这一环节中,教师可以通过讲故事、观实物、看录像、角色扮演等方式激发学生的学习兴趣,以自己的真情感染学生,营造良好的教学氛围和学习氛围,激发学生的求知欲望,调动学生学习的激情。

（2）创设情境,引导参与。

高中生物教学应用主体参与型课堂教学模式时,教师只有创设一个有利于调动学生积极参与的教学情境,让学生体验学习的快乐,才能拓展学生的思维空间,引导学生深入思考,产生创造灵感。教师在这一环节中,可以通过布置场景、进行趣味性实验和引导性演练等来创造气氛,可以通过设问质疑调动学生的思维,引导学生参与课堂。

（3）探索交流,合作参与。

高中生物教学中应用主体参与型课堂教学模式可以教会学生平等地合作与交流,对学生将来的成功十分重要。教师应在充分尊重学生学习方式的差异、个体的差异,让学生享有充分选择学习内容、学习伙伴和学习方式的权利的基础上,大力倡导学生之间的合作与交流,让学生体会合作与交流对成功的重要性。学生间、师生间可以采用交谈讨论、相互提问、相互示范、共同操作、表演、模仿等形式进行合作与交流,以达到彼此沟通与了解的目的,共同完成教学任务。

（4）反馈调整,强化参与。

高中生物教学中主体参与型课堂教学模式的实施,是在教师引导下,学生与学生交流对话、教师与学生教学相长的过程。教师及时地把学生参与学习的结果反馈给学生,有助于激发学生的学习动机,强化学生的参与意识,使学生产生愉悦的学习情趣,体验成功的快乐。同时,教师可以从学生反馈的信息中看到教学的实际效果,通过改变教学行为提高教学效率,使不同层次和类型的学生都能在参与中获得成功和进步,在成功中增强自信。教师可以通过姿势、语言或直接演示等方式将信息现场反馈给学生。

（5）应用反思,拓展参与。

通过应用,学生可以巩固所学的知识、技能,形成良好的态度;通过反思,学生能够查明自己知识上的缺漏。要让学生养成反思的习惯,在反思中自我总结、自

我思考、自我提高、自我创新。反思的方式有检查、回顾、复述等。

在以上几个环节中，激情引趣、创设情境是探索交流的基础，探索交流、反馈调整是探索的核心，应用反思是探索的延伸。

四、收获与感悟

1. 主体参与型课堂教学模式能较大幅度地提高教学质量

主体参与型课堂教学模式使学生在生物课堂上的主体参与意识明显增强，对学生的情感态度产生了积极的影响。实施主体参与型课堂教学模式的目的是让学生学会学习、学会交流、学会创新，教师应为学生尽可能地提供优质的服务，奉行"教，是为了不教"的宗旨，明确教学的出发点是激发学生的内在学习动机。主体参与型课堂教学模式的实施，围绕提高学生的生物科学素养这一核心任务，在实践中不断地选择各种教法和学法，并使其进一步丰富。在这个过程中，充分发挥学生主体性并不等于削弱了教师的作用或者使教师轻松了；相反，对教师的要求更高了。与传统课堂教学模式不同的是，教师中心没有了，教师的控制减少了，学生的自主性增加了，学生对活动的投入增加了。如果没有教师的指导、促进和协调，学生的主体性也就不能得到很好的发挥。学生主动参与并不等于无限制地自由参与，在某些方面的协商并不等于所有问题都是可协商的。例如，当课程标准、教学目标、教学时间等与学生的主体性发生矛盾时，教师的作用是决定性的，必须确保教学效果。在整个教学活动实施过程中，教师不能只做听众，一定要全过程参与，对教学过程的每一个环节都要严格把关、全面指导。撒手不管非但达不到预期效果，反而会严重影响教学任务的完成。

2. 主体参与型课堂教学模式的运用大大激发了学生的学习兴趣，学生学习成绩和人文素养明显提高

随着教学模式的试用定型和普遍推广，教育教学效果开始显现。由于课题实验的宗旨是一切为了学生的学习和发展，该教学模式强调学生的实际，注重培养学生的实践能力、创新能力和辩证思维能力，以及健全的人格和终身发展的能力，因此我们在课题实验过程中总是换位思考，把自己想象成学生，分析和揣摩学生到底喜欢听哪一类型的课程，不断地创新教学方式、方法，最大限度地激发学生的学习兴趣。不依靠大量的作业和考试增加学生负担，给予学生一定的自由空间来发挥创造力、想象力和激发学生求知的欲望，从而使教学以全新的面貌呈现，得到最好的教学效果。课堂教学实验表明，学生的精神状态良好，交往方式、行为方式明显转变，学生的世界观、人生观、价值观得到了有效的引导。

3. 主体参与型课堂教学模式已成为学校新型的课堂教学模式

主体参与是现代教学的重要特点与机制,是新一轮基础教育课程改革的核心理念,运用指导式、启发式、诱导式等教学方式,变教学为导学,还学生主体地位,形成了高素质教育的课堂模式。

4. 主体参与型课堂教学模式构建了多元化的评价体系

主体参与型课堂教学模式评价体系包括学生自我评价、学生相互之间的评价、课堂教学评价和教师评价。评价不仅指对完成学习和教学任务的结果的评价,还指对学生整个学习过程的评价。教学评价重点体现能力本位评价或真实性情境评价,评价不仅包括教师对学生的评价,还包括学生对教师的评价。

在主体参与型课堂教学模式下,我们确定的《普通高中生物学课堂教学基本原则和评价标准》如下所示:

普通高中生物学课堂教学基本原则和评价标准

一、普通高中生物学课堂教学基本原则

1. 凸显生物学的学科属性

生物学是研究生命现象和生命活动规律的科学,是一门科学课程。生物学有着与其他自然科学相同的性质,它不仅是一个结论丰富的知识体系,还包括人类认识自然现象和规律的一些特有的思维方式和探究过程。课堂上,既要让学生获得基础的生物学知识,形成基本技能,又要让学生领悟生物学家在研究过程中所持有的观点以及解决问题的思路和方法。教学设计重在驱使学生主动地参与学习,在亲历提出问题、获取信息、寻找证据、检验假设、发现规律等的过程中习得生物学知识,养成科学思维的习惯,形成积极的科学态度,发展终身学习和创新实践的能力。

2. 指向学生生物学核心素养的发展

生物学核心素养是学生在生物学课程学习的过程中逐渐发展起来的,是学生在解决真实情境中的实际问题时所表现出来的价值观念、必备品格与关键能力,是学生知识、能力、情感态度与价值观的综合体现。生物学核心素养的培养应贯穿课堂教学全过程。注重概念教学,要挖掘事实与概念背后的思维方式和思维过程,注重引导学生通过科学思维和科学探究形成概念,在概念形成过程中厘清科学思维与科学探究之间的关系——科学思维和科学探究相互倚重,科学思维是科学探究的重要内涵,科学探究是科学思维的实证过程。引导学生在形成生命观念、进行科学思维和科学探究的过程中,形成一定的社会责任意识,承担一定的义务。倡导情境教学,既要用好教材中的真实问题情境,又要精选或创设一些源于教材

又高于教材的适合培育学生生物学核心素养的真实问题情境,明确该问题情境与培养学生生物学核心素养的内在逻辑关系,在引导学生解决问题的过程中达到培育学生生物学核心素养的目的。

3. 发挥好教学目标的导向作用

教学目标是教学活动实施的方向和预期达到的结果,是一切教学活动的出发点和归宿。贯彻新课程的基本理念,融合活动理论的最新成果,依据课程标准中的内容要求、教学提示和学业要求,确定教学单元,厘清概念间的关系,参照课程标准附录中教学目标的叙述模式,确定单元教学目标和课时教学目标。教学目标要体现学生的主体地位,体现指向生命观念、科学思维、科学探究和社会责任不同素养的差异性和共同性,指向生物学核心素养目标养成的持久性、长期性、表现性和综合性。教学过程中,要充分发挥教学目标在课堂教学中的导教、导学和导评功能。

4. 教学过程注重实践体验

生物学课程高度关注学生学习过程中的实践经历,强调学生学习的过程是主动参与的过程,让学生积极参与动手和动脑的活动,通过探究性学习活动或完成工程学任务,加深对生物学概念的理解,提升应用知识的能力,培养创新精神,进而用科学的观点、知识、思路和方法探讨或解决现实生活中的某些问题。课堂教学中,教师针对不同的教学内容,要善于引发学生新旧知识的冲突,积极引导学生参与亲身实践和体验等探究性学习活动,让学生亲自经历知识发生、形成、发展和应用的过程,从而强化、调整学生的认知活动、情感活动和实践活动。倡导自主合作的学习方式,既要发挥学生的主观能动性,又要使学生学会合作,让学生在实践和体验中运用生命观念认识生物的多样性、统一性、独特性和复杂性,掌握生物学科相关的方法,培养思维的深刻性、灵活性、创造性和批判性等,让有趣、有理、有用的学科价值落入学生心田。

5. 实现教学评一致

为达到教学评一致,教师要有课程思维。教学评一致,是指在教学目标的引领下,教师的教、学生的学、课堂的评价达到一致,这是有效教学的基本遵循。这种一致性体现了教、学、评必须共同指向教学目标:教师的教是为教学目标的教,学生的学是为教学目标的学,课堂的评价是对教学目标的评价。课堂教学评价的核心理念和价值要指向学生生物学核心素养的达成,促进学生的学习与发展,并以此反思教师自身的教学及专业发展,即通过及时的反馈来调动学生学习的主动性和积极性,并能有效地反转过程以促进和完善教师的教。课堂教学评价要多元化,不仅要注重学生学习的结果性评价,还要注重学生学习的形成性评价。教学活动要内嵌评价任务,通过提问与点评、反思与交流等多种方式评价学生学习,不仅要注重学生课堂学习活动中知识的增长,还要注重学生参与度、能力的提升和生物学核心素养的形成。课堂教学评价要具体、明确,有检测性,保证课堂评价目标与教学目标的一致性、课堂评价任务与课堂学习任务的一致性,以实现教学评一致,避免出现评和教分离、评和学分离、先教后评、先学后评等不良现象。在评价中要关注学生的个体差异和发展需求,帮助学生认识自我、建立自信、改进学习方式,促进学生生物学核心素养的形成。

二、普通高中生物学课堂教学评价标准

(一)课堂教学评价的基本理念

1. 坚持以学生的发展为本

基础教育课程改革的核心理念是以学生的发展为本。确定中学生物课堂教学评价指标体系,要从学生全面发展的需要出发,注重学生的学习状态和情感体验,注重教学过程中学生主体地位的体现和主体作用的发挥,强调尊重学生人格和个性,鼓励学生发现、探究与质疑,以利于培养学生的创新精神和实践能力。

2. 注重考察体现素质教育课堂教学特征的基本要素

课堂教学是一个准备—实施—目标达成的完整过程,是一个复杂多变的系统,要全面反映这个过程,需要罗列相当多的因素。确定课堂教学评价指标体系,既要着眼于课堂教学的全过程,又不能面面俱到,还要突出体现素质教育课堂教学不可缺少的基本要素,以利于在评价中进行有针对性的诊断和正确的引导。

3. 坚持评教与评学相结合,侧重于评学

课堂教学是教师组织和引导学生进行有效学习的过程,是师生互动、生生互动,共同实现具体发展目标的过程。评教应建立促进教师不断提高的评价体系,这样才有利于大幅度提高教学质量;评学应建立评价学生学习状态和学习效果的评价体系,以具体评价一堂课的教学效果。课堂教学评价要以评学为重点,坚持评教与评学相结合,以此来促进教师转变观念、改进教学。

4. 体现开放性

课堂教学具有丰富的内涵,学科、学生、教师、教学条件诸方面的不同,使课堂教学情况千变万化。确定课堂教学评价指标体系,既要体现课堂教学的一般特征,又要突出生物学科的特点,应提倡创新,鼓励特色教学。

5. 坚持可行性

可行性是实施评价的前提。课堂教学评价指标体系要符合当前课堂教学改革的实际,评价标准既是期待实现的目标,又必须是目前条件下能够达到的,以利于发挥评价的激励功能;评价要点必须是可观察、可感受、可测量的,以便于评价

者进行判断;评价办法要注重质的评价和综合判断,力求简单,易于操作。

（二）课堂评价量表

生物学课堂评价标准采用综合量表评价的方式。综合量表评价是一种比较精细的数量化的评价方法。首先评价人员依据自己对评分标准的理解,独立地在每个项目上对某个评价对象的课堂教学给予一定的等级或分数。然后汇总所有的课堂教学质量评价表,运用一定的统计方法对所有数据进行分析和处理,得出这个评价对象的总得分或等级。

综合量表评价法注重对课堂教学活动的具体分解,评价指标比较具体;综合量表评价法注重量化处理,结果比较准确;综合量表评价法注重标准的一致性。

五、问题与展望

1. 问题

（1）课堂教学实验是一种特殊的科学实验活动,由于它主要在课堂教学的自然状态下进行,加上实验变量的不确定性等原因,因此短期的实验往往不能充分说明问题,不能以偏概全。

（2）任何一种课堂教学模式都不是万能的,都不是完美的,都有其特定的使用背景和一定的使用群体。主体参与型课堂教学模式的实施要灵活机动,如:有些教师并没有完全投入课堂教学中去,灌输式的教学活动还比较多,只有上公开课、观摩课、研讨课时,是以学生为主体、教师为主导、训练为主线的,平时的课堂依然沿袭旧辙;分割了"三主"教学模式,教师的"导"没有落实,基础好的学生还能有所收获,基础差的学生被问题难住之后,会产生厌学情绪,学习基础不牢固;课堂教学形式单一,千篇一律。因此,对课堂教学模式的研究还需要一个长期的、不断发展和完善的过程,即需要进一步探讨更多更好的方法和途径,而这将是我们下一步的努力方向。

（3）仅生物学一门学科实施主体参与型课堂教学,会与其他学科的教学方式产生矛盾。其他学科布置了大量的课后作业,影响了自主学习的顺利开展。

（4）在主体参与型课堂教学中,学生之间的学习能力和学习基础存在较大的个体差异,往往是优秀生已经达到目标,需要进行下一环节,而部分后进生还在缓慢进行当前环节,结果可能会出现"三着急"现象。

（5）小组讨论有时流于形式,课堂秩序较难控制,往往很难收到预期效果。优秀生在讨论中处于主宰地位,部分后进生则被迫处于从属地位。

总的来讲,主体参与型课堂教学模式应用的研究是一个系统工程,目前我们

的研究还很不深入,很不全面,只触及问题的某些方面,这些方面的研究还很不成熟,需要进一步努力。目前构建的主体参与型课堂教学模式只是为当前素质教育下的课堂教学提供一定的借鉴。

2. 展望

展望未来,对高中生物主体参与型课堂教学模式的研究工作总的来说将有以下几个方面:研究内容将扩大;在教学方面,将以课程改革为重点,具体到课堂教学方面,则以课堂教学中师生行为的分析作为切入点;在研究重点方面,将加强对学生怎么学的研究,进一步探索在教学过程与班级管理中促进学生主体发展的新思路;在教学实验方面,将采取多种运作方式,注重学生的体验;在实验的类型方面,除继续发挥验证型实验的作用外,还将提高探究性和推广性实验的地位。

高中生物主体参与型课堂教学模式将日益走向成熟,为构建主体教育的理论框架,为素质教育在我国的全面推进做出更大的贡献。为更好地落实主体参与型课堂教学模式,我们呼吁加强各种层次的教师培训,加强交流与合作,扬长避短。我们有理由相信,在大家的共同努力下,一个适应时代要求的主体参与型课堂教学模式的形成指日可待。

参考文献

[1] 顾明远,石中英. 国家中长期教育改革和发展规划纲要解读[M]. 北京:北京师范大学出版社,2013.

[2] 蔡汀. 走进教育家苏霍姆林斯基[M]. 北京:教育科学出版社,2009.

[3] 王君. 一位青年教师的专业成长之路[M]. 北京:中国轻工业出版社,2012.

[4] 程振响. 教师职业生涯规划与发展设计[M]. 南京:南京师范大学出版社,2009.

[5] 蔡伟. 你也能成为特级教师[M]. 上海:华东师范大学出版社,2011.

[6] 孙向阳. 教师教育科研最需要什么[M]. 南京:南京大学出版社,2010.

[7] 教育部教师工作司组. 中学教师专业标准解读[M]. 北京:北京师范大学出版社,2013.

[8] 张洪军. 为自己定制竞争力:青年教师专业化成长规划[M]. 重庆:西南大学出版社,2015.

(注:2009年7月至2012年7月,作者主持并完成了山东省教学研究课题"主体参与型高中生物课堂教学实践研究",课题编号为pt-20100597,该课题荣获山东省教学研究优秀成果一等奖、山东省基础教育教学成果二等奖,证书编号为JJ20142077)

第二篇

课堂教学:从"概念教学"到"创新素养"

概念是人脑对客观事物本质特征的认识。对概念的掌握程度是衡量学习质量的一个重要标准。课堂教学先要基于事实、现象建构概念,然后将对生命观念的领悟渗透其中,并适时总结、提炼和外显化。核心素养是学生发展的 DNA,也是新课程改革和教学改革的 DNA。创设真实情境,设计板块式问题组导学案,实施小组合作学习,开展嵌入式学习评价,激发学生自觉思考、有序思考、连续思考、深度思考和批判性思考,让培养学生核心素养真正落实到课堂。创新素养作为学生发展的核心素养之一,渗透在学科核心素养之中,对于学生的终身发展发挥着重要作用,是学生的必备品格和关键能力。创新课堂教学方式,培养学生创新素养势在必行。

第四章
学科概念教学与初高中实验教学衔接

第一节　基于课程标准的概念教学实践

一、概念教学阐述

概念是人脑对客观事物本质特征的认识。所谓事物的本质特征,指的是决定事物的性质,并使某事物区别于其他事物的特征。相对地,非本质特征则是对事物不具有决定意义的特征。每一个概念都包含内涵和外延两个方面。内涵是概念的质,是概念所反映的事物的本质特征。外延是概念的量,是概念所涵盖的范围。概念的掌握就是要在事物众多的特征中,准确地把握事物的本质特征,认识概念的内涵,理解概念的外延,最终能够超越感知觉的范围,透过表面现象认识事物的本质。

在各学科的教学目标中,掌握学科基本事实、概念、原理、规律和模型被列在首位。其中,学科概念是学科知识结构的各个支点,是稳固整个学科知识体系的关键部位,只有掌握好概念,才能更好地搭建起学科的知识架构。

对概念的掌握程度是衡量学生知识学习质量的一个重要标准,同时也决定着学生能否更好地深入学习和运用学科知识,并对学生解决问题的能力产生重要影响。所以,作为一位教师,概念教学是重中之重。

(一)概念的获得和引入

首先,我们要知道学生是怎样获得概念的。学生获得概念的两种基本形式是概念的形成和概念的同化。

概念的形成可以采用呈现例证、假设—检验、提供概念的原型等方法。以上方法都可以作为概念文字说明的补充,让学生更好地接受一个新概念。比如,在讲到细胞的渗透作用时,可以举例——盐水使萝卜变皱和腌萝卜放入清水中又恢复饱满,让学生能迅速联系实际理解新的概念。假设—检验可以激发学生学习的积极性,引导学生提出概念的相关假设,一起检验所提出的假设是否正确,以加深学生对概念的印象。在无法很好地形象描述一个概念时,提供一个概念的原型是最迅速和最直接的方法,如洋葱鳞片叶表皮的质壁分离与复原实验就是渗透作用的一个原型。

概念的同化是概念学习的普遍形式,就是利用学生认知结构中原有的概念,以定义的方式直接给学生揭示概念的关键特征,从而使学生获得概念。奥苏贝尔把概念的同化分成了上位学习、下位学习和组合学习三种基本形式。上位学习是学生已经获得了概括性较低的概念,教师可以引导学生形成一个抽象的概括性较高的新概念,比如,学生已经学了血糖调节和甲状腺激素的调节,教师向学生提出反馈调节的概念。下位学习是在获得了一个抽象的概括性较高的概念之后,学生就很容易把握一个下位概念,比如,先学习染色体变异的概念,再学习染色体结构的变异和染色体数目的变异。组合学习是指学习的新概念和学过的概念有并列结合的关系,比如,在学习了用黄色圆粒和绿色皱粒豌豆的杂交实验解释基因的自由组合定律之后,再去学习水稻的有芒抗病和无芒不抗病的杂交实验。

(二)概念的巩固和强化

1. 概念的巩固

教学中概念的巩固主要通过学生对概念的运用和对问题的解决来实现,主要的方式就是练习和实验。教师要注意筛选,给学生提供有针对性的练习,实验过程中要注意引导学生进行思考,让学生从做中学,从做中巩固新知识。实验过程中,教师要注意不能让学生一味地认为好玩而忘记学习,练习也不应该多而不精,对于学生的练习应及时给予反馈,教会学生对练习结果进行自我反馈,及时查漏补缺。

2. 概念的强化

这里非常重要的一点是帮助学生进行错误概念的转变。在日常生活和以往的学习中,学生已经形成了很多的经验,其中有的是正确的,而有的并不符合科学规律。当学生原有的概念不符合所要学习的概念的科学定义时,转变错误概念尤为重要,因为学生的错误概念通常会比较顽固,直接影响到后面对知识的运用和

对问题的解决。

影响概念转变的因素有学生的形式推理能力、已有知识经验、元认知能力、对知识和学校的态度、学习动机等。教师要能准确发现影响学生概念转变的因素，针对不同的因素采取不同的策略。

只有当学生发现自己原有的概念是错误的，并能够理解正确的新概念时，才有可能真正接受新概念并避免以后再次弄混。让学生接受新概念，摒弃错误概念的同时，要注意帮助学生把握概念定义中的关键词。比如，植物的向性运动，其定义是植物体受到单一方向的外界刺激而引起的定向运动。这里的关键词就是植物体而不是动物，是单一方向而不是多方向的，是定向运动而不是任意方向的运动。把握关键词，有助于概念的记忆和准确掌握，对概念的学习起到事半功倍的效果。

（三）概念教学的策略和技巧

概念教学的关键是要让学生真正理解概念的合理性和有效性，让学生自主地对概念进行鉴别和分析，最后真正接受概念。

学习是新旧经验相互作用的过程，学生不仅在原有知识背景的基础上获得新知识，同时也在新知识的作用下调整原有知识。

1. 要有开放包容的课堂环境，探索发现学生已有的经验

学生要能够大胆地提出自己的真实想法，不管是对还是错，只有这样，教师才能抓住学生理解的症结所在，有针对性地进行教学。同时，开放的课堂氛围能够鼓励学生大胆思考，更加深入地分析问题。这就要求教师必须学会用不同的方法来表述概念，引导学生暴露出先前获得的一些错误概念。比如，讲到种群的概念时，教师让学生尽可能多地举出种群的例子，在这个过程中尽量不予干涉，而是注意发现学生表述中不正确的地方，最后总结指出，这样有助于更多地发现学生理解中潜在的问题。

2. 教师教的策略和技巧

现行教材陈列的概念大多不符合教育心理学指出的学生习得概念的规律，因此教师在概念教学活动展开之前，选择合适的概念，确定概念呈现的范例（正例和反例），安排范例呈现的次序，是帮助学生形成概念、展开思考过程直至掌握概念的重要环节。提供正例有助于学生总结和体会概念的规则，防止学生出现概括不足的情况；提供反例有助于学生排除概念的无关特征，帮助学生加深对概念的本质的认识。

在概念的应用性练习过程中,创设一种对话式的教学环境,对学生提出的各种假设保持积极的态度,特别是在教学的后阶段,把学生的注意力从具体的概念引向对概念获得策略的分析,鼓励学生说出自己的思维方法并让全体学生共同评判每种思维策略的长处,以求开发最佳思维策略。

3. 学生学的策略和技巧

概念的学习离不开学生的实践活动,充分利用实验、模型、图表等直观手段引出概念,指导学生学会观察、分类、概括、综合等思维方式,有利于学生形成概念;创设良好的教学环境,挖掘兴趣、情感、意志等非智力因素在学习过程中的作用,引导学生主动参与学习,发挥非智力因素的作用,有利于学生巩固概念并领会概念的内涵和外延;摸清各类学生的概念结构状况和学习障碍,增强指导学生自我评价、自我反省、自我提高的意识,促进旧知识、旧概念的正迁移,有利于学生获得学习概念的最佳思维策略。

概念教学程序设计方案为课堂教学提供了理想化的教学模型和最优化的蓝图,然而它仅为达到课时教学目标和取得最佳教学效果提供了条件,奠定了基础,方案的合理性、科学性、可行性必须在课堂教学中才能得到体现和检验。我们在多年的概念教学程序设计与实践中,立足于"教师为主导,学生为主体"的教学观,重视师生双边活动策略的设计,构建新旧知识衔接框架和能力培养体系,大大激发了学生的学习兴趣和求知欲,使课堂气氛非常融洽。作业与形成性测验结果表明基本达到了教学目标,远期追踪调查结果显示实验班对概念的巩固率明显高于其他班级。

二、概念教学实践

概念教学实践主要为撰写论文,具体论文如下:

合适的才是最好的
——谈新课程背景下的概念教学

新课程实施的根本目标是培养学生的创新精神和实践能力,教师应创设情境,激发学生兴趣,让学生进行科学探究,主动建构自己的知识体系,体验学习,自主学习,形成自己的见解,从而解决实际问题。

当前新课程改革的根本目标是培养学生的创新精神和实践能力,以学生发展为本,注重学生全面素质的提高。新课程理念强调,在教育教学上没有哪种教学方式最好,一节成功的课往往是多种因素并存的,找到最佳结合点才是最关键的,就像量体裁衣,合适最好。因此,教师一切工作的着眼点应该是为了学生的发展,

适合学生的学习。学习不是简单地让学习者占有别人的知识,而是学习者主动建构自己的知识体系,形成自己的见解。

概念是对事物的结构、原理及规律的精确、本质的阐述,也是学生进一步探究深层事物与规律的基础,具有很强的客观性、概括性和抽象性。学生学习知识,在一定意义上来说,主要是掌握概念。怎样让学生正确理解和掌握概念?建构主义学习理论认为,关键是让学生自主建构概念。下面我们就以人教版高中生物教材必修1《细胞的增殖和分化》一节为课例,来加以分析和探讨。

一、课例

1. 教师创设问题情境,激发学生学习兴趣

教师出示受精卵图片并播放受精卵发育成胎儿的课件,让学生观看后提出疑问。

生:一个受精卵是如何发育成一个胎儿、一个人的?一个胎儿与一个受精卵有什么区别?

2. 学生进行科学探究,自主建构概念

师:人体有多少个细胞?

生:一个细胞、几万个细胞、无数个细胞……

师:人体有60万亿~100万亿个细胞。一个受精卵怎么会发育成这么多细胞?请同学们做个模拟实验,即利用橡皮泥模拟细胞进行三次分裂。

学生用橡皮泥做细胞分裂模拟实验。三个学生上台展示自己的作品并讲解如何操作。

教师在每个学生展示自己作品的过程中进行点评。

师:细胞在实际分裂中是否就像橡皮泥一样,是简单的一分为二呢?

教师播放人体受精卵细胞分裂过程的课件。

学生观看课件。

师:细胞分裂前和细胞分裂中有什么不同?在细胞分裂时,染色体是如何分配的?子细胞与母细胞有何不同?

生:细胞分裂前,细胞核内没有出现染色体。在细胞分裂过程中,细胞核内出现易被碱性染料染成深色的染色体。在细胞分裂时,染色体平均分为两份,子细胞大小为母细胞的一半。

师:细胞在分裂时,并不是简单的一分为二,其细胞核内的染色体会平均分配到两个子细胞中。一个母细胞经过一系列复杂变化后分裂成两个子细胞的过程,叫作细胞分裂。一个受精卵经过多次分裂后得到有许多细胞组成的细胞团,这个

细胞团与一个成人有什么区别?

生:大小不同,形态不同,人有耳朵、手等,而细胞团没有。

师:请同学们猜一猜在母细胞分裂成子细胞后,子细胞会发生什么样的变化。请同学们根据自己的理解和想象用图像表示出来。

每个学生根据自己的理解画出了细胞分裂、生长和分化的示意图。教师组织四个学生上台展示自己的作品并说明其含义,适时点拨,并给予鼓励。

教师播放细胞增殖和分化的课件,归纳结论:

① 细胞生长:刚分裂产生的子细胞一般只有母细胞的一半大小,它们能吸收营养物质,合成自身物质,不断生长。

② 细胞分化:有些子细胞会发生变化,形成具有不同形态和功能的细胞。

学生再一次画出细胞分裂、生长和分化的示意图。

师:细胞的分裂、生长和分化的关系是怎样的? 一个卵细胞是怎么变成一个成人的?

生:细胞分裂是一个相对独立的过程,而细胞的生长与分化同时进行。一个成人是一个受精卵不断分裂、生长和分化的结果。

教师板书,如图 4-1 所示。

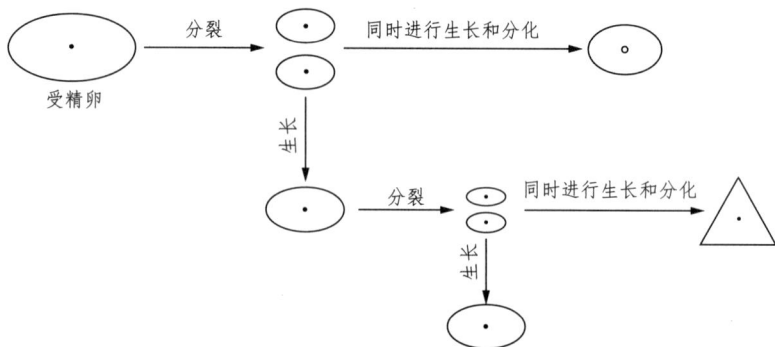

图 4-1　受精卵分裂、生长和分化

3. 学生运用科学新知,解决实际问题

师:请同学们列举我们身上发生细胞分裂、生长和分化的例子。

生:伤口能愈合、头皮屑会不断掉落、毛发能生长等实例都说明人体内的细胞在进行分裂、生长和分化。

二、对课例的分析与探讨

在上述课例中,教师不是将概念直接告诉学生,而是帮助他们去发现,去建构概念,突出表现在以下方面:

1. 让学生体验学习

布鲁纳认为："认识是一个过程，而不是一种产品。学习不仅是让学生掌握这些知识，更在于让学生体验知识、原理的形成过程。"在本节教学设计中，将教材的教学重点和难点设计成探究活动，展示获取知识的过程，按创设问题情境—激发学习兴趣—开展探究活动—自主建构概念—运用科学知识—解决实际问题的教学模式进行教学。在进行细胞分裂、生长和分化三个概念的教学过程中，让学生通过猜一猜、做一做、议一议、画一画等活动，从直观形象的感性认识出发，在兴趣中去感悟抽象的概念，在画的过程中理解概念。

2. 化微观世界为可视世界

本节主要学习细胞分裂、生长和分化三个概念，学生看不见摸不着，缺少感性认识。因此，在本节课的教学过程中，先让学生通过玩橡皮泥模拟细胞分裂获得感性认识；然后展示细胞分裂过程的课件，帮助学生从玩橡皮泥的过程中获得细胞分裂的概念；最后让学生比较一个细胞团与一个成人的区别，猜一猜、画一画细胞分裂后得到的子细胞怎样变化，并归纳出规律性的知识。这样的教学层次符合学生从具体到抽象的认知规律。

3. 让学生自主学习

本节课的教学过程中，将绝大部分支配权交给学生，教师只是把探究的问题抛给学生，为学生的学习提供一些支持和帮助，学生建构概念的自主性较强、自主权较大。例如，学生在用橡皮泥做细胞分裂模拟实验的过程中，完全凭自己的生活经验去尝试。又如，在画细胞分裂产生的子细胞的示意图的过程中，每个学生根据自己的理解和想象画出来。尽管学生在这两个活动中暴露出许多错误，但是产生错误是学生建构知识的过程中必然伴随的现象，错误是课堂重要的教学资源，具有正面的、不可替代的教育价值。

三、学生自主建构概念

概念是抽象的，概念的建构有赖于对事物的认识。苏联心理学家鲁宾斯坦说："任何思维，不论它是多么抽象多么理论的，都是从分析经验材料开始的，而不可能是从任何其他东西开始的。"这里所说的经验材料，主要是指感性材料。因此，在教学过程中要注意使用学生熟悉的例子或通过实验、课件等深化学生的感性认识，以利于学生顺利掌握相关概念。建构主义学习理论的观点为："学习是建构的，是学习者运用自己的经验去积极建构知识，把新概念纳入原有的认知结构中，使认知结构发生变革和重组，形成网络结构知识。"例如，在本节课的教学中，教师先让学生画一画子细胞的变化图，这样既可以引导学生主动参与学习，又可以促

使学生对细胞生长、分化以及它们之间的关系进行理解,形成概念图,建构知识结构。在概念学习过程中,自主建构概念是关键,丢掉建构概念的自主性等于失去建构概念的灵魂,会导致学生对概念的浅层理解和死记硬背,更谈不上运用概念去解决实际问题。

在学生建构概念的过程中,教师过多地指导和干预的确减少了学生产生的错误,让学生少走了弯路,"节省"了时间,但同时也剥夺了学生从错误、挫折和弯路中学习的机会。

当然,教师的教学策略对学生的概念建构发挥着不可或缺的作用。在本节课的教学中,教师为学生提供了丰富的感性材料,如实验、课件等。在学生讨论时,教师参与其中,不时地插入一两句质疑或鼓励的话;在学生做一做、画一画之后,教师给学生提供了展示自己作品的机会,鼓励学生对自己的想法进行形象的表达,并给予积极的即时评价,让学生体验成功,增强自信心。

参考文献:

[1] 朱慕菊. 走进新课程:与课程实施者对话[M]. 北京:北京师范大学出版社,2002.

[2] 郑金洲. 关于新课程的课堂教学改革[M]. 福州:福建教育出版社,2003.

[3] 张德伟,何晓芳. 新课程与教学改革[M]. 北京:北京出版社,2005.

从事实、概念到生命观念的达成
——以《细胞核——系统的控制中心》一节为例

生命观念是学生通过具体的事实建构概念、提炼观点的过程,具有跨概念性和上位性,是众多概念的归纳、总结和提炼。高中生物学教学需要落实的生命观念包括系统观、进化观和生态观三大观念群,每个观念群包括若干具体的生命观念。系统观即生命是活的系统,统领结构与功能观、物质与能量观等概念。结构与功能观是基本的生命观念,生命系统的各个层次都具有一定的结构,对应相应的功能。对生命体来说,结构与功能是不可分割的,结构是功能的基础,功能的实现依赖于特定的结构。下面以《细胞核——系统的控制中心》一节为例,谈一谈课堂教学如何达成结构与功能相适应这一生命观念,以及事实、概念和生命观念之间的逻辑关系。

一、课程标准、教材和学情的目标制定

1. 课程标准解读

课程标准的要求是"阐明遗传信息主要储存在细胞核中""阐明细胞内多个相对独立的结构担负着生命活动",其中知识性目标动词"阐明"为理解水平,具

体内容要求是"遗传信息主要储存在细胞核中""细胞核的生命活动体现在对代谢和遗传的控制"。通过相关实验分析得出细胞核是代谢和遗传的控制中心,通过对细胞核结构的学习能说出染色体上的 DNA 携带遗传信息,从而说明遗传信息存在于细胞核中。学生根据已有的知识"线粒体和叶绿体中都存在 DNA",进一步解释遗传信息主要储存在细胞核中,从而理解细胞核是细胞的控制中心。

"遗传信息主要储存在细胞核中"和"细胞内多个相对独立的结构担负着生命活动"属于大概念"细胞是生物体结构与生命活动的基本单位"中的重要概念"细胞各部分结构既分工又合作,共同执行细胞的各项生命活动"中的次位概念。由于在这个概念中,《细胞核——系统的控制中心》一节是最后学习的,因此可以通过模型建构来完成对重要概念的理解,通过核质相互依存的相关实验来理解大概念,从而更好地达到课程标准的要求。

2. 教材分析

《细胞核——系统的控制中心》是人教版高中生物教材必修 1 第 3 章的第 3 节,包括细胞核的结构、细胞核的功能、尝试制作真核细胞的三维结构模型等内容。本节是在学生学习了真核细胞和原核细胞的异同点、组成细胞的分子、细胞膜、细胞壁和细胞器等知识的基础上来进行教学的,旨在使学生认同细胞核是细胞生命系统的控制中心,并理解细胞作为一个生命系统,只有各组分之间分工合作,成为一个整体,才能高度有序地进行生命活动。

3. 学情分析

学生在初中已经观察过动植物细胞,通过"多莉"羊的实例,知道细胞核是遗传信息库,遗传信息的载体是 DNA,以及染色体是由 DNA 和蛋白质组成的等知识。

学生在《普通高中教科书•生物学•必修 1•分子与细胞》第 2 章第 3 节《遗传信息的携带者》中学习了真核细胞的 DNA 主要分布在细胞核中,线粒体和叶绿体内也含有少量的 DNA,为更好地理解"遗传信息主要储存在细胞核中"提供了部分依据。学生在《普通高中教科书•生物学•必修 1•分子与细胞》第 3 章第 1 节《细胞膜——系统的边界》中学习了哺乳动物成熟红细胞为了给携带氧的血红蛋白腾出空间,其核逐渐退化,并从细胞中排出,只能存活 120 天左右,为更好地理解"细胞核与细胞质的关系是相互依存、不可分割的"的观点提供了具体的事例。

4. 目标达成

基于课程标准、教材和学情,围绕培养学生学科核心素养的要求,制定如下教学目标:

（1）通过具体的实验事实解释细胞核的功能，通过细胞核的模型说出各部分的结构，从而进一步形成细胞核的结构与功能观。（生命观念、科学思维）

（2）通过分工制作真核细胞的三维结构模型，说出细胞各部分结构的功能，认同细胞的整体功能大于细胞内部各部分结构的功能之和。（生命观念、科学思维）

（3）通过精子和哺乳动物成熟红细胞的实例，说明核质相互依存，认同细胞的结构与功能是统一的和相适应的，这是进化的必然结果。（生命观念、科学思维）

二、目标达成的课堂教学

该部分知识的生命观念侧重于结构与功能观，可从三个方面理解：① 细胞核的结构决定功能；② 细胞的整体功能大于细胞内部各部分结构的功能之和；③ 细胞的结构与功能是统一的和相适应的，这是进化的必然结果。学生在认识生物学事实的基础上，从个别现象概括出一般性概念，在原有知识概念的基础上构建一个具有内在关联的稳定的网络知识结构（如图 4-2 所示），实现知识的迁移、概念的整合，从而提炼出相应的生命观念。

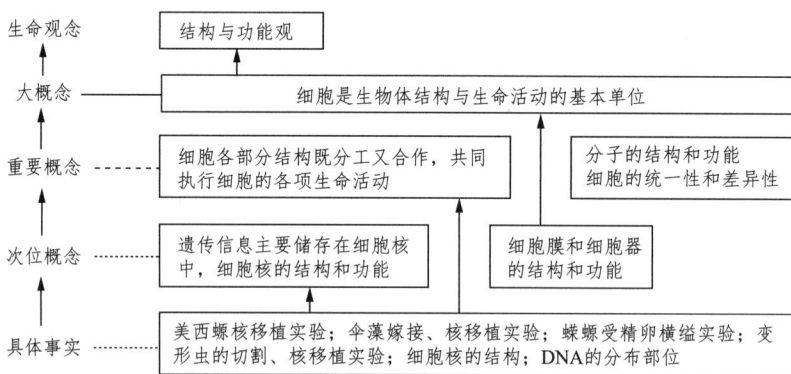

图 4-2 具有内在关联的稳定的网络知识结构图

1. 由具体事实达成次位概念

从相关的生物学事实入手，在认识生物学事实的基础上，对相关生物学现象进行归纳和概括，得出次位概念，使零散的知识结构化，形成知识结构体系。得出了次位概念，才能为下一步重要概念、大概念以及生命观念的建构奠定坚实的基础。例如，通过美西螈核移植实验，学生可得出皮肤的颜色由细胞核控制的结论；通过伞藻嫁接、核移植实验，学生可得出生物体形态结构的建成主要与细胞核有关的结论。综合上述两个实验，学生可以总结得出细胞核控制着细胞的遗传。通过蝾螈受精卵横缢实验，学生可得出细胞的分裂和分化受细胞核控制的结论；通过变形虫的切割、核移植实验，学生可得出细胞的生命活动由细胞核控制的结论。

学生还可以总结出细胞核控制着细胞的代谢。那么,细胞核控制细胞的代谢和遗传的功能与细胞核的结构之间有着怎样的关系呢?

学生通过了解细胞核的结构,知道其内有 DNA 分子,DNA 上储存着遗传信息。细胞分裂时,DNA 携带遗传信息从亲代细胞传递到子代细胞,确保了亲子代细胞遗传性状的一致性。因此,细胞核具有控制细胞遗传的功能。细胞依据遗传信息进行物质合成、能量转换和信息交流,完成生长、发育、衰老和凋亡,因此细胞核具有控制细胞代谢的功能。

通过以上具体事实,学生总结出了细胞核的功能,这样的功能必定与一定的结构相适应。通过分析细胞核的结构,找到与其功能相适应的原因,由具体事实归纳、概括和建构次位概念,形成细胞核结构与其功能相适应的观点。

2. 用建模方法形成重要概念

模型能直观形象地凸显原型的本质特征和一般规律。通过构建模型,引导学生形成生物学重要概念,是一个让学生主动建构知识的过程,能提高教学效果。细胞的结构与功能观也体现了系统论的核心思想"整体大于部分之和"。

例如,可通过制作真核细胞三维结构模型,在初步了解模型及模型应用的基础上,回顾本单元所学的知识,更好地建构完整的知识体系;通过分析细胞中各结构的作用来理解"细胞各部分结构既分工又合作,共同执行细胞的各项生命活动"这个重要概念。细胞中的各个结构不是简单叠加和堆砌的,而是通过组分间结构和功能的有机组合形成一个统一的整体,如分泌蛋白的合成和分泌与核糖体、线粒体、内质网、高尔基体等结构的分工与合作是密不可分的,这些精确有序的活动就是在细胞核的控制下完成的。

在理解细胞的结构与功能时,既要分析局部结构与功能,又要综合整体,这样才能理解细胞整体结构与功能大于局部结构与功能,才能更好地从局部与整体的角度来看待细胞中的各种生命现象。

3. 重要概念整合形成大概念

建构主义学习理论的观点为,学习是引导学生从原有经验出发,建构起新的经验。例如,哺乳动物成熟红细胞的寿命只有 120 天左右,精子的寿命只有 2～3 天,原因是前者没有细胞核,后者只有少量的细胞质,从而得出核质是相互依存、不可分割的。在比较细胞的统一性和差异性的基础上进一步理解细胞既是生物体结构的基本单位,也是生物体代谢和遗传的基本单位;细胞的结构与功能是统一的和相适应的,是生物在长期的进化过程中适应生活环境的一种体现。

4. 整合交融达成生命观念

生物学概念是生命观念建构的基础,生命观念是生物学概念的升华,同时,生命观念为分析和解决生物学问题提供了思想方法。

例如,细胞核中的遗传信息能控制细胞的代谢和遗传,细胞核的结构体现了相应的功能。细胞核的结构是由DNA、蛋白质、RNA、脂质和水等物质组成的,这些物质是细胞核结构的基础,也就是说,结构与功能观的基础是物质与能量观。细胞核只有同细胞膜、细胞器共同合作才能完成各项生命活动,体现了细胞整体结构的功能大于各部分结构的功能,有助于学生充分理解局部与整体观。生物只有适应环境才能生存,同样细胞也是在长期进化的过程中对环境的一种适应。细胞的结构以及这些结构所表现出来的功能都有利于生物的生存,细胞结构和功能的统一性是生物适应环境的具体表现,是进化的必然结果。

生命观念的形成依赖于从众多的概念中找到关联并加以提炼。教学过程中,先要基于事实、现象建构概念,然后在这一基础上将对生命观念的领悟渗透其中,并适时予以总结、提炼和外显化。

参考文献:

[1] 中华人民共和国教育部. 普通高中生物学课程标准(2017年版)[M]. 北京:人民教育出版社,2018.

[2] 谭永平. 发展学生核心素养:为何及如何建立生命观念[J]. 生物学教学,2017,42(10):7-10.

[3] 朱正威,赵占良. 普通高中教科书•生物•必修1•分子与细胞[M]. 北京:人民教育出版社,2007.

[注:本论文发表于华东师范大学主办的全国教育类核心期刊、全国中文核心期刊《生物学教学》(CN31-1009/G4)2019年第11期,有改动]

第二节　新课改背景下初高中生物学实验教学衔接

一、选题依据

(一)研究背景

1. 培养学生科学探究素养的重要性

《普通高中生物学课程标准(2017年版2020年修订)》凝练了生物学核心素养,它包括生命观念、科学思维、科学探究和社会责任。科学探究素养是在核心素

养的基础上更加细化的、更能体现生物学科性质的素养,要求学生掌握科学探究的基本思路和方法,并在实验、实践和探究过程中增加对自然科学的好奇心和求知欲,积极投入团队合作,勇于质疑和创新。

《义务教育生物学课程标准(2022年版)》则重点强调了生物学课程注重探究和实践,在以核心素养为宗旨的前提下,课程设计要和各学段的学习有效衔接、循序渐进、连贯一致,教学过程中通过实验、探究类学习活动或跨学科实践活动,使学生加深对生物学概念的理解,提升应用知识的能力,激发探究生命奥秘的兴趣,进而能用科学的观点、知识、思路、方法探讨和解决现实生活中的实际问题,从而引领教与学方式的改革。

随着学科发展和社会进步,人们对科学探究素养的关注也在逐年上升。科学探究是学习生物学的重要方式。进一步加深对科学探究素养的理解和认识,是全面发展学生生物学核心素养、落实新课标要求的关键,而实验教学是培养科学探究素养的重要手段。

2. 实验教学的重要性

课程改革中"倡导探究性学习"和"教学过程重实践"的课程理念均强调了学生主动参与学习,落实在生物学课程标准上,实验教学的作用无可替代。《普通高中生物学课程标准(2017年版2020年修订)》中指出实验教学是培养学生生物学核心素养的重要支撑,它既是生物学的课程特点,又是生物学中一种重要的教学形式。教育部2019年发布的《关于加强和改进中小学实验教学的意见》中也明确提出:实验教学是国家课程方案规定的重要教学内容。2021年,教育部举行中小学实验教学说课活动,多项举措持续推进中小学实验教学工作。在生物学教学中,实验教学贯穿整个生物学教学过程,实验不仅可以作为实现知识目标的工具,还是实现能力目标的基础。

3. 初高中生物学实验教学衔接的重要性

实验教学将解决问题的想法付诸实践,对于发展学生的操作技能、创新能力、实践能力和思维能力的作用无可替代,但是目前生物学实验教学在初高中衔接上仍然存在一些问题。

第一,课标在初中和高中阶段生物学实验教学的要求上有一定的差距。初中阶段要求学生初步具有科学探究和跨学科实践能力,能够分析和解决真实情境中的生物学问题;高中阶段则要求学生形成合作精神,善于从实践层面探讨或尝试解决现实生活问题,为继续学习和走向社会打下认识和实践基础。

第二,初中阶段在二年级已结束全部生物学课程,导致初高中生物学教学出现断层现象,青岛地区中考中生物学仅作为一门等级学科,这导致教师和学生对初中阶段的生物学理论课程和实验课程均不够重视;高中阶段由于学业压力较大、课时不足,学生操作实践的机会少,在实践能力和操作技能的培养上有所欠缺,这对于高中生物学教学是极为不利的。

第三,经过前期调研,我们发现,生物学高考试题中的实验题往往是难点,得分率较低,其原因是学生对实验知识与技能掌握不牢固,而这需要长期积累;初中学生对于生物学实验的问题、方法和思维固化,进入高中后也需要一定的时间适应高中生物学实验的相关要求。

综上,初高中生物学实验教学存在过渡和衔接不良的问题,若想要在有效时间内发展学生的操作技能、创新能力、实践能力和思维能力,就要做好初高中生物学实验教学的衔接,解决好实验教学过程中存在的问题。促进生物学实验教学的有效衔接,使学生能够在整个中学阶段的实验课上得到潜移默化的影响,这不仅是知识经济时代的要求,还是我们广大教师努力的方向。

4. 实验教学是培养科学探究素养的主要途径

初中阶段学生刚接触生物学,此时培养科学探究素养十分重要,因为这样会使学生高中的学习事半功倍。实验教学能够促进学生对知识和技能的掌握,帮助学生更好地理解生物学的科学本质、生命现象、生理特性,以及科学研究的一般思路和方法。如果学生从未做过实验,只靠教师通过传统的教学方法口授或习题练习,那么学生在面对创新题目时就很难变通,无法做到深刻理解。

学生通过参与实验过程,不仅可以激发学习热情,掌握基本的实验操作技能,也有利于培养与他人合作交流的能力、思维能力和科学探究能力。生物学认知结构的智慧发展不仅要依靠初高中的教学衔接来实现,还要通过实验教学的方式来培养。因此,实验教学是培养初高中生物学探究素养的主要途径。

(二)国内外研究现状

1. 国外研究现状

探究性教学的思想起源于苏格拉底提出的"产婆术"。苏格拉底认为,通过双方对话,可以不断地揭示对方的矛盾,进而引发对方思考,这样可以提高对方的分析能力、推理能力等。1933年,美国哲学家、教育家杜威提出了著名的"探究五步法"。部分STEM学习探究模式的构建正是以探究五步法作为理论基础的,如影响广泛的"5E"(吸收Engagement、探究Exploration、解释Explanation、迁移Elaboration、评价Evaluation)探究教学模式。1958年,美国的施瓦布提倡通过探究

的学习方式来理解科学的本质并强调了学生在实验教学中的主体地位。1990年，在美国的"2061计划"中，科学探究是核心内容。美国1996年出版的《国家科学教育标准》对各个年级科学探究的内容标准进行了全面的解读，指出科学探究是让学生亲历科学家不断尝试、不断实验、尊重事实的探究历程，并点明科学探究应具备问题、证据、解释、评价、表达这五个要素。

法国教育部还专门建立了评价科学探究素养的相关评价体系来检测中学生的科学探究素养水平。日本、德国、新西兰等国家科学课程的核心就是科学探究，突出强调了让学生在科学探究过程中体会科学知识的建构过程，更加深刻地理解科学探究的本质。总之，国外的大部分国家都非常注重科学探究素养的培养。

同时，国外学者对教学衔接进行了大量的研究，但大多集中在中学与小学的衔接上和幼儿园与小学的衔接上。大多数国家比较注重学生的自由发展，让学生从低年级开始根据自己的实际情况、兴趣爱好选择有利于自身全面发展的学校，而相对开放又是国外教育的特色，这样国外不同学段间的教学衔接就避免了一些不必要的问题出现。

夸美纽斯提出教育要适应自然，指出在小学、中学和大学阶段分别培养学生与其学段相匹配的能力，这体现了教育体系中教学衔接的重要性。国外更加重视实践教学，所以教学衔接理念在其课程设置、教学过程以及教材研发上均有所体现。国外关于初高中教学衔接的研究较少，成功的范例和突破性的成果不多。

2. 国内研究现状

我们在中国知网检索与科学探究有关的文献时发现，2001年以来，国内对于科学探究的研究热度不断攀升，目前研究主要集中在科学探究素养的内涵、培养策略、模型构建、培养过程中存在的问题及解决方法、评价方式等方面，将科学探究素养与一门具体学科相结合的研究较少。国内关于科学探究的研究热度很高，但如何利用实验教学去落实培养学生的科学探究素养的研究较少，尤其是与某一地域某一门学科结合的研究更少，这便是本文的研究目的和意义所在。

以"生物教学衔接"作为主题共检索到相关文献216篇，其中硕士论文45篇。从相关文献反映的情况来看，目前研究的方向主要集中在教学现状、教学策略和教学要素的衔接上，如与教材、教学方法、学习方法、学情反馈、学生身心发展、学习风格、课程理念、课程标准等的衔接。通过检索分析，我们发现，对于初高中生物学教学衔接的研究已经取得了较好的进展，但是对初高中生物学实验教学的衔接还缺乏系统的研究。

由此可见，基于科学探究素养的初高中生物学教学衔接问题仍需全面、深入地研究和探讨。

（三）研究意义

通过梳理相关文献资料，我们发现，我国针对不同学段间的教学衔接研究，主要是从课程标准、教材、教师、学生等方面做了有益的探索，提出了促进教学衔接的建议和策略，这些都为新课改背景下初高中生物学实验教学衔接提供了一定的参考。但各学科教学衔接的研究不均衡，相比英语、物理和数学学科，生物学科的教学衔接研究并不多，针对实验教学衔接的研究更少。同时，学者们对初高中生物学实验教学衔接的关注度较高，但是还没有很全面、深入地研究和探讨，这对了解初高中生物学实验教学衔接现状，进行有效教学衔接是不利的。

对比已有的实践研究，该研究的样本量大，可以调查青岛西海岸新区第一高级中学高一年级到高二年级的学生，然后扩大调查范围，对青岛西海岸新区其他几所高中的学生进行调查分析，从而得出更为精确的数据，使结果更加准确。故开展本研究具有一定的积极意义。

二、研究内容

1. 研究对象

"新课改背景下初高中生物学实验教学衔接"课题以青岛西海岸新区第一高级中学(高中)和青岛经济技术开发区第四中学(初中)为样本学校，研究对象为样本学校的生物学教师与学生。

2. 重点难点

重点：① 本课题是以进一步培养学生科学探究素养为前提，进行初高中生物学实验教学衔接的研究，旨在发现和梳理初高中生物学实验教学衔接中实际存在的问题和产生的原因。② 探究问题产生的原因，结合文献研究和理论研究，提出可实施的教学策略，并且进行课例设计。

难点：① 调查样本学校中的高中学生来自不同的初中学校，各个初中学校的生物学实验条件以及教学开展情况大不相同，样本学校生物学教师人数较多，年龄、学历、生物学实验教学专业知识等差异较大。② 高中学生课程紧张，学业压力大，因此可供进行实验教学实践的时间很少。

3. 总体框架

总体框架：研究文献，分析本课题研究的现状、重点、不足等→对初高中课程标准及实验教学进行对比研究→对样本学校生物学实验教学现状进行调查与分析→提出可实施的衔接策略并进行课例设计→在样本学校开展实践教学→反思总结。

4. 具体内容

（1）研究初中和高中两个学段生物学实验教学衔接可行的方法和策略。

（2）查阅文献资料，梳理出初高中生物学实验教学衔接的理论研究现状、主要研究方向、研究重点和难点、实践研究现状等。

（3）对样本学校进行调查，分析当地初高中生物学实验教学衔接出现的问题，提出符合样本学校教情、学情，并且可实施的教学策略和建议。

（4）选取样本学校部分学生进行教学实践研究，进行初高中生物学实验教学设计，然后进行教学实践，在教学实践中发现问题、改进原有教学设计，然后再次进行教学实践。

（5）优化初高中生物学实验教学衔接的方法和策略，反复实践和改进、总结与反思，积累理论与实践素材。

5. 主要目标

（1）本课题根据教育部课程改革要旨和初中与高中生物学课程标准的有关内容，以培育和提高学生科学探究素养为出发点，深入研究初高中生物学实验教学衔接的必要性、重要性以及可行的方法和策略。

（2）通过理论研究，查阅文献资料，梳理出初高中生物学实验教学衔接的理论研究现状、主要研究方向、研究重点和难点、实践研究现状等。

（3）根据对样本学校的调查，分析当地初高中生物学实验教学衔接中出现的问题和一线教师的解决方法，整理出未解决的问题，分析原因，结合当地实际，提出符合样本学校教情、学情，并且可实施的教学策略和建议。

（4）根据分析，进行初高中生物学实验教学设计，选取样本学校部分学生进行教学实践研究，结合实践过程中出现的问题，对原有教学设计进行改进，再次进行教学实践。

（5）经过反复实践与改进、总结与反思，提出优化初高中生物学实验教学衔接的方法与策略，为深化中学生物学课程改革与教学改革积累理论与实践素材。

三、研究思路和方法

1. 研究的基本思路

首先，根据已有的研究，对文献进行全面分析，了解本课题的研究现状、研究重点、研究方向，以及取得的经验和存在的不足等。其次，基于科学探究素养对初中和高中生物学课程标准及人教版教材中的实验内容进行比较和分析,找到初高中生物学实验内容的异同点,并进行衔接分析。再次,从科学探究素养的角度设计调查问卷和访谈提纲,分别对教师和学生进行实验教学衔接的现状调查,然后根据调查结果,分析目前初高中生物学实验教学衔接方面出现的问题和产生的原因,以此为落脚点提出可实施的提高学生科学探究素养的生物学实验教学衔接策略,然后展开实践研究。最后,实施实践教学,通过对实践结果的分析,得出结论,提出建议,并指出该研究的不足之处。

具体技术路线如图 4-3 所示。

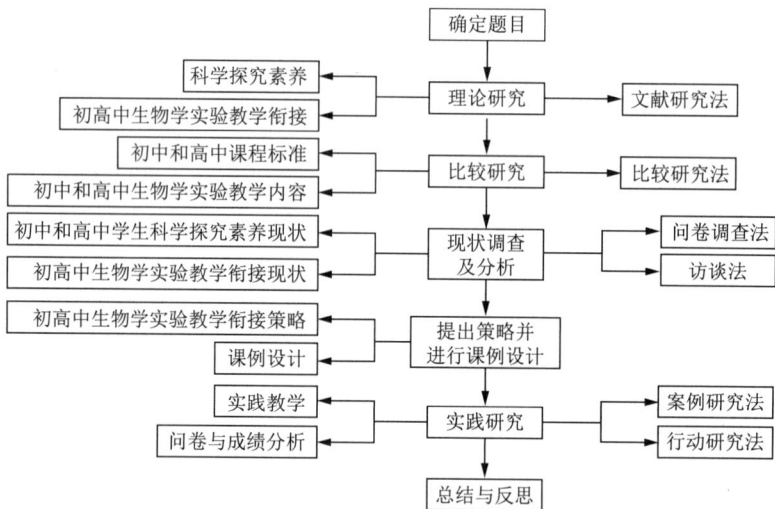

图 4-3　技术路线

2. 具体研究方法

(1)文献研究法。

本课题研究的第一步是查阅与初高中教学衔接相关的文献资料。首先,阅读近年来的政策性指导文件,熟悉国家对人才的要求。其次,通过学校图书馆和中国知网查阅大量国内外初高中教学衔接的案例和措施,以此作为借鉴。最后,阅读期刊、硕士论文,具体包括初中和高中化学、物理学、生物学、数学等理科专业的衔接研究,了解目前国内各学科初高中教学衔接的现状,为本课题研究奠定基础。

(2)比较研究法。

分析和比较初中和高中生物学教材、课程标准的要求、生物学实验内容的差异等,使分析更有针对性。

（3）问卷调查法。

首先，根据阅读的文献设计《初高中生物学实验课程衔接学生调查问卷》，以样本学校的学生为调查对象，获取现有初中生物课程对学生高中学习的影响、学生对如今初高中生物课程衔接的评价、学生对衔接的需求三方面的信息。其次，以样本学校的生物教师为对象，设计《初高中生物学实验课程衔接教师调查问卷》，了解样本学校生物教师对初高中生物学实验教学衔接的认知程度和态度、实施衔接的主要阻力、适合衔接的内容等。将这些调查结果作为教学设计中教学内容选择、教学方法改进的重要依据，以提升教学设计的可靠性与可行性。

（4）访谈法。

通过与教师进行访谈和交流，详细了解教师对初高中生物学实验教学衔接和科学探究素养的看法，归纳并记录案例。

（5）案例研究法。

案例研究法，又称"个案研究法"，是教育学研究中一种重要的方法。本课题与教学实践相关，在初中生物学中选取合适的教学内容进行教学设计并进行分析和探讨，总结它们的优缺点与可行性，最后提出初高中生物学实验教学衔接的可行性建议。

（6）行动研究法。

根据理论研究，设计教学衔接策略和衔接案例，并在青岛西海岸新区第一高级中学和青岛经济技术开发区第四中学实施实验教学。

3. 研究的具体步骤

（1）第一阶段，准备阶段（2022年10月至2022年12月）。

确定选题，完成前期调查、论证，成立课题组，制订课题研究的具体实施方案，申报立项。

① 查阅文献，了解教师成长的有关信息，学习教师成长的理论。

② 召开课题组研究人员会议，明确研究目标和任务。做好与课题相关的资料的收集与整理工作。

③ 课题组的每一个成员在教学生涯中都积累了一定的经验和资料，但这些资料相对比较零散，部分教师也曾公开发表过省级、市级论文，真心愿意通过该课题的研究工作，将自己的经验进行梳理并上升到一定的理论高度，进一步去发现、探索、研究。

④ 初步实施研究，邀请有关专家对本课题的研究思路、总体框架进行论证。

⑤ 撰写开题报告，制订课题研究总体实施方案。

（2）第二阶段,实施阶段(2023 年 1 月至 2023 年 12 月)。

全面实施研究,分阶段落实研究目标和任务,根据研究进程和实施情况,召开学术研讨会、成果报告会或中期展示会。

① 课题组教师学习与课题有关的文献资料,根据研究方案开展实质性的研究活动,进行学情、教情现状调查与分析,完善课题研究的总体实施方案,设计案例,制订活动方案并组织实施。

② 深入调查,进行案例研究,形成调查报告。

③ 拟定课堂教学实践模式。开展备课、上课、评课、教学观摩、教学反思、案例分析、问题会诊、教师与专家对话、网络论坛等形式的教研活动。

④ 对成果进行评价,及时总结课题研究的经验和教训,不断修订研究方案。

⑤ 做好有关实验信息、数据的记录、统计、分析、汇总、建档等工作,及时总结研究中存在的实际问题,并随时向上级相关部门反馈实验进展情况,邀请专家进行指导。

（3）第三阶段,总结阶段(2024 年 1 月至 2024 年 6 月)。

在不断深入研究的基础上,及时进行理性思考和科学总结,举行课题鉴定和成果发布会,汇编相关研究专题集,撰写课题研究报告。

① 对研究工作进行全面总结,并进行总结性评价。

② 撰写调查报告,汇编教师论文集、实验经验集和实验案例集。

③ 对所获得的资料进行整理,用科学的方法进行统计、分析、汇总,上升到一定的理论高度,撰写研究论文和课题研究报告并装订成册,完成成果的整理工作。

④ 向上级相关部门汇报课题研究成果,申请结题,并做好结题工作。

4. 研究计划的可行性分析

在本课题研究中,我们在专家的引领下,进行同伴互助、教学反思,让广大教师进行广泛的学习。本课题共挑选 10～20 位样本教师。每位样本教师至少进行一次课例改进,同时还要完成 4～6 篇教学反思日志或学习反思日志。在研究期间,课题组至少完成 15 个教学课例的研究,完成 100 篇教学反思日志。主要做法如下:

① 成立课题组,课题组由专家型教师、骨干教师、青年教师共同组成。样本教师挑选两三个课例进行改进。课题组成员对每个课例进行集体备课,用集体智慧打造课例教案,以供课题组全体成员共同使用。

② 开展青年教师沙龙活动,定期召开教师座谈会。

③ 实验教师授课,课题组成员进行听课、录像、录音。课题组成员从不同的

角度进行课堂观察和记录,对录像内容进行集体观看,运用头脑风暴法进行批判性反思、评价。

④ 根据反思内容修改教案,编写下一轮授课教案。每个课例如此反复进行两三轮,最终形成一个个优秀课例,每个子课题组在每学期形成两三个优秀课例,每学年形成四个优秀课例。整个研究历时两年,课题组在两年时间里形成 15 个优秀课例。

⑤ 建立教学反思网络日志平台。每个实验教师都在网络日志平台上撰写反思日志,每周对课堂教学案例进行反思,形成良好的宣传效应。整个研究阶段,全部教师至少完成 100 篇教学反思日志或学习反思日志。

四、创新之处

（1）本课题的创新之处主要是根据对样本学校的调查,分析当地初高中生物学实验教学衔接中出现的问题。

（2）根据当地一线教师的教学情况,整理出未解决的问题,分析问题产生的原因,结合当地实际情况,提出符合样本学校教情、学情,并且可实施的教学策略和建议,帮助一线教师了解初中和高中学生生物学实验学习的具体情况,以及因材施教地开展教学衔接的方法,更新教师的教学衔接理念。

（3）根据实践分析及策略,进行初中和高中生物学实验教学设计,结合实践过程中出现的问题,对原有教学设计进行改进,再次进行教学实践,提出优化初高中生物实验教学衔接的方法与策略,促进学生对新旧知识和技能的迁移和应用。

（4）提高学生的科学探究素养,调动学生科学探究的兴趣,为学生升入高中后学习的过渡与衔接提供有力的支持,并进一步为深化中学生物学课程改革与教学改革积累理论与实践素材。

五、研究成果

1. 研究成果

准备阶段的研究成果有调查问卷和整理的问题,实施阶段和总结阶段的研究成果主要为典型课例、总结报告、论文等。

2. 成果使用去向

本课题以样本学校的教师和学生为研究对象,致力于在有效的时间内培养样本学校学生的操作技能、创新能力、实践能力和思维能力,在初高中生物学实验教学衔接方面获得了一定的理论和实践经验,为其他初中和高中学校生物学实验教学的衔接提供了一些可参考的案例。

在本课题的研究中,师生真切地看到了教学模式、学习方式的转变,感受到学习效率和质量的提升,实现了学生学科素养的全面发展,这是对科学教育背景下循证理念思潮在我国兴起的充分肯定。

3.预期社会效益

本课题研究,可以使样本学校教师的专业理论水平、实验教学水平获得较大的提升;可以使他们的生物学实验教学衔接能力及学科素养得到最大限度的提升;可以使他们在课堂教学中得到进一步的锤炼;可以使他们在教育教学活动辅导得奖方面得到较大的提升;可以使他们的职业竞争力和幸福感增强、教育观和职业观转变,增进其行为和教育的有效性,以实现高效教学,这对全面提高教育教学质量和办学效益具有重大的现实意义。

无论是理论发展还是应用实践,本课题都对初高中生物学实验教学衔接具有重要的参考意义。本课题研究过程中的具体思考也将促进其他学科的良性发展。

参考文献

[1] 杨铭,刘恩山.生物学核心素养视角下的科学探究[J].生物学通报,2017,52(9):11-14.

[2] 中华人民共和国教育部.普通高中生物学课程标准(2017年版)[M].北京:人民教育出版社,2018.

[3] 黄跃涛,汤金波.初高中科学探究能力衔接研究:基于学生自主创新实验理念[J].实验教学与仪器,2020,37(Z1):4-7.

[4] 蒋玲.提高初中生物实验教学效果的实践探索[J].中学课程辅导,2022(28):39-41.

[5] 冉展羽.基于科学探究素养的初高中生物学实验教学衔接研究[D].开封:河南大学,2021.

[6] 周榕,侯甜.STEM学习中的"探究":杜威探究认识论的赋义与释读[J].电化教育研究,2021,42(2):11-17.

[7] 谭帮换.浅析施瓦布科学探究思想及科学教师培养方法[J].世界教育信息,2010(1):49-52.

[8] 刘永凤.国际"核心素养"研究的最新进展及启示[J].全球教育展望,2017,46(2):31-41,98.

[9] 廖益,李红桃.英德新三国中高等职业教育的衔接及其启示[J].高教探索,2017(9):89-93.

(注:本课题为山东省青岛市学科教研基地学校校本研究课题)

第五章
板块式问题组教学实践研究

第一节　板块式问题组教学模式简介

　　核心素养是学生发展的 DNA，也是新课程改革和教学改革的 DNA。就学科教学而言，培养学生核心素养就是要发展学生的思维能力，帮助学生建立正确的学科观念，提升学生解决问题的能力。高中生已经具备较强的高阶思维能力，深入开展探究教学是培养学生核心素养最有价值、最具实效的教学方式。开展单元教学设计，可以实现课程标准研究到课堂教学的有效链接，促进教师对学科核心素养内涵进行深度理解。在单元教学设计和课时教学设计中，以抛锚式教学[①]和支架式教学为指导，创设真实的学习情境，设计板块式问题组导学案，实施小组合作学习，开展嵌入式学习评价，激发学生自觉思考、有序思考、连续思考、深度思考和批判性思考，能够让培养学生核心素养真正落实到课堂。简言之，开展素养本位的单元设计和真实情境的深度学习的相关研究，是新课程新教学背景下开展探究教学的重要方向和重点内容。

一、研究目的

　　在新时代新课程培养学生核心素养的教育理念下，开展探究教学策略的实践研究，促进教师对于学科核心素养、课程标准的学习和研究，开展单元教学设计、

---

① 抛锚式教学要求以真实的事例或问题为基础（作为"锚"），所以有时也被称为"实例式教学策略"或"基于问题的教学策略"。

课时教学设计、课堂教学方式、学习评价等研究,建构自主探究的合作学习课堂,提高学生学习能力。具体包括以下内容:

(1)开展培育学生核心素养的深度学习和系统研究,促进教师教学观念的转变。课题组通过研究国际组织、不同国家和地区学生核心素养的指标体系,参考国内最新研究成果,编写教师校本培训教材,促进教师对于核心素养以及立德树人根本任务的全面把握和准确理解,为教师培训提供有价值的资料。

(2)基于学科教学实践研究,总结、提炼单元设计的方法和策略。突出单元设计的关键地位,开展核心素养—课程标准—单元设计—学习评价链环实践研究,总结单元设计的方法和策略,构建单元设计模型,形成具有推广应用价值的一般经验。

(3)开展板块式问题组导学案研究,优化教学设计。根据教学环节和教学内容科学地划分教学板块,创造性地运用抛锚式教学和支架式教学研究教学情境的创设、问题组的设计、学习评价方式的选择等,从内容上把握学科的本质,从方式上逼近学生活动与思维的过程,实现从知识传递向知识建构,再到培育素养的教学转型。

(4)开展以培养学生核心素养为目标的探究教学实验,构建探究教学的课堂新生态。将逆向教学设计思想、嵌入式学习评价融入课堂教学,设计探究教学课堂操作框架流程,构建自主学习、合作探究的民主课堂,提升学生的学习能力。

二、研究意义

(1)理论意义。本研究将培养学生核心素养的观念与探究教学理论相融合,以单元教学、板块式问题组导学案为切入点,探索国家课程校本化的教学研究与实施,对于继承和发展探究教学理论、细化和丰富核心素养观念框架具有一定的理论价值。

(2)实践意义。本研究主要侧重于通过探究教学的策略研究,寻求学科教学中培养学生核心素养的方法和途径,其实践意义显而易见。课题研究的首要任务是转变教师的教学观念。如何开展课程标准研究才能准确地理解和把握学科核心素养,如何开展单元教学设计研究才能让学科核心素养落实到课堂,如何开展学习评价才能提升学生学习能力,这一系列研究能够引发教师对教学方式的高度关注,使其从被动改变传统课堂转变为主动构建新型课堂。这些研究能够为当前教师培训与学科教研提供实践经验。课题研究的最终目标是转变学生的学习方式,培养学生的核心素养。建设什么样的课堂生态、创设什么样的情境、提出什么样的问题、如何进行学习评价等问题的解决,能够激发学生探究的欲望,使学生学

会解决问题的方法、提升解决问题的能力,进而实现培养学生学科核心素养的目的。素养本位的单元设计策略、真实情境的深度学习策略一定能够为教师专业发展和学生素养提升提供支持和助力。

第二节 板块式问题组教学实践

一、研究假设及核心概念

1. 研究假设

通过单元教学设计研究,在宏观的课程标准和微观的课时教学之间架设一个中观桥梁(单元设计),尝试建立单元教学设计程序模型,促使教师对课程标准进行深入的研究,准确理解和把握核心素养的内涵,转变和提升教学观念。通过单元教学设计实践研究,进行以任务驱动、问题解决为特征的课时教学设计,形成学习评价设计先于教学设计的逆向教学理念;通过教学设计、课堂教学、学习评价的系统化实施,将传统教学关注教真正转变为新教学关注学,促进学生学科观念的形成和思维方式的优化,提升学生解决实际问题的能力,从而实现发展学生核心素养的目标。

2. 核心概念

(1)核心素养。本研究中的核心素养是指研究者要站在中国高中生必备品格与关键能力的高度,厘清核心素养与学科素养之间的关系,准确把握学科核心素养的内涵,开展基于学科核心素养的教学实践研究,特别强调发挥学科核心素养对于教学的指导作用。

(2)单元设计。以教材单元为基础,结合学生已有的知识和生活经验,加强教学目标的设定和教学内容的整合,开展课型选择与教学目标的相关性、教学方法与教学目标的相关性、教学活动与教学目标的相关性研究,进行单元整体教学设计,将学科核心素养分解到教学单元,落实到课时教学中去。

(3)深度学习。以学科观念的形成与解决问题能力的培养为教学目标,创设真实的情境(知识情境、生活情境、生产情境、社会情境、实验情境等),引导学生在解决问题、实验探究、建构知识体系、形成学科思想和方法的过程中,发展思维能力,建立学力模型,从而实现培育学生学科核心素养的教学目标。

(4)问题探究教学。问题探究教学是探究教学的重要类型,是指根据教学内

容及要求,由教师创设问题情境,以问题的发现、探究和解决来激发学生的求知欲、创造欲和主体意识,培养学生创造能力的一种教学模式。问题探究教学中,问题是教学的主线,整个教学过程紧紧围绕问题展开。教师创设问题情境,不仅要促使学生头脑中产生有指向性的疑问,将注意力快速集中到问题的探究和解决过程中,还要能够启发和激励学生自己发现并提出问题,引发争论,进行批判性思考和实验验证,把教学过程演绎为学生主动探索知识、进行创造性思维的过程。教学的最终结果不仅是应用所学知识解决问题,还应是在初步解决问题的基础上引出新的问题,将教学延伸到课外,将学生引入新一轮的问题发现与解决的过程之中。

（5）板块式问题组导学案。板块式问题组导学案是一种新的学习指导方案,是指教师进行教学设计时,要加强教学内容的整体性研究,着眼于知识和能力体系的整体建构,将学科核心素养具体落实到教学(学习)目标中,将教学内容划分为不同的板块,细化学习情境—问题发现—问题解决策略研究。问题组是指将问题设计成组,引导学生自觉思考、有序思考、连续思考、深度思考,培养和发展学生的思维能力。

二、研究背景和文献综述

1. 理论基础

（1）《中国学生发展核心素养》和新课标是新时期教育教学改革的基本遵循。进入 21 世纪,经济合作与发展组织、经济教育发达的国家和地区纷纷提出了基于核心素养的人才培养计划。2016 年《中国学生发展核心素养》颁布,2017 年高中课程标准完成修订并发布实施,这些标志着我国学校的课程发展和教学改革进入新的阶段。2019 年 6 月,《国务院办公厅关于新时代推进普通高中育人方式改革的指导意见》明确指出:"深化课堂教学改革。按照教学计划循序渐进开展教学,提高课堂教学效率,培养学生学习能力,促进学生系统掌握各学科基础知识、基本技能、基本方法,培养适应终身发展和社会发展需要的正确价值观念、必备品格和关键能力。积极探索基于情境、问题导向的互动式、启发式、探究式、体验式等课堂教学,注重加强课题研究、项目设计、研究性学习等跨学科综合性教学,认真开展验证性实验和探究性实验教学。"可见,新一轮课程改革不仅对课程设置和高考方式做出了重大改革,还要变革教师的教学方式和学生的学习方式,促进育人方式的变革。在这样的背景下,构建自主、合作、探究的课堂成为新时代基础教育改革的核心环节。

（2）唯物辩证法的内外因关系原理是开展探究教学的基本依据。根据辩证

唯物主义可知,内因是根本,外因是条件,外因只有通过内因才能起作用。现代教学特别强调:在教师、学生、教学媒体等诸要素中,教师起主导作用,学生则是教学活动的主体,教师必须坚定不移地确立起学生学习主体的地位,教学的一切活动都必须以调动学生的主动性、积极性为出发点,学生只有在理解的基础上实现新旧知识的同化,在头脑中建构新的知识网络时,教学活动才是最优化的。在这种情况下,学生新的认知结构既不同于学生原有的认知结构,也不同于教师授予的认知结构(教师的认知结构),而是学生经过思维重新建构的认知框架,这是学生学习中较为理想的状态。探究教学就是通过有效问题引导学生积极思考、主动学习和自主发展。

(3)建构主义学习理论为自主学习提供了强有力的理论支持。建构主义学习理论强调教学以学生为中心,要求学生由外部刺激的被动接受者和知识的灌输对象转变为信息加工的主体、知识意义的主动建构者;要求教师由知识的传授者、灌输者转变为学生主动建构知识意义的帮助者、促进者,以及课堂教学的组织者、指导者;要求教师在教学过程中采用全新的教育思想、教学结构、教学方法和教学设计,摒弃以自身为中心、强调知识传授、把学生当作知识灌输对象的传统教育思想与教学方式。

建构主义学习环境设计理论强调:知识是学习者在一定的情境下,借助学习过程中其他人(包括教师和学习伙伴)的帮助,利用必要的学习资料,通过协作、交流、意义建构的方式获得的。理想的学习环境包括教学情境、协作共享、对话交流和意义建构四个要素。教学情境必须有利于学习者对所学内容的意义建构,创设有利于学习者意义建构的教学情境是教学设计中最重要的环节。协作共享贯穿整个学习活动过程,师生间、学生间的协作对学习资料的收集与分析、假设的提出与验证、学习进程的自我反馈、学习结果的评价和意义建构都具有十分重要的作用。对话交流是协作共享最基本的表达方式,交流是推进每个学习者学习进程的至关重要的手段。意义建构是教学的最终目标,就是要帮助学生对学习的内容所反映的事物的性质、规律以及该事物与其他事物之间的内在联系建立正确的认识,达到深刻理解。开展单元设计、研究板块式问题组导学案就是为实现教学的意义建构提供途径和载体,帮助学生实现主动建构的目的。

(4)探究教学理论为构建探究课堂提供了实践层面的丰富经验。探究教学又称"做中学""发现法教学",是指学生在学习概念和原理时,教师提供事例和问题,让学生自己通过阅读、观察、实验、思考、讨论、听讲等途径去主动探究,自行发现并掌握相应的原理和结论的一种方法。它的指导思想是:以学生为主体,让学生在教师的指导下,自觉地、主动地探索,掌握解决问题的方法和步骤,研究客观事物的属性,发现事物发展的起因和事物内部的联系,从中找出规律,形成概念,建立自己的认知模型和学习方法架构。抛锚式教学、支架式教学的理论与实践,丰富了探究教学理论,提供了有价值的直接经验。

核心素养不是直接由教师教出来的,而是在问题情境中借助解决问题的实践培育起来的。以核心素养为本的探究教学策略研究,旨在通过单元设计、板块式问题组导学案等,精心创设教学情境,引导学生发现问题、提出问题,并经过独立思考、合作探究解决问题,最终实现学习目标。它具备建构主义学习环境设计理论的教学情境、协作共享、对话交流和意义建构四大要素,建构主义学习环境设计理论、探究教学理论成为课题研究强有力的理论支撑。

2. 相关研究成果

(1)关于核心素养的研究。关于核心素养的课程,华东师范大学课程教学与比较教育研究所钟启泉教授认为,核心素养旨在勾画新时代新型人才的形象,规约学校教育活动的方向、内容与方法。无论是课程开发者还是一线教师,都需要在核心素养—课程标准(学科素养或跨学科素养)—单元设计—学习评价这一环环相扣的链环中聚焦核心素养开展活动。核心素养的界定是学校教育从知识传递转向知识建构的信号,标志着我国学校的课程发展进入新的阶段。伴随着《普通高中课程方案和语文等学科课程标准(2017年版)》的颁布与实施,一场以核心素养为导向的教学变革正在全面展开。福建师范大学余文森教授认为,厘清核心素养与教育教学观念、学科教育、教学改革的关系,成为有效开展课堂教学的前提。抓住了核心素养,也就抓住了立德树人的根本,抓住了教育的根本。中国基础教育不断地从物走向人,使教育回归到落实立德树人的轨道上。它是对"为谁培养人""培养什么人""如何培养人"等教育根本问题的时代回应。培育学生核心素养要靠学科核心素养的教学落实,只有抓住学科核心素养,才能正确地引领学科教育的深化改革,全面地发挥学科的育人功能。培育学生核心素养需要教学改革得以实现,只有聚焦核心素养,课堂教学和学科教育才能找到改革与创新的方向和动力。教学改革必须回到原点、回归初心,这个原点、这个初心就是人的素养,就是培养德智体美劳全面发展的人。只有从素养这个角度来重新思考和寻找教学改革的出发点和落脚点,才能确保教学改革方向正确和深度推进。

以2016年颁布《中国学生发展核心素养》为标志,关于核心素养的研究,尤其是教育理论研究者和社会研究者的理论研究方兴未艾,成果不断涌现,但在学校、一线教师层面,落实核心素养的教学研究才刚刚起步,教师对于学生核心素

养、学科核心素养理论还处于浅层次的学习阶段,对于如何开展基于核心素养的教学还处于开始尝试实践的阶段。

（2）关于探究教学的研究。以问题为导向的教学思想早期只是散见于各种教育教学理论中,比如杜威的"从做中学"以及布鲁纳的"发现学习"。关于问题解决教学的研究,以1945年出版的著名数学家、数学教育家波利亚的《怎样解题》为标志,开始深入。波利亚围绕"怎样解题""怎样学会解题"来开展数学启发法的研究,将解决问题的重要性提到了前所未有的高度,还提出了解决问题的一般策略和方法。

随着建构主义学习理论的出现,20世纪中叶以后逐渐形成了抛锚式教学和支架式教学。抛锚式教学的主要目的是使学生在一个完整、真实的问题情境中产生学习的需要,通过镶嵌式教学以及学习共同体中成员间的互动和交流（即合作学习）,凭借自己的主动学习、生成学习,亲身体验从识别目标到提出和达成目标的全过程。支架式教学最直接的理论基础是苏联著名心理学家维果斯基的最近发展区理论。支架式教学强调教学要围绕事先确定的学习主体建立一个概念框架,但是没有确定的教学内容和教学进程,这种框架中的概念是为发展学生对问题的进一步理解而设置的,以便于把学生的理解逐步引向深入,为此需要搭建学习支架。比较抛锚式教学和支架式教学可以看出,二者都强调教师引导学生自主探究,以实现建构学习的目的。运用支架式教学的"脚手架"能够帮助学生建立起科学的认知结构,运用抛锚式教学的真实问题情境则能有效开展基于问题解决的教学。

随着教育理论的发展,教学心理学家和教学设计专家更加关注问题解决教学设计的研究,建立了问题解决教学设计模型。具有代表性的有杜威的问题解决教学模式（疑难的情境—确定问题—提出假设—推理—验证）、普遍的问题解决教学模式（选择问题—明确问题—寻找线索—解决问题）、巴班斯基的问题解决教学模式（创设问题情境—组织集体讨论—证实结论—提出问题）、布朗斯福特和斯特恩的五步模式（问题识别—问题表征—策略选择—策略应用—结果评价）等。

受世界潮流的影响,我国中学学科课程标准明确规定要培养学生分析和解决实际问题的能力。2001年9月开始的第八次课程改革更是明确地提出了基于问题解决进行教学的理念。问题探究教学研究始于20世纪80年代,经过约40年的研究与实践积累了丰富的经验,形成了比较系统的理论和操作模式。代表性的研究成果有:顾泠沅提出了诱导—尝试—归纳—变式—回授—调节教学模式,上海师范大学袁小明教授提出了具有以教材为中心选编问题、通过对教法的改革提升问题的教育价值、注意解题的归纳与思维的训练三个特征的"中国式问题解决教学模式"。

应该说,国内外专家、学者对问题探究教学、问题解决教学的研究形成了比较成熟的理论,为教师改善教学提供了重要的理论方法。在我国,广大中小学教师勇于实践,形成了丰富的实践成果,无论从量(研究人员与发表成果之多)上,还是从质(关注的问题涉及面之广以及探究之深)上都取得了很多成绩。教育者普遍认为,探究教学是培养学生素养和能力的一种理想的教学方法。

我们通过研究大量文献发现,当前探究教学研究存在的问题主要表现在三个方面。一是研究成果主要散见于部分骨干教师身上,说明普通教师对问题探究教学的关注度还不够。二是研究成果主要集中在部分学科,尤其是自然科学学科。毋庸置疑,自然科学学科进行问题探究教学具有得天独厚的条件,但社会科学领域的政治、历史,甚至语言学科的语文、外语的很多内容也适合进行问题探究教学。三是以学校或区域进行问题探究教学研究和推广的成果较少。

学科教学实践中存在的主要问题有:① 价值观念缺位,能力培养弱化。学科教学中"知识中心"的观念普遍存在,能力与素养培养鲜有落实。须更新教学理念,探寻改革路径,强化观念与能力建构。② 优质资源单一,教学方式陈旧。教学资源主要是教材和高考辅导资料,缺少有效校本教学资源。须开发优质校本教学资源,重组教学内容,变革教学方式。③ 教学设计粗糙,实施路径随意。教学过程的随意性与经验性普遍存在,教学实践变革缺少能力与素养深度建构的典型范式与可行路径,需要可操作的教学设计理论模型与实施路径来优化教学过程。

新一轮高中课程改革和高考制度改革,将培养学生核心素养置于学科教学的中心地位,最终目的是实现知识中心向能力中心、素养为本的转变,从学科教学走向学科教育,将学科知识重现于学科与人文、学科与科学、学科与社会等场景中,在知识问题化、问题情境化、情境生活化中培养学生思维能力和解决问题的能力,实现三个"连接":书本知识与人类生活的连接、书本知识与学生成长需要的连接、书本知识与发现发展知识的人的连接。我们以"以核心素养为本的探究教学策略研究"为课题进行研究,将问题探究教学理论应用于实践中,通过单元教学设计、板块式问题组导学案等,总结和提炼出在一定领域和不同学科可以推广的探究教学策略,以达到使学生在真实情境下深度学习的目的。

三、研究程序

1. 研究设计

(1)四阶段研究进程。

① 课题准备阶段(2019 年 3 月至 2019 年 8 月)。成立课题组,主要开展两项

工作：一是开展文献研究,编写教师校本培训教材《核心素养与探究教学理论资料汇编》;二是制订试点研究计划和教师培训计划。

②试点研究阶段(2019年9月至2020年8月)。聚焦学科教学中的突出问题,剖析成因,确定观念与能力为学科育人的两大基石。学科骨干教师先行开展单元设计案例研究和课堂教学实验,初步形成单元设计研究范式和板块式问题组导学案设计范式,优化合作探究小组教学范式;课题组确定子课题,组织学科教研组成员和年级备课组成员进行子课题申报,做好推广实验的准备工作。

③推广实验阶段(2020年9月至2022年6月)。在样本学校学科教学中推广单元设计案例和课堂教学实验,通过板块式问题组导学案开发校本教学资源,建立教学资源库;以名师课堂教学案例开展实践检验,转变教学方式,促进学生自主学习。

④研究总结阶段(2022年7月至2022年10月)。全面总结项目研究成果,撰写研究报告,顺利结题。

（2）解决问题的方法。

①悟透先进理念,整合资源,创建理论。通过古今中外教育理论比较、课堂观察、教学调研、师生访谈等方法,深度反思与研究教学,创建校本化理论,丰富优质教学资源。

②理论与实践相结合,强化教师培训。通过专题讲座、公开课(研究课)、示范课、城乡交流课等,在实践—认识—再实践—再认识循环中开展研究。

③名师展示推进,示范引领教学。从理论与实践的双重视角设计范式与案例,以名师课堂展示和剖析能力与素养建构的教学过程,明确操作程序,以专业指导促进行动研究,提升教师教学能力,内化与落实教育价值观念。

2. 研究对象

青岛市学科教研基地学校全学科教师(体育教师除外)、在校学生。

3. 研究方法

（1）研究文献,提炼精华。通过对探究教学理论及其他现代教学理论相关文献的研究,提高课题组成员的理论水平,提炼现代教育思想的精华,引领和带动全体教师开展学习和研究。

（2）研究案例,研制范式。骨干教师从理论与实践的双重视角带头先行,开展单元设计案例研究,探索操作路径,讨论形成范式,在全校教师的教学活动中推广应用。

（3）调查研究,传承创新。开展师生问卷调查,总结板块式问题组导学案设计经验,予以发扬;反思教学中存在的问题,在改革中完善。

（4）行动研究,形成模式。聚焦核心素养,以探究教学理论为引领,构建多重表征的问题解决教学设计模型,形成抛锚式教学和支架式教学的课堂教学操作模式。

4. 技术路线

遵循教师的思维习惯,发挥教师的实践优势,设计微观—中观—宏观研究路线,从局部研究入手,经过整合,螺旋上升到聚焦学科核心素养教学研究的总目标上来。

在研究的不同阶段设计相互关联且突出重点任务的研究路线。文献研究过程中,查阅国内关于核心素养、探究教学理论的资料,设计研究路线,初步确定单元设计框架、板块式问题组导学案设计模板、合作探究教学课堂操作流程,编写教师培训教材,供实验教师学习和参考。

试点研究过程中,单元设计、导学案编写和课堂教学均从案例研究入手,通过讨论逐步优化。在初步确定单元设计框架、板块式问题组导学案设计模板、合作探究教学课堂操作流程后,通过专家访谈和教师问卷调查进行修改和完善,形成较为科学、具有学科普适性的教学设计框架、课堂操作流程,并在研究过程中定期举行试点学校全体教师培训,为扩大实验做好准备。

推广研究过程中,发挥各学科实验教师的作用,加大案例研究频度,开展理论与实践相结合的学科研讨,并通过师生问卷调查、检测学生学业成绩等方式进行效果检验,在实验过程中不断完善相关理论。

四、研究发现或结论

在广泛学习探究教学理论等教育理论的基础上,通过实验研究总结和提炼出了单元设计策略、情境与问题创设策略、课堂教学实施策略、学习评价策略等,并建立了论证式教学、辩论式教学基本范式,深化和发展了问题探究教学方式,形成了如下研究成果:

1. 以素养为本的单元教学设计策略

（1）单元组织策略。

按照核心素养—课程标准(学科素养或跨学科素养)—单元设计链环,以教材单元(学科单元)为主体,以经验单元(生活单元)为辅助,开展单元划分研究。单元划分组织策略如图 5-1 所示。

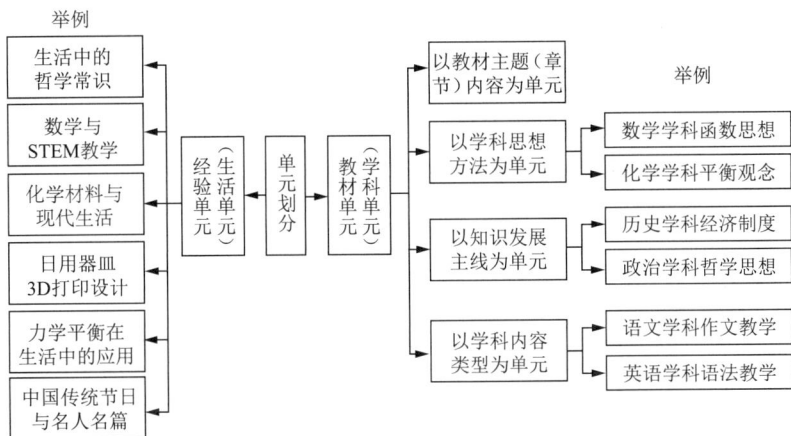

图 5-1 单元划分组织策略

（2）单元教学备课策略。

集体备课时，开展课型选择、教学方法、教学活动与教学目标和教学内容的相关性研究，以培养学生综合运用能力（学科核心素养）为目标，进行单元整体教学设计。单元教学设计框架模型如图 5-2 所示。

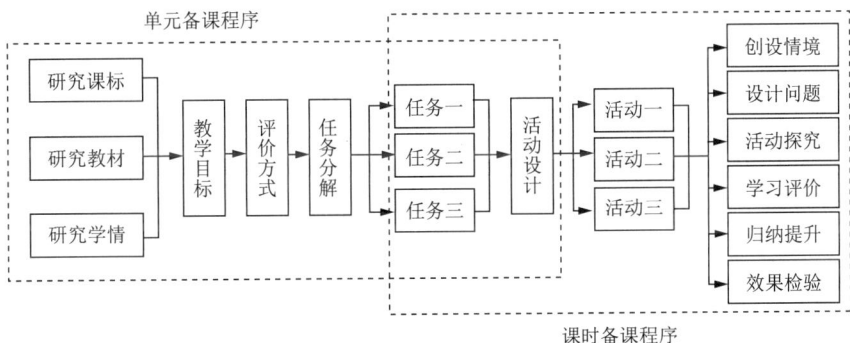

图 5-2 单元教学设计框架模型

（3）课时备课策略。

学生的能力与素养建构最终要落实到课时教学中。根据大量教学实践及案例研究，我们提炼出了三层面问题式备课基本程序：第一层面研究教材，发现教师自身存在的问题；第二层面研究学生，找出学生可能提出的问题；第三层面研究教法学法，创设高质量的问题。

2. 真实情境的深度学习教学策略

（1）教学情境的创设策略。

课堂教学由一连串情境和问题连接而成。按照课堂教学过程中情境的呈现方式进行系统研究,我们总结出了教学情境的三种创设方式(见表 5-1),借以激活探究教学课堂。

表 5-1　教学情境的三种创设方式

情境类型	串烧型	连锁型	一条龙型
情境特点	将不同的教学情境串联组合为整堂课教学情境,又称"情境串"。通过情境串引出问题串,在真实的情境中发现问题,提出问题,解决问题	由情境引发问题,在解决问题的过程中又创设新情境,发现新问题。在情境—问题—情境—问题的递进式循环中完成教学	一个情境几乎包含整节课或一个板块的知识点和能力点,对"龙"全面观察和研究的过程就是教学的全过程
创设模型	情境1→情境2→情境3…… ↓　　↓　　↓ 问题1　问题2　问题3	情境1→问题1→情境2→问题2……	情境 ↓　↓　↓ 问题1–问题2–问题3
适用范围	教学中应用普遍,更适合低年级教学和知识相对零散的教学内容	强调情境与问题的发展变化关系,适用于知识联系密切的教学内容	适用于高年级探究式问题的教学和知识体系完整的教学内容
力避问题	①情境杂多,问题随意; ②情境花哨,喧宾夺主	①情境陈旧,形式呆板; ②情境与问题脱节	①情境冗长,包罗万象; ②囿于情境,忽视拓展

（2）问题设计策略。

探究教学的核心是问题,问题解决不同于解决问题。在大量课堂观察、问卷调查和教师访谈中,我们整理出了课堂教学中无效问题的表现及成因(见表 5-2),以及有效问题的特征与设计原则(见表 5-3),确定了问题的适配与失配策略,引导学生自觉思考、有序思考、深度思考、批判性思考。基于新授课、复习课两种主要课型,我们提出了"一案三区"板块式问题组设计模型(见表 5-4),形成了问题片区、问题组和问题引导探究策略。

表 5-2　无效问题的表现及成因

无效问题的表现	无效问题的成因
问题不符合教学目标的要求	① 对课程标准研究不到位； ② 教学目标定位不准确
问题与教学内容脱节,缺少问题情境	① 对教学内容(教材)研究不深入； ② 对问题与情境的作用和关系认识不足
问题过于简单,思维含量低;问题过大或设问笼统,学生难以作答	① 对有效问题的认识存在误区； ② 对问题的层次性和指向性缺乏研究
以试题代替问题	将问题解决当成了解决问题
"问"的随意性较大	备课时没有进行充分的预设
提出问题的时机不合适,导致有效问题成为无效问题	对知识和学生思维的发展性研究不够

表 5-3　有效问题的特征与设计原则

有效问题的特征	有效问题的设计原则
① 良好的问题结构； ② 新颖的问题情境； ③ 恰当的认知冲突	① 基础性原则； ② 科学性原则； ③ 情境性原则； ④ 活动性原则； ⑤ 开放性原则

表 5-4　"一案三区"板块式问题组设计模型

学习板块	新授课问题组设计	复习课问题组设计
课前学习	问题设计原则:基础、全面,降低学生自学难度。 ① 根据学习内容,针对前置知识复习、新知预习两方面设计问题； ② 前置知识复习的问题直指本质,落实旧知识再认与提升； ③ 新知预习重基础、降难度,以填空题和简答题为主	问题设计原则:基础、全面,设问相对宽泛,给学生留出复习和思考的空间。 ① 将单元基础知识进行整合,设计预习提纲(问题纲要)。预习提纲涵盖单元主要知识,采用问题推理、归类总结、表格比较等多种形式,设计具有一定思维广度和深度的问题,注重学习方法指导和知识网络建构； ② 设置"我的疑问"栏目,让学生提出问题,方便教师了解学生掌握情况

学习板块	新授课问题组设计	复习课问题组设计
课堂探究	问题设计原则:情境新颖且紧扣主题,具有趣味性和启发性。 ① 针对重点和难点知识选取恰当的情境,设置层层递进的问题组; ② 以问题有效解决引导学生总结知识,培养观念与能力	问题设计原则:环环相扣且紧逼问题本质,激发学生深度思考。 ① 将板块重点知识加以提炼,确定最具典型性和代表性的知识点,以典型例题引路,通过题后设置的问题组引发学生深度思考; ② 以问题有效解决引导学生拓展知识、总结规律和掌握解题方法,升华认识
课后指导	问题设计原则:引发思考,培养批判性思维能力与学习能力。 ① 设置"我的收获"栏目,让学生总结知识,形成观念; ② 选取典型试题,提升学生知识运用能力	问题设计原则:引发深度思考,掌握解决问题的方法,提高能力。 ① 针对课堂重点知识和课堂不能涵盖的重点知识选编习题,让学生加以训练和巩固; ② 设置"我的收获"栏目,引导学生总结,强化效果;设置"我的新问题"栏目,帮助教师了解学情,完善后续单元教学设计

3. 任务驱动的探究教学课堂实施策略

探究教学的意义在于:自主学习促进深度思维,合作探究形成交往能力,在问题探索中提升解决问题的能力,增强创新意识。在长期的实践研究中,我们根据抛锚式教学和支架式教学形成了小组合作学习课堂教学操作程序(如图 5-3 所示),对于规范课堂教学、提高教学效率发挥了重要的指导作用。

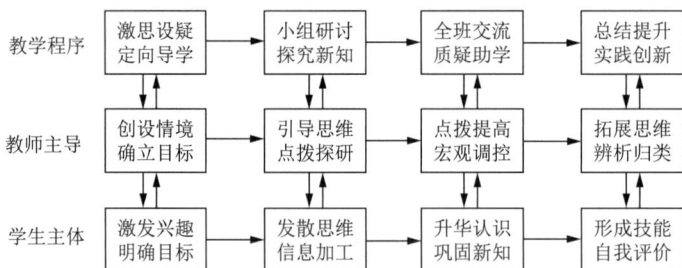

图 5-3　小组合作学习课堂教学操作程序

（1）激思设疑,定向导学。这一环节是教师主导作用的集中体现,包括创设学习情境、激发学生情感、整理复习旧知、为新知探究做好铺垫、导入新课、明确学

习的知识与能力目标、设定学生学习的方法等。这也是任务驱动课题教学操作程序的关键所在,教师要把握好教学目标的重点性和递进性,通过富有挑战性的问题和任务,运用新颖、活泼的教学方式激发学生的求知欲,激活学生的思维,让学生的主动学习过程有一个明确的目标指向,引导学生以高度的注意力进行自学。

(2)小组研讨,探究新知。这一环节包含两个阶段:

第一阶段,根据教师提出的问题和任务,学生或独立思考,或自学教材,或独立操作实验,以求对学习任务获得更多的感性认识,并形成自己的见解。由于知识基础、学习习惯、领悟能力等方面的差异,学生对问题理解的深度、广度、角度是不同的,这就为小组研讨创造了条件。

第二阶段,学生带着自己的理解和疑问开始小组内的学习交流:提出自己的看法,供大家讨论评析;听取他人的意见,开拓自己的思维,加深对新知识的理解。经过充分讨论,达成共识,整理成文,以备全班交流。如果组内成员意见不一致,可寻求教师的帮助,也可保留意见,听取其他小组的意见或者接受教师的指导。

小组研讨是小组合作课堂教学操作程序的核心环节,也是学生主体作用最重要的体现。教师要参与到小组讨论中,并着力营造民主、平等的氛围,让学生"放肆"一些,力求师生互动、生生互动、学生与教学媒体之间的互动呈现出多维主体关系,使每个学生最大限度地接收到来自周围的学习信息,广开思路,顺利地完成学习任务。

(3)全班交流,质疑助学。全班交流是指由小组代表(不一定是组长)向全班同学汇报本小组研讨情况。汇报的形式不限,可以是登台演示、画图讲解、投影展示,也可以是台上台下质疑问难、争论答辩。汇报可以让学生充分暴露思维的过程,加深对问题的理解。由于小组研讨中进行了充分的讨论,大部分问题已经解决,因此学生在全班交流时是从容自信的。对于有创见、有争议或错误的做法,教师可有针对性地让学生展示,通过开展组际交流,让学生自行讨论解决;对于学生解决不了的难点问题,教师要适时给予点拨,做好铺垫。

(4)总结提升,实践创新。这一环节就是通常的课堂总结和练习巩固。课堂总结中,我们减少了教师总结的时间,增加了学生评价的时间,进一步调动了学生学习的积极性。通常根据教学内容、思维的方式方法、需要注意的问题等进行设问,如:本节课的重点内容是什么?你最大的收获是什么?你认为哪个问题难以理解?你是怎么理解的?通过学生的归纳总结以及教师的订正完善,培养学生的综合概括能力、抽象思维能力和语言表达能力,进一步深化课堂学习。实践创新就是让学生依据在课堂上学习的知识、技能、规律、方法,积极主动地实践,创造性地解决问题的过程。选择的练习题,应有利于训练学生的求异思维、发散思维、逆向思维、创造性思维等,设问新颖,形式多样。

4. 小组合作学习管理策略

(1)学习小组建设策略。

小组建设过程中重点解决了以下四个方面的问题:

① 划分学习小组。在理论准备阶段,课题组就学习小组的划分进行了充分的讨论和论证,提出了两种方案。一是同质分组,即把水平和素质相近的学生划分为一组,以便于调控教学进度和进行分层指导。二是异质分组,即把水平和素质不同的学生划分为一组,以便于学生相互借鉴、互教互学、共同发展。

鉴于优生比例较低的实际,且同质分组容易伤害学生的自尊心,不利于大幅度提高学习成绩,实验中我们以异质分组为主,一般 6 人一组,按学习成绩优、中、差各 2 人组建,注意男女生合理搭配,座次按前后桌排列,推选组织能力强、会学习、乐于助人的同学为组长,成立有效的学习小组,让优生发挥"小老师"的辐射作用,形成组内互助互学的良好氛围,达到优生更优、后进生转化、整体进步的目的。

② 全体学生的培训。一种新型的教学方式和学习方式的实验,需要教师,更需要学生积极有序地参与,因此对学生的提前培训就显得尤为重要。通过年级学生大会、主题班会和任课教师课堂讲述等多种途径,我们持续对学生进行了动员教育和培训,介绍了小组合作学习的具体做法,把学生个体自主探索、主动求知的积极因素调动起来,争取学生尽快参与其中、积极配合,使学生尽快适应新的教学模式,保证了实验教学的顺利开展。

教师主导作用的一个重要方面,就是为学生积极参与学习创造条件。实验过程中,我们发现,学习的目的性和意义性教育对培养学生参与意识有重要作用。但仅此还远远不够,通过民主教学,逐步形成亲切、愉快、合作的课堂气氛,对学生(特别是后进生)参与情感的培养有着非常重要的作用。实验教学中,教师运用激励性和成功性原则,给不同层次的学生提供了表现成功与进步的机会,增强了学生的自信心和学习的成就感,从而增强了学生的自主参与意识,取得了良好的效果。

③ 学习小组组长的培训。组长是学习小组的核心人物,是学习小组的组织者和领导者,其水平高低直接影响小组学习效果,因此对组长的培训就显得尤为重要。培训主要以讲座和座谈形式进行,侧重于助人意识、集体意识、协作意识的教育,以及组织调控能力与策略的培养,让组长尽快担负起自己的责任。实验过程中,教师还根据各小组学习效果对组长进行个别指导,如进行组长轮岗或调派,以改善学习小组的运行效果。

④ 争取家长的支持。对于一种新型教学方式和学习方式的尝试，家长难免会产生一些顾虑。在课改之前，我们利用家长会时间，由课题组负责人向全体家长进行了课改的全面介绍，并对家长做出郑重承诺：不让一个学生学习掉队。实践过程中，每学期的期中、期末家长会上，班主任向家长具体介绍班级开展小组合作学习的详细情况，并以家长信等形式及时向家长介绍学生在小组合作学习中的表现和取得的成绩，让家长成为课改的知情者和支持者，保证了工作的顺利开展。由于学生学习成绩和学习能力得到提升，因此课改得到了家长的广泛认可。

（2）班级管理策略。

小组合作学习的运作势必会带来传统班级管理的变革。学生管理处和教务处部分中层干部、班主任工作室成员作为主要参与者，进行班级管理研究，将学习小组作为主体，把班级管理中的日常工作纳入小组评价体系，形成了《青岛市学科教研基地学校关于建立班级学习小组，推行小组合作学习的指导意见》。以学习小组建设为基点，通过开展学习小组命名、评比等活动促进学习小组的优化，通过开展班训、班规、班风、学风建设，先进班级评选等活动进行班级宣传，营造出浓厚的小组合作学习的班级文化，有效地促进了课改实验工作的顺利开展。《班级日志》成为记录小组合作学习、促进课题研究的有效抓手和亮点。《班级日志》是学校班级管理中的一项特色内容，在小组合作学习实验过程中，记录了学生和学习小组的课堂表现。教师根据具体情况及时改进教学策略，使《班级日志》更加丰富和完善，形成了新的教学形式下的班级管理体系，建立起团结和谐、积极上进的课堂教学新生态。

5. 学习评价策略

探究教学的目的是提高学生自主学习的积极性，而评价是促进学生有效完成任务的手段。逆向教学特别强调：评价设计先于教学设计，研究课堂教学的嵌入式学习评价，强化教师的评价意识，运用评价量规促进学生自我评价。

6. 论证式教学和辩论式教学策略

（1）科学类课程的论证式教学范式。

学科核心素养中，数学的逻辑推理、物理的科学论证、化学的证据推理、生物的科学思维都表明：论证式教学是科学类课程教学的新趋势。我们在相关学科教学中，围绕概念、定理（原理）等理论内容开展教学实验，形成了论证式教学操作流程（见表5-5），构建了论证式教学书面表达模型（如图5-4所示），指导学生建构观念，提高能力。论证式教学是对探究教学的发展与深化，经实践检验，学生的书面论证水平和口头论证水平都有显著提升。

表 5-5　论证式教学操作流程

教学过程	教学活动
准备阶段	① 教师确定教学主题; ② 教师收集资料,做好教学准备; ③ 教师安排学生收集材料; ④ 教师搜集学生观点并分类
聚集阶段	① 教师创设情境,诱发学生学习动机,提出开放性问题; ② 教师根据学生回答加以解释,并阐述自己的观点; ③ 学生根据自己的学习研究,提出问题,澄清或阐述自己的观点
挑战阶段	① 教师主持开放式讨论,学生之间进行各种观点的交流碰撞,必要时教师提供研究方法或步骤; ② 学生倾听、思考他人的观点,寻找合适的证据证明其正确与否; ③ 师生共同形成正确观点
应用阶段	① 学生利用新观点解决其他问题,教师参与学生的问题讨论过程,协助学生解决困难问题; ② 学生在使用新观点解决实际问题的基础上,对新旧观点予以评价,运用书面表达模型写出总结

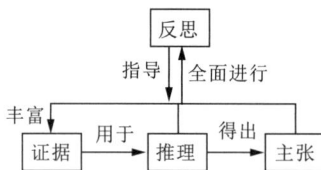

图 5-4　论证式教学书面表达模型

（2）人文类课程的辩论式教学范式。

人文类学科教学中,经常遇到难以发现学生思维障碍的教学问题。我们将辩论赛的方式引入教学,尝试建构问题辩论式教学范式。对于单元复习或议题式教学内容,整堂课采用辩论式教学范式,力求学生人人参与学习小组间的辩论。对于常态教学中学生难以理解和辨别的问题,采取不同观点学生代表间快速辩论的形式。辩论式教学成为探究教学的重要组织方式,其操作流程如图 5-5 所示。

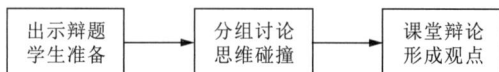

图 5-5　辩论式教学操作流程

对照研究假设、研究过程和研究成果,形成的研究发现如下:

①　单元教学设计能够促进教师对课程标准的研究,有利于学科核心素养在教学中落实。学科核心素养是学科育人价值的高度概括和凝练,在课程标准中仍然表现出较强的宏观性和抽象性,这就造成了教师更多的是根据教材教学,而不是依据课程标准教学。课时教学内容属于学科碎片化知识,很难与学科核心素养建立起直接关系,缺少研究课程标准这个抓手,降低了教师研究学科核心素养的热情。实践证明,形成单元教学设计思想,能够在最大限度上实现单元内容与课程标准的对接,不仅加深了教师对学科核心素养内涵的理解,还促进了单元整体备课中课时教学设计的优化。在高质量的课堂教学中,学生的学科核心素养逐步培养起来。"不谋全局者,不足以谋一域。"这也正是单元设计的核心意义所在。

②　开展单元教学设计需要采取骨干教师主备的集体备课模式。单元教学设计对教师提出了很高的要求,轮流主备的集体备课模式在此遭遇了重大挑战,有些教师的确难以承担起单元教学设计的任务。开展单元教学设计,理想的集体备课模式是:学科教研组长带领备课组长一起研究、确定各年级教学单元的划分;备课组长承担单元教学设计的主备任务,并向备课组教师解读单元内容、课程标准、教学目标、学习评价建议、课时划分、教学活动设计建议;待备课组教师进行充分讨论并达成共识后,备课组长将课时教学设计分配给备课组教师,备课组教师细化课时教学设计,进行二次讨论,然后共享,并在此基础上进行个性化备课,实施教学。

③　板块式问题组导学案是开展探究教学的有效载体。板块式问题组导学案作为教与学的媒介,一是强调课前、课中、课后不同时段的教学(学习)设计,更好地发挥了对学生学习的指导作用;二是课堂教学(学习)中突出知识板块划分和板块之间的联系,针对情境的创设、问题组的设计、评价方式、活动设计(问题解决的方式)、概括归纳等重点环节展开教学,在问题解决过程中培养学生的学科核心素养,这是对真实情境下深度学习的一种有益尝试。

④　单元教学设计因学科、课型不同需要开展差异化研究。参照国内最新研究成果,我们构建了单元教学设计框架模型,供各学科教师参考。我们在教学实践中发现,高三复习课的教学中,教师更偏重于根据课程标准和《中国高考评价体系》从上位认识和组织单元教学,学习评价以学生能够独立解决问题(正确解答试题)为关注点,这符合高考复习的教学目标;基础年级的教学中,教师偏重于以教材研究为切入点,弄清知识脉络后,对应课程标准和学业质量要求,从下位入手进行单元教学设计,更加关注学生的基础知识与思维能力的发展层次。又如,高中生物课程标准中明确提出了"大概念统领下的教学",不仅为单元设计提供了依据,还给其他学科开展单元设计提供了很好的借鉴。

⑤学习评价是探究教学中需要重点解决的问题。我们研究确定了板块式问题组导学案引导下的小组合作学习课堂教学操作流程,课堂教学环节更加简洁清晰,对于减少教师讲授、增加学生自主学习发挥了较好的作用。研究中我们发现,关于学习评价,课堂上教师更多地采用了表现性评价方式,对于直指学生思维能力和问题解决能力的核心问题,尚未普遍使用评价量规诊断学习和指导教学,这也正是培养学生学科核心素养的关键所在。

五、分析和讨论

1. 研究方法的科学性

本研究属于课堂教学改革的实践研究,涵盖学校除体育以外所有学科的教学,选取行动研究法作为最主要的研究方法无疑是科学的。通过课题研究,引导教师以研究者的身份从不同的视角去分析教学中的基本问题,不仅对于顺利开展课题研究发挥了重要作用,还有效地改进了日常教学。案例研究法作为最直接的学习方式,能够让教师掌握单元设计和板块式问题组导学案设计的要领,为其自行开展教学设计提供了有效帮助。问卷调查法是获取一手资料的研究方法,通过开展教师和学生两个群体的课堂情况调查,可以及时调控课题研究进程,并将其作为分析课题研究成效的重要依据。文献研究法不仅在课题研究和课题组学习中发挥了积极作用,还可以为课题组编写《核心素养与探究教学理论资料汇编》、开展教师培训提供资料。四种研究方法的科学运用,保障了课题研究的有效开展。

2. 研究成果的可靠性

单元教学设计框架模型、探究教学备课策略、不同学科不同课型的板块式问题组导学案设计、小组合作学习课堂教学操作流程等研究成果,在样本学校11个学科的课堂教学中经过两年时间反复实践证明,适合当前的高中教学,具有很强的科学性和可操作性。这些研究成果不仅能够提高学生的学习(考试)成绩,对于发展学生的思维能力和学习能力效果显著,还在培养学生的学习兴趣、端正学生的学习态度、改善学生的学习方法等方面发挥了很好的作用。课题实验前后,我们开展了学生学习品质调查,具体结果见表5-6。

表5-6 学生的学习品质比较 (单位:%)

	主动参与讨论	主动举手回答	讨论发言	敢于在同学间质疑	敢于向教师质疑
实验前	5.36	17.85	16.07	21.43	3.57
实验后	94.64	82.14	91.07	85.71	28.57

调查结果表明，学生主动参与学习的意识和合作意识明显增强，语言表达能力、动手操作能力、创新能力得到较大发展，创新性人格特征水平呈显著上升趋势。

3. 研究成果的价值

"以核心素养为本的探究教学策略研究"课题的研究成果，是新课程新教学背景下对于问题探究教学的实践应用和优化发展，具有较高的实践应用价值，有效地促进了教学质量和教师教学水平的提高。

（1）提升了教师的教学水平和科研能力。

各备课组积极参与子课题的申报与研究过程，申报并获批省级课题 2 项、市级课题 4 项、校级课题 27 项。在课题研究过程中，样本学校教师的教学观念悄然改变，教学能力不断提高，取得了丰富的教学成果。近三年，样本学校有多位教师获得青岛市名师称号，入选青岛市名师工程，被评为青岛市中小学学科带头人、青岛市教学能手，被选聘为山东省高中学科兼职教研员。课题组教师举行了青岛市市级公开课、名师开放课、交流课，在优质课评选中有多人荣获省一等奖、市一等奖，同时还发表了多篇与课题相关的研究论文。

（2）减轻了学生课业负担，提高了学生学业成绩。

以学生为主体、以活动为中心、以问题组串联教学内容的小组合作学习教学模式，减轻了学生的课业负担，提升了教学质量。近两年，青岛市教育督导室委托第三方开展了学生学业发展和课业负担调查，调查结果表明样本学校学生学业发展水平较高，课业负担适当。

（3）促进了样本学校发展和社会声誉度提升。

课题研究的开展，让更多的学校了解了样本学校，青岛市教科院多次在样本学校开展教研活动，展示样本学校课堂改革的研究成果，介绍小组合作、教学设计、班级管理、作业布置等具体做法。2020 年，样本学校获评首批青岛市教师专业发展学校，为学校发展注入了更多的活力，搭建起更为广阔的交流平台。样本学校的社会影响力和社会美誉度不断提升，成为青岛市发展势头强劲的高中学校。

（4）积累了教师校本培训的经验。

根据课题研究进程，我们重新修订了《青岛市学科教研基地学校教师队伍建设三年发展规划（2020—2023 年）》，成立了学校名师（名班主任）工作室 9 个，优化了不同年龄、不同层次的研究型学习组织，紧密结合课题开展了学习、研究工作。成立青年教师读书班、访学教师工作室、班主任工作室、课程工作室和骨干教师高级研修班等研究型学习组织,参与编写教师校本培训教材,举行优秀导学案展评,汇编《课题研究成果集》等,不仅让一批教师实现专业化快速成长,也优化了学校的教师培训机制。

4. 研究的局限性

本研究是基于学校实际开展的课堂教学改革,由于教师群体、学生群体具有一定的特殊性,加上课题组成员的研究水平有限,研究成果难免带有一定的局限性,不一定适用于教师、学生群体特征与样本学校存在显著差异的学校。

六、建议或启示

1. 改进建议

针对研究的局限性,我们计划扩大研究范围,与同类型学校建立教育科研联合体,同时开展研究或者在同类型学校进行研究成果实践检验,进一步检验研究成果的可靠性,为其他学校的教学改革提供更具科学性的经验参考。

针对教师全员培训中通识性培训较多、学科培训不够的现实,以及样本学校缺少骨干教师的引领与指导的实际,案例分析中建议聘请青岛市教科院学科教研员或大学学科课程论教授作为指导教师,开展更具针对性的案例分析,让教师体验学科核心素养和探究教学的真谛,更好地理解和把握学科核心素养的内涵。

针对教师在学习评价中遭遇的堵点问题,建议开展后续专项研究,运用逆向教学设计的理论丰富课堂教学中学习评价的主要方式,优化学习评价策略,提升评价水平和质量。

2. 获得的启示

以课题为引领开展全体教师参与的课堂教学改革十分必要。课堂教学要与时俱进,离不开持续开展的教学研究,因为教学研究可以营造教育科研的良好氛围,提供最新、最佳的研究视角。

任何一种科学的教学理论都会在新时期得到新发展。科学类学科教师提出了论证式教学范式,人文类学科教师总结出辩论式教学范式,这些都是对探究教学的新发展。实践证明,探究教学具有很强的实用性,对于提升学生问题解决能力、发展学生学科素养十分有益。

(注:本课题为山东省基础教育教学改革项目"以板块式问题组导学案为载体发展学生核心素养的探究教学策略研究",课题编号为3702055,作者为该课题组主要成员,位列第二位)

第六章
创新素养培育教学实践研究

一、问题的提出

（一）时代背景

创新是一个民族进步的灵魂，是国家兴旺发达的不竭动力。创新是社会发展的催化剂，是引领发展的第一动力，是顺应时代发展需要、响应国家政策号召和呼应深化素质教育的根本途径。

2012年印发的《国家中长期教育改革和发展规划纲要（2010—2020年）》中明确指出："深化教育教学改革，创新教育教学方法，探索多种培养方式，形成各类人才辈出、拔尖创新人才不断涌现的局面……倡导启发式、探究式、讨论式、参与式教学，帮助学生学会学习。激发学生的好奇心，培养学生的兴趣爱好，营造独立思考、自由探索、勇于创新的良好环境。"2019年印发的《中共中央　国务院关于深化教育教学改革　全面提高义务教育质量的意见》中明确指出："强化课堂主阵地作用，切实提高课堂教学质量。优化教学方式。坚持教学相长，注重启发式、互动式、探究式教学……引导学生主动思考、积极提问、自主探究。"

《普通高中课程方案和语文等学科课程标准（2017年版）》首次提出并凝练了学科核心素养，明确了学生学习学科课程后应形成的正确价值观念、必备品格和关键能力，克服了重教书轻育人的倾向。创新素养作为学生发展的核心素养之一，对于学生发展（尤其是高中生的发展）发挥着重要作用，是高中生的必备品格和关键能力。

《普通高中生物学课程标准（2017年版2020年修订）》全文出现"新"字54次，依据课程标准制定的《中国高考评价体系》和《中国高考评价体系说明》全文

3 万多字,"新"字出现 207 次,"创新"一词出现 60 余次。

在这样的大背景下,课堂教学改进势在必行。针对当前满堂灌、微课、翻转课堂等教学方式常表现出的浅层学习特征,课堂教学改进不仅是教育理论与实践发展的必然走向,还是对时代发展新要求做出的积极回应。

(二)基于当前问题解决的迫切需要

经前期调研,我们初步了解到某些学校由于种种原因,课堂教学仍存在诸多传统的灌输式教学现象,比如培养学生创新素养和能力的意识不强;学生的主体地位得不到充分体现;教学方式陈旧,创新不足,一直采用高强度的机械式训练和满堂灌输的方式;学校基础设施少,条件较差,忽视实验实践教学的重要性;教学方法单一,与学生的互动率低,学生死记硬背的现象严重;缺乏人文素养的渗透,不能体现学科育人;教材处理不当,照本宣科,没有启发性学习和知识拓展;仍然以学生的学习结果作为评价依据,不能真正发挥学习评价的作用;等等。

我们初步确定青岛市西海岸新区第一高级中学、山东省青岛第一中学、山东省平度市第一中学三所具有代表性的学校的部分学生作为课题研究的样本。三所学校的课堂教学概况和教师的大致情况如下:

青岛市西海岸新区第一高级中学:山东省规范化学校,山东省电化教学示范学校。基础年级平行班各 16 个。教职工 300 人,专职教师 270 人。其中,高级教师 81 人,一级教师 106 人,获省、市级优质课一等奖 33 人。

山东省青岛第一中学:山东省规范化学校。基础年级平行班各 12 个。现有教职工 200 多人,专职教师 160 人。其中,正高级教师 2 人,高级教师 47 人,一级教师 160 人,荣获省、市级优质课一等奖 32 人。

山东省平度市第一中学:山东省首批重点中学,山东省规范化学校。基础年级平行班各 20 个。现有教职工 500 多人,专职教师 370 人。其中,高级教师 150 人,一级教师 160 人,获省、市级优质课一等奖 38 人。

三所样本学校在教师基本构成、教研体制和基本硬件设施等方面存在很多相同点,但在校史背景、文化背景和生源等方面存在一些差异。课题组选择这三所学校部分班级的学生作为研究样本,既具有一定的代表性、普遍性,也在某些方面具有特殊性和典型性,基本符合概率抽样的特点和要求,便于对总体情况进行推测和预判。

(三)培养生物学核心素养的最终归宿

2014 年,《教育部关于全面深化课程改革 落实立德树人根本任务的意见》

中指出,应着力推进研究学生发展核心素养体系。2016 年 9 月教育部发布的《中国学生发展核心素养》中将核心素养分为文化基础、自主发展、社会参与三个方面的素养。《普通高中生物学课程标准(2017 年版)》中明确提出了生物学课程设计和实施的宗旨是从生命观念、科学思维、科学探究和社会责任四个方面发展学生的学科核心素养,从而帮助学生更好地适应个人生活的需要和未来社会发展的需要。研读《普通高中生物学课程标准(2017 年版)》,我们发现创新素养作为学生发展的核心素养之一,对于学生发展(尤其是高中生的发展)发挥着重要作用,是高中生的必备品格和关键能力。

(四)全面落实课程改革的时代需求

新一轮基础教育课程改革的实施,从根本上说是因为人们面临的社会环境已经变了。在知识经济时代、信息社会中,知识在以人们无法想象的速度急剧增加,亟待更新原有的课程体系和培养方式,以适应新的社会发展的需求。

以上几点足以说明探索基于课程标准的学生创新素养培育已经成为当前教育教学的重要研究课题。课堂教学是学校教育教学的重要环节,是教学的主阵地,与学生创新素养培育存在紧密的联系,课堂教学改进是培育高中生创新素养的重要路径,探索基于课程标准的学生创新素养培育的高中生物学课堂教学改进研究迫在眉睫,势在必行。

针对上述问题,我们提出了"基于课程标准的学生创新素养培育的课堂教学改进研究",不仅可以让学生抛开传统课堂教学的束缚,恢复自身的天性,激发想象力,还可以让学生在获取生物学知识的同时,培育创新素养,更好地促进整体素质的全面提升。

二、核心概念的界定

(一)课程标准

课程标准是课程计划中以纲要的形式编写的有关学科教学内容的指导性文件。它对每门学科的教学目的与任务、知识范围、深度和结构、教学进度、教学方法的要求做出了具体规定。

《普通高中生物学课程标准(2017 年版)》提出的学科核心素养包括生命观念、科学思维、科学探究、社会责任四个方面。

(二)创新

创新是指在社会经济领域开发、生产的具有增值价值的新产品,也指更新产

品,服务和开发新市场,发展出新的生产方式,并建立新的管理制度。创新既是一个过程,也是一个结果。此外,创新也指以现有的思维方式为导向,提出有异于常规思路的想法,利用现有的资源,在特定的情境下,本着目标需要或为满足社会需要而创造出新的事物、方法、环境等,并最终获得一定收益与效果的行为或过程。创新是促进民族进步和社会发展的不竭动力。创新本质上是创新思维的外化、物化、具体化与形式化。

(三)素养

素养是指一个人的综合修养,广义上来讲,素养包括人格品质、道德品质、外表形象、知识水平与能力等方面。就目前而言,人的素养的含义非常丰富,它包括思想政治素养、专业素养、文化素养、业务素养、身心素养等方面。

(四)创新素养

创新素养包括创新人格、创新思维和创新实践三个要素,它是指利用新思维、新能力对过去事物所产生的一种改造升级,是对未来社会青年提出的一种新的、更高的要求。创新也是现代人应该具备的一种素养。

(五)课堂教学

课堂教学是教育教学中普遍使用的一种手段,是教师给学生传授知识和技能的主要过程,主要包括教师讲解、学生问答、教学活动以及教学过程中使用的所有教具,也称为"班级上课制"。与个别教学不同,课堂教学是把年龄和知识程度相同或相近的学生编成固定人数的班集体,按各门学科教学大纲的规定,选择教材和适当的教学方法,并根据固定的时间表向全班学生进行授课的教学组织形式。

三、国内外相关研究梳理和研究动态

(一)国内方面

我国关于创新素养的研究大约开始于 20 世纪初,但对其进行广泛研究主要集中在 20 世纪 90 年代以后。很多学者对创新素养非常关注,尤其在创新素养与中学生创新素养培育等方面形成了丰富的研究成果。

中南大学李健教授和湖南工程学院郭晓春教授认为,创新能力是创新素养的一个重要方面。创新素养是由训练和实践获得的,是创新技巧与创新能力的体现,由能力要素和精神要素组合而成,是各个素养有机结合的综合反映。创新素养是建立在创新心理素质、后天教育和社会环境的影响之上的。燕良轼认为,创新素养是在长期社会实践中形成的一种整体素质,其内在因素包括智力因素和非智力

因素,外在因素包括所处的自然、文化、社会等环境。

上海市杨浦中学向玉青和上海市建平中学姚诚以课题研究为载体,通过教师指导、学生选题、合作研究、过程体验、成果总结等过程,激发学生兴趣,发挥学生个性特长,培养学生的质疑精神,引导学生学习科学方法,从而探索出高中生创新素养和实践能力培育的途径,构建了学生独立思考、自主探索、敢于质疑、勇于创新的自主发展课程体系,帮助学生建构起关于科学研究的知识体系和体验科学研究的艰辛与欢乐,激发了学生创新的冲动,帮助学生养成动手动脑的研究习惯等。全国教育发展"十五"规划重点课题的子课题"学生创新能力培养的研究"中提出:在学科教学中,以知识结构为主线,结合创新教育原则和方法,寻找创新点,以培养学生的创新意识和创新思维;在活动课教学中,以研究性学习、科技制作和文学艺术创作为主线,结合创新教育原则和方法,寻找创新点,以培养学生的创新技能。这些措施的提出,为实际教学提供了更多的方法。

大多数研究者认为,中学生创新素养的培育就是创新精神、创新知识、创新能力和创新思维的培育。整体来看,关于中学生创新素养培育的研究大多关注个人思维、性格、情感、意志等内因,而对环境等外因的研究不多。

目前我国关于中学生创新素养培育与课堂教学改进的关联性研究大多集中在对学科教学培养创新素养存在的问题的分析上,指向落实新课程标准核心素养的措施和途径,对创新性教学的改进,以及对学生创新意识、创新思维、创新实践和创新能力的培育的研究相对较少。

(二)国外方面

1869 年,英国心理学家高尔顿最先研究创新素养,他著的《遗传学与天才》中提到了创新素养培育。

国外学者主要从心理学的角度来研究创新人才。例如,斯坦伯格觉得,创新人才都具备忍受模棱两可的能力、克服障碍的能力,有冒险精神和自信。

英国剑桥大学心理学家西蒙·巴伦-科恩研究了不同领域、不同层次的科学家,提出了创新人才共同的特征:爱钻研、抽象思维强、智商高、有很强的自控力、独立性强等。

目前国外关于创新素养培育的研究,特别是关于中学生创新素养培育与课堂教学改进的关联性研究比较少,可借鉴之处不多。

四、本研究相对已有研究的独到的学术价值和应用价值

（一）学术价值

通过分析国内外研究现状，可以发现，国内基于课程标准方面的研究相对较少，特别是在创新教学策略、教学方法和评价方式等方面，成果十分匮乏。基于以上现状，本研究具有以下价值：

（1）课堂教学改进研究不是对传统的讲授式教学方式的颠覆，而是对课堂教学方式方法的完善和丰富，它可以从根本上改变教师和学生的角色定位，使学生的主体性作用更加突出。

（2）通过梳理大量国内外文献，我们发现，课堂教学改进研究能够阐述创新素养培育和课堂教学改进的理论基础与内涵特征，详细论述改进生物学教学的策略和方法以及各种评价方式，从而丰富基于课程标准的学生创新素养培育的高中生物学教学理论。

（3）通过实践，课堂教学改进研究能够形成基于课程标准的学生创新素养培育的生物学课堂教学方法和策略，为中学生物学课堂教学提供借鉴，引导中学生物学教师提高对课堂教学方法的重视，改变课堂缺乏生机和活力的现状，解决当前教育教学中出现的问题，同时也能够为其他学科的课堂教学提供理论支撑。

（二）应用价值

课程标准的核心理念是以人为本，普通高中生物学课堂教学要不断创新和改进，更加关注学生的全面发展，注重学生创新素养的培育。本研究主要有以下应用价值：

（1）通过研究《普通高中生物学课程标准（2017年版2020年修订）》以及普通高中生物学教材的一系列知识结构，可以有效地控制教学的深度和难度，整合高中生物学课程中关于创新素养培育的相关实验探究。

（2）通过研究课堂教学的改进途径，特别是在情境教学、实验教学、问题驱动式教学、小组合作探究等方面培养学生的创新意识、创新思维、创新实践和创新能力，对高中生物学教学具有较好的指导意义和应用价值。

（3）有利于推动基于课程标准的学生创新素养培育，丰富课堂教学方法，构建创新素养培育的载体，从而有利于普通高中学校全面推进素质教育，提升学生核心素养。

五、研究内容

（一）本课题的研究对象

本课题立足于实际,选择样本学校(即青岛市部分普通高中学校)基础年级人数相等的两个平行班的学生为研究对象,运用不同的教学方法在两个班(实验班、对照班)分别教学,其中实验班在传统教学的基础上改进教学方法进行教学,对照班采用传统教学方法进行教学。经过一段时间的教学后,对实验班和对照班的学生用同一套测试题进行测验,然后对实验班和对照班学生的测验结果进行分析,发现一般规律,得出一般结论,进而推广到其他区、市。

（二）研究的主要内容

1. 改进教育教学理念

界定创新素养培育的内涵,充分调研教育教学现状,深入研究课程标准,发现当前普通高中生物学课堂教学中存在的问题。

2. 改进讲授式教学

丰富和完善教育教学方法,改变教师和学生的角色定位,突出学生的主体性作用,培育学生的创新能力。

3. 改进问题式教学

创新和优化问题,设置有梯度的高质量问题,改进提问方式和技巧,激发和培育学生的创新思维。

4. 改进实验课教学

让学生进入实验的环境中,培养实验操作技能,以及观察现象、提出问题、分析问题、解决问题和创新实践的能力。

5. 改进情境式教学

构建情境导引式课堂,使情境贯穿整个课堂,让学生在真实的情境中发现真问题、解决真问题,培养科学思维,提升学科核心素养。

6. 改进课型授课策略

针对普通高中生物学新授课、实验课和复习课这三种主要课型,采取不同的方法进行改进,聚焦于培育学生创新素养。

7. 改进多元化评价机制

多元化评价必须贴近学生实际,关注学生个体差异,注重评价过程,适应课堂

教学需要,理论和实际相结合,多方位、多维度地发展学生核心素养。

(三)研究方式

1. 调查现状,发现问题

通过本课题研究,调查样本学校生物学课堂教学现状,发现并分析影响样本学校教师课堂教学的因素。

2. 文献检索,界定概念

检索相关文献,界定基于课程标准的创新素养的内涵,并在新理念下探索课堂教学的改进方法。

3. 改进理念,校本研究

改进教育教学理念,坚持创新素养培育理念,进行以学校为本的教师课堂教学改进研究。

4. 统一思想,达成共识

在样本学校全校范围内达成共识:只有走课堂教学改进之路,学校才能紧跟时代的步伐,才会更有活力。强调本课题研究旨在促进课堂教学改进,鼓励教师敢于尝试困难,向课程标准的要求靠拢。

5. 把握特征,制订方案

正确把握基于课程标准的学生创新素养培育的高中生物学课堂教学基本特征,针对问题制订研究方案。

6. 探索规律,发展特色

探索改进课堂教学的一般规律,形成生物学课堂教学的基本操作策略、方法、途径和有效载体,探索不同课型的总体规划策略,初步形成有自己特色的以案例反思为载体的校本教研机制。

7. 区域联动,推广应用

与多所普通高中学校联合,努力找到课堂教学改进的共性和差异,精心安排教学内容,改进教学方法,开展有特色的教学活动,从而实现高效教学。

(四)总体框架

本研究主要是根据基于课程标准的学生创新素养培育的高中生物学课堂教学改进研究和实施效果评价展开的,具体框架如图 6-1 所示。

```
┌─────────────────────────────────────────────────────────┐
│              调查样本学校课堂教学的现状                     │
└─────────────────────────────────────────────────────────┘
                            │
┌─────────────────────────────────────────────────────────┐
│          基于问题和现状，分析影响课堂教学的因素             │
└─────────────────────────────────────────────────────────┘
                            │
┌─────────────────────────────────────────────────────────┐
│      界定基于课程标准的创新素养的内涵，明确创新素养培育的重要性  │
└─────────────────────────────────────────────────────────┘
                            │
┌─────────────────────────────────────────────────────────┐
│      坚持创新素养培育理念，进行以学校为本的教师课堂教学的改进研究  │
└─────────────────────────────────────────────────────────┘
                            │
┌─────────────────────────────────────────────────────────┐
│    正确把握基于课程标准的创新素养培育的课堂教学的基本特征，确定改进方案  │
└─────────────────────────────────────────────────────────┘
                            │
┌─────────────────────────────────────────────────────────┐
│  与多所普通高中学校联合，努力找到课堂教学的共性和差异，发现新问题，修改和完善方案  │
└─────────────────────────────────────────────────────────┘
                            │
┌─────────────────────────────────────────────────────────┐
│    基于课程标准的学生创新素养培育的高中生物学课堂教学实施效果评价  │
└─────────────────────────────────────────────────────────┘
                            │
┌─────────────────────────────────────────────────────────┐
│  构建基于课程标准的学生创新素养培育的高中生物学课堂教学基本模式，实现高效教学  │
└─────────────────────────────────────────────────────────┘
```

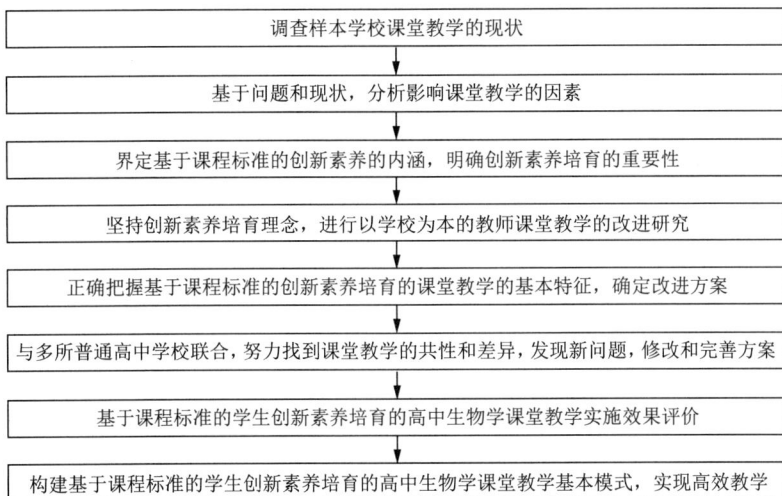

图 6-1　基于课程标准的学生创新素养培育的高中生物学课堂教学改进研究和实施效果
评价框架

研究内容如图 6-2 所示。

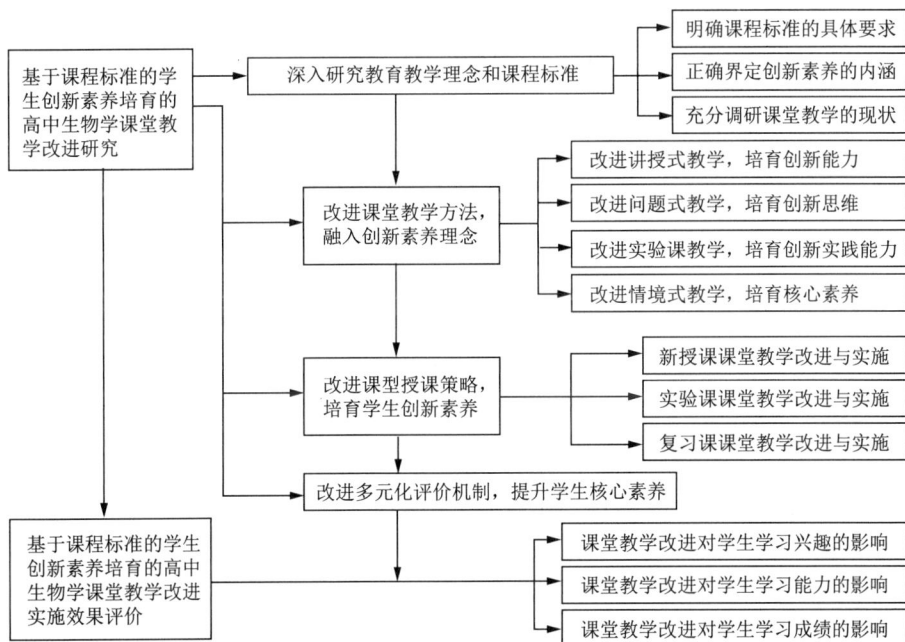

图 6-2　基于课程标准的学生创新素养培育的高中生物学课堂教学改进研究内容

（五）重点难点

1. 重点

（1）调查样本学校教师课堂教学的真实案例,基于现状分析影响课堂教学的因素,进行以学校为本的生物学课堂教学的改进研究,努力归纳出基于课程标准的学生创新素养培育的高中生物学课堂教学的基本特征,构建模型。

（2）改进生物学课堂教学方法和多元化评价机制,重建有自己特色的新授课、实验课、复习课三种课型的课堂教学方式,进而推广到其他区、市。

2. 难点

（1）针对区域差异、学校差异和班级内学生的差异,构建适切性的课堂教学改进的多元评价体系。如果仅依据学生的学习成绩、课堂表现来评价体验式学习案例的实施效果,评价方式比较单一。

（2）在学校制度、文化、师资等方面,区域、城乡差异明显;在同一所学校中,学生学习能力的差异较大,层级较多,尤其对于某些特殊学校来说。

（3）新时期"六选三"背景下,学生的发展方向不同,诉求差异较大,这给课题研究带来了相当大的挑战。

课题组根据对不同学习水平、不同发展需求的学生的评估结果,分析面向普通高中学生的课堂教学方法的应用效果,同时编制认知投入与情感投入量表、学习能力评价量表、课程学习情况调查问卷,对教师与学生进行调查,进而探究本研究对高中生生物学核心素养的提升情况。

3. 主要目标

（1）改进课堂教学。了解样本学校生物学课堂教学的现状,分析存在的问题,探索基于课程标准的学生创新素养培育的高中生物学课堂教学改进策略,丰富课堂教学方法。

（2）助力学校发展。重构课堂教学,稳步提升教育教学质量,探索校本化的学习、科研机制,推动学校的学习型组织建设,提高教师专业发展能力、学校办学能力,进而提升学校品位,促进学校、教师、学生的和谐发展。

（3）促进学生成长。探索多元化评价机制,加强发展性评价,从根本上纠正传统评价的理念和方向,把人的发展、促进每一个人的发展作为教育工作的出发点和落脚点。

（4）促进教师发展。促进教师在教育教学、科研实践中提高业务素质、发现问题的洞察力、解决问题的创造力和科研素质,形成有效教学、科学育人的能力,

培养具有教育创新与自我发展能力的学习型、反思型、智慧型、研究型教师,提升教师的职业竞争力。

（5）加强区域合作。将多所普通高中学校联合,努力找到课堂教学改进的共性和差异,精心安排教学内容、设计教学方法,开展有特色的教学活动,从而实现推广应用。

六、研究思路和方法

（一）基本思路

从学校实际、教师实际出发,基于现状和问题,课题组采用行动研究中的凯米斯行动研究模式,即由计划、行动（实施）、观察（考察）、反思环节构成的螺旋式推进的循环过程。课题组成员共同组成样本学校行动研究小组,开展课堂教学改进实践。以下是课题研究的具体步骤：

1. 计划阶段

提出问题:如何进行常规调研？高中生物学课堂教学存在什么问题？课题组成员围绕这一问题,提出"讲授式教学存在什么弊端""讲授式教学的哪一个环节需要改进,怎么改进""如何加强问题式教学""怎样设计高质量的问题串""如何利用真实情境贯穿整堂课""怎样解决这些问题"等,然后根据这些问题确定课堂教学改进的可行性,拟订访谈提纲、观察记录表和具体活动方案。

2. 行动（实施）阶段

课题组成员根据学生表现、教师表现、教学氛围和教学效果使用摄像机等电子设备和观察记录表进行全程记录,力求客观。

3. 观察（考察）阶段

整理记录材料,将所有结果转换为文字,分析学生表现、教师表现、教学效果,梳理体验式教学过程中出现的问题和潜在的问题。

4. 反思阶段

课题组结合教学过程中出现的问题和潜在的问题,进行讨论分析,找出原因,确定第二轮研究计划。然后依次循环,不断地进行计划—行动—观察—反思—计划……最终在反思中形成行之有效的课堂教学改进方案,提升学生学习能力和教师授课水平。

具体思路（技术路线）如图 6-3 所示。

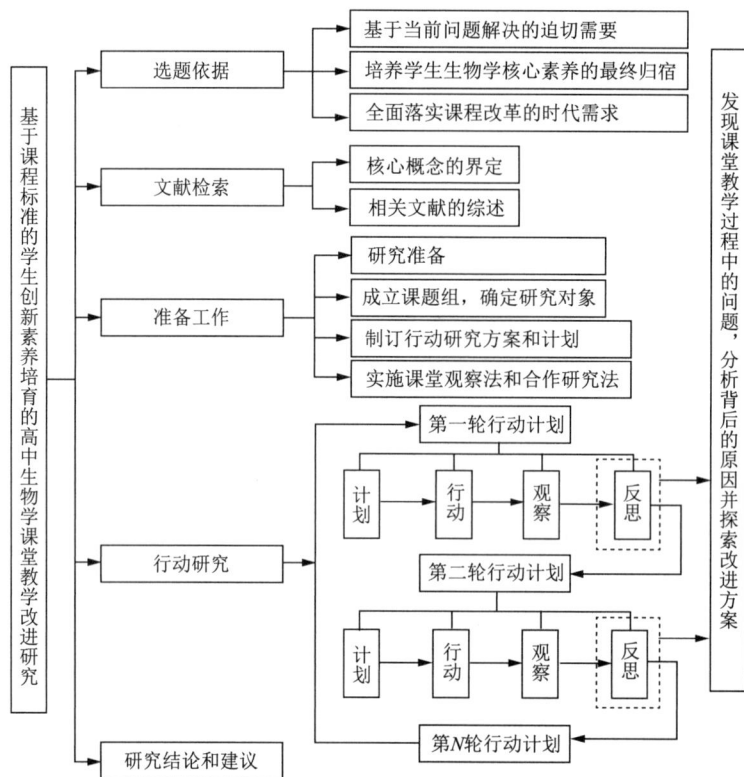

图 6-3　基于课程标准的学生创新素养培育的高中生物学课堂教学改进研究的具体思路

(二)具体研究方法

1. 行动研究法

行动研究是为行动而研究,在行动中研究,由行动者研究。行动研究法操作步骤大体涉及确定问题、制订计划、采取行动、实施考察、进行反思等环节。问题产生于实际的工作情境中。行动研究是教师对自身实践进行的有意识、系统的、持续不断的探究反思,它在突出教师的研究特征的同时,也突出了教师作为研究者的角色。在行动研究中,自始至终贯穿着教师自我反思的要求。这种自我反思是找到即时情境问题解决方案的有效途径,也是教师发现新问题,修改和完善计划,再次行动,再次考察,并进行新的反思的螺旋式上升过程的根据,是一种变革、改进、创新,是一个寻找问题和创造教育实践新形态的过程。它具有验证性、探索性、教育性等特征。

2. 文献研究法

通过对有关文献资料的检索、分析、比较、评价，了解并掌握一般的研究方法、研究成果，了解国内外相关领域的最新研究动态，找到研究的生长点和支撑性理论，构建合理的理论和实践框架。

3. 案例研究法

由于不直接接触和影响研究对象，因此案例研究法又称为"非接触性研究"。它是研究者以科学的态度，从掌握的文献资料中获取信息，了解事实真相，并发现事物之间内在联系的研究方法。案例研究的目的是考察特定事件或事物的发生和变化，回答"为什么"和"怎么样"的问题。它的显著特点是：侧重于信息的分析价值，而不是样本的代表性。应深入调查，进行案例研究，形成调查报告。

4. 合作研究法

运用合作研究法，可以在目标异化的前提下，充分发挥团体的研究合力，促使各项研究目标具体化和细化，引导课题组成员在课题研究的总体框架内发挥个性研究优势，实现个人研究目标与不断生成的研究兴趣结合的明晰化和深化，使课题在实质性推进中保持一种深度发展的态势。

5. 课堂观察法

课堂观察法是课堂研究广为使用的一种方法。课堂观察法就是指研究者或观察者带着明确的目的，凭借自身感官以及借助有关工具直接或间接地从课堂情境中收集资料，并依据资料做相应研究的一种教育科学研究方法。课堂观察法是促进教师专业发展，改善学生课堂学习，营造学校合作文化的重要活动。

（三）研究计划

本研究自 2022 年 6 月开始，至 2023 年 6 月结题验收，共分为以下四个阶段：

1. 前期理论研究与调研准备阶段

确定选题，提炼出课题研究的核心概念、理论指导体系和内在逻辑，拟订现场观摩访谈提纲，完成前期调查、论证，成立课题组，制订课题研究的具体实施方案，申报立项。

（1）查阅文献，提炼出课题研究的核心概念、理论指导体系和内在逻辑，了解样本学校课堂教学的有关信息，研究课程标准和创新素养理论。

（2）召开课题组研究人员会议，明确研究目标和任务，做好与课题相关的资料的收集和整理工作。

（3）课题组的每一个成员在过去十几年的教学生涯中,都积累了很多相关的经验和资料,但这些资料相对比较零散,部分教师也曾公开发表过国家级、省级、市级论文,真心愿意通过该课题的研究工作,将原有的经验进行梳理并上升到一定的理论高度,进一步去发现、探索、研究。

（4）初步实施研究,邀请有关专家对本课题的研究思路、框架进行论证。

（5）撰写开题报告,制订课题研究总体实施方案。

2. 实践研究阶段

全面实施研究,深入样本学校（班级）调查、观摩,分阶段落实研究目标和任务,根据研究进程和实施情况,召开学术研讨会、成果报告会或中期展示会。

（1）课题组教师学习与课题有关的文献资料,根据研究方案开展实质性的研究活动,进行学情、教情调查与分析,完善课题研究的总体实施方案,设计案例,制订活动方案并组织实施。

（2）深入样本学校（班级）调查、观摩,进行案例研究,形成调查报告。

（3）构建课堂教学实践模式。开展备课、上课、评课、教学观摩、教学反思、案例分析、问题会诊、教师与专家对话、网络论坛、博客交流等形式的教研活动。

（4）对成果进行评价,及时总结课题研究的经验和教训,不断改进研究方案。

（5）做好有关实验信息、数据的记录、统计、分析、汇总、建档等工作,及时总结和反思研究中存在的实际问题,并随时向上级相关部门反馈实验进展情况,邀请专家进行指导。

3. 理论深化研究阶段

（1）对书稿、论文、报告进行第一轮修改,然后邀请专家对理论部分、实践部分提出修改建议。

（2）对书稿、论文、报告进行第二轮修改,然后邀请权威部门提出修改建议。

（3）对书稿、论文、报告进行第三轮修改,再次审稿,最终定稿。

4. 课题验收总结阶段

在不断深入研究的基础上,及时进行理性思考和科学总结,举行课题鉴定和成果发布会,汇编相关研究专题集,完成课题研究报告。

（1）对两年的研究工作进行全面总结,并进行总结性评价。

（2）撰写调查报告,汇编教师论文集、实验经验集和实验案例集。

（3）对获取的资料进行整理,用科学的方法进行统计、分析和汇总,上升到一定的理论高度,撰写研究论文和课题研究报告并装订成册,完成成果的整理

工作。

（四）研究计划的可行性分析

在本课题研究中,我们在专家的引领下,进行同伴互助、反思教学,带领广大教师进行了广泛的学习。

七、创新之处（拟创新点）

（一）可操作,可借鉴

本课题的研究机制、研究内容、研究形式具有一定的新颖性、可操作性和可借鉴性。

（二）立足本地实际

立足青岛地区,重点在青岛西海岸新区、平度市进行研究,从样本学校实际和教师实际出发,调查影响课堂教学的因素,开发以学校为本的教学资源,落实课程标准,形成区域特色和学校特色。

（三）案例特征鲜明

进行大量的案例调查,撰写特征鲜明的生物学教学案例调查报告,初步形成有自己特色的以案例反思为载体的校本教研机制,形成基于课程标准的学生创新素养培育的高中生物学课堂教学基本流程。

（四）内容来源客观

充分考虑样本学校学生的实际需求,着眼于一线教师课堂教学改进研究,营造适合样本学校学生创新素养培育的学校环境,形成科学、合理、有效的具有创新性和校本特色的培养模式。

（五）确定了实用的教学流程

充分发挥教师专业发展的主观能动性,努力形成基于课程标准的学生创新素养培育的高中生物学课堂教学基本流程,探索教师又好又快成长的有效路径和策略,如短期培训、观摩教学录像、开发课程等。

（六）目标切合实际

努力推动学校各项促进课堂教学改进与评价的规章制度的出台和完善,计划用3～5年时间在样本学校打造一批代表青岛市乃至山东省学科水平的示范学科课堂教学案例,形成一批学科核心人才,加强学科领军人物和名师队伍建设。

（七）实现校校联合

将多个普通高中学校联合,努力找到基于课程标准的学生创新素养培育的高中生物学课堂教学改进的共性和差异,精心安排教学内容和改进教学方法,开展有特色的教学活动,从而实现高效教学。

八、研究成果

（一）研究成果及形式

准备阶段的成果形式有调查问卷和整理的问题,实施阶段和总结阶段的成果形式主要为典型课例、总结报告、论文等。

（二）构建的模型

模型 1:基于课程标准的学生创新素养培育的高中生物学课堂教学基本流程。

模型 2:基于课程标准的课堂教学评价量表(见表 6-1)。

表 6-1　基于课程标准的课堂教学评价量表

学校:_____　　班级:_____　　教师:_____　　日期:_____

评价指标	指标描述	得分
学习目标 （20分）	① 符合立德树人、五育并举的要求。 ② 符合课程标准的理念,体现了对关键能力的培养,体现了对生物学核心素养的落实。 ③ 目标明确、具体,具有可操作性	
教学过程 （40分）	① 创设了真实、有效的教学情境,体现了生物学科情境创设的特点（学生身边的生活、学习和实践情境,科学实验和探究情境,生命科学史情境）。 ② 整体思路清晰,有助于学生形成较为完整的知识体系,重点突出,注重学科思想方法的提炼与渗透。 ③ 问题设计具有层次性、应用性、开放性,有助于引导学生深度学习。 ④ 教学内容丰富,体现了与生产、生活、实践的联系。教学设计能够训练思维方法,提升学生的科学思维能力、科学探究能力、解决实际问题的能力。 ⑤ 习题设置具有梯度,体现了对基础性、综合性的落实,对应用性和创新性的训练	
教学方法 （10分）	① 教师的精准讲解与学生的独立思考、合作探究相结合。 ② 能够灵活、熟练地使用多媒体及畅言智慧课堂辅助教学	

续表

评价指标	指标描述	得分
教学效果（30分）	① 学生思维活跃,学习兴趣浓厚,参与程度高。 ② 教师能熟练地驾驭课堂和教材,捕捉到课堂教学中的各种信息,并灵活、果断地采取恰当有效的策略和措施。 ③ 教学目标有效达成,落实了必备知识与关键能力目标,有助于学科核心素养的形成,凸显了立德树人的价值引领	
本节课整体评价及建议		

九、成果使用去向及社会效益

1. 成果使用去向

本课题研究以样本学校两个平行班的学生为研究对象,制订课堂教学改进方案,并将多个普通高中学校联合,努力寻找研究的共性和差异,形成基于课程标准的学生创新素养培育的高中生物学课堂教学基本流程,进而推广到其他区、市,并在其他省份多所学校推广使用。

2. 社会效益

本课题研究使样本学校和推广（区域）学校生物学课堂教学更加符合学科课程标准的要求,更加有利于学生创新素养的培育和教师专业理论水平的提升,从而实现高效课堂教学,全面培养学生综合素养。

十、研究不足和展望

由于时间和个人能力等方面的限制,本研究还存在一些不足之处,如:① 由于当前有关此课题研究的文献资料还比较少,对于课题组来说,对课题研究的理论认识可能还不到位。在接下来的时间,课题组会继续进行相关方面的研究,以期能够为进行相关课题的研究贡献一份力量。② 课题组成员的语言表达能力还需要进一步提高。课题组成员的专业水平有限,语言不够严谨、丰富,在今后的研究工作中,一定会继续广泛阅读,提升语言文字表达能力与专业素养,为课题的进一步研究打下坚实的基础。

对未来的展望:① 教育已进入一个新的时代,课堂教学也要与时俱进。只要社会、家庭、学校和教师等达成共识,共同努力,基于课程标准的学生创新素养培育的高中生物学课堂教学改进研究就会不断深入,学生的核心素养就会不断提

升。② 课题组全体成员希望通过本课题的研究,能够为中学生物学教师或者其他学科的教师改进课堂教学提供一些经验和借鉴,也希望有更多的教师和研究者投入课堂教学的改进研究与实践中去。

参考文献

[1] 史若涵. 创新力导向的基础教育学校教学评价研究[D]. 岳阳:湖南理工学院,2018.

[2] 苏晓玲. 中学生创新思维培养研究[D]. 长沙:湖南师范大学,2008.

[3] 燕良轼,陈君. 创新素质教育的目标、类型、层次与结构[J]. 湖南师范大学教育科学学报,2002(1):18-21.

[4] 宋清阁. 实践教学与学生创新素质的培养[J]. 科技资讯,2012(2):193.

[5] 向玉青. 课题型课程:高中学生创新素养培养模式的探索[J]. 创新人才教育,2013(1):66-68.

[6] 何骏敏. 高中创新意识培养问题分析及其教育对策[D]. 武汉:华中师范大学,2014.

[7] 萧枫,姜忠喆. 怎样设计教学情境[M]. 吉林:吉林音像出版社,2012.

[8] 郭晓春. 大学生创新素质的培养[J]. 求索,2003(3):163-164.

[9] 内尔•诺丁斯. 学会关心:教育的另一种模式[M]. 于天龙,译. 北京:教育科学出版社,2011.

[10] 马斯洛. 动机与人格[M]. 许金声,程朝翔,译. 北京:华夏出版社,1987.

(注:本课题为山东省青岛市学科教研基地学校校本研究课题)

第三篇

课堂教学:从"资源开发" 到"说课实践"

　　课程资源是课堂教学实施的必要且直接的条件,没有课程资源的广泛支持,再美好的课程理念和教学设想也很难变成课堂教学行动或教育实践方案。开发课程资源并将其有效融入课堂教学,能更好地培养学生的学习兴趣和学习能力,增加学科教学活力,提高课堂教学质量。说课是针对课堂教学的各个环节说清道理,锻炼和培养教师在一定场合系统地说出某一课题的教学设计及其理论依据的一种教研活动,涉及教材内容的分析、教学目标的确定、教学过程的设计、教学方法的选择、教学效果的评价等,集"编""导""演""教"于一体,能综合提升教师素养。说课及课堂教学助力教师的专业化成长,教师的专业发展水平是提高教育教学质量的关键。

第七章
课程资源开发与说课实践研究

第一节　课程资源开发实践

下面我们以一篇论文为例,来阐述课程资源开发的实践。

高中生物学课程资源开发与实践

　　课程资源的丰富性和适切性程度决定着课程目标的实现范围和实现水平,没有课程资源的广泛支持,再美好的课程理念和改革设想也很难变成教育实践方案或教育教学行动。在当前普通高中开设的各学科中,生物学科是一门实验性学科。有些学生的基础知识不牢固,理解能力、知识迁移能力、模型构建能力和综合应用能力都有待进一步提高,这样学习生物学的难度无形中就加大了,但高中生物学科本身有着极其丰富的内容,以及渗透社会、密联科技、贴近生活等独特的学科优势,学生对此又颇感兴趣,因此课程资源开发有着广阔的前景和巨大的潜力。

　　目前,很多学校和教师对课程资源的开发存在观念落后、偏重教材、忽视学生这个生成性的教学资源等问题。基于此,我们拟探讨高中生物学科课程资源开发与实践的策略和途径,以期为教育教学提供借鉴。

　　一、高中生物学课程资源开发与实践的策略

　　高中生物学课程资源的开发可以从以下几方面考虑,从而构建理论模式并进行实践探索。

（一）从教材到多媒体——整合信息化资源

1. 恰当选择网络资源

网络信息发展迅速，具有互动性、实时性、超文本链接、信息量大等特点，某些微视频简短、生动、易懂，富有趣味性，有利于学生自主学习，也可以满足不同学生的需要。生物教师不能只把眼光停留在教材上，应寻找适合生物课堂教学的音频和视频资源，对精彩内容进行剪辑，实现资源共享，让有限的课堂从无限的网络中获得"营养"，使生物课堂充满魅力。一般来说，属于生物热点类话题、教学内容相对开放、网络上有较丰富的教学资源的内容宜进行网络教学，如人类遗传病与优生、生物圈的稳态、农业生态系统、生物多样性及其保护等内容。

2. 重视多媒体资源

多媒体软件、视听光盘、投影片、挂图等都是常用的生物课程资源，这些信息化课程资源的开发和利用，有利于丰富课堂教学的内容，创设课堂教学的情境，激发学生探索科学的热情。生物教师要积极参与信息化课程资源的开发，一方面要关注相关生物音视频资料、教学挂图、投影片的购买和征订，以及与信息技术专业人员合作开发实用的多媒体软件；另一方面要学会做有心人，多渠道收集相关的信息化资源。例如，电视节目中经常有视频片段与高中生物教学密切相关，可录制下来以备使用；互联网上也有大量与生物教学有关的软件，可搜索获取。收集资源时应注意以下几方面：一是收集学生不易观察到的、动态的、难以想象的微观过程，尽量用动画代替静态图解；二是收集教材上涉及却又很难用语言表达的内容的资源，如细胞的有丝分裂和减数分裂、DNA 指导蛋白质的合成过程等，这些内容仅靠教材上的图解和语言描述，很难让学生形成整体的概念，用动画则能展现其动态过程，非常直观形象，便于理解和记忆。

（二）从物到人——挖掘隐性课程资源

人是具有内在性的课程资源的主要生命载体，他们自身创造性智慧的发挥和创造性价值的实现，是课程教学不断向前发展的不竭动力。大多数课程资源的开发，总是固定在一些物化的非生命载体上，如实验器具、多媒体软件、教材等。实际上，生物课程资源还应该包括更为重要的生命载体，如学生、家长、生物教师以及其他社会人士等。因此，我们应当关注这些人携带的丰富的信息资源。

学生不仅是教育的对象，还是教育的重要资源。我们不仅要重视教师创造性地使用教材，还要重视学生能动性地学习，重视针对学生的隐性课程资源的开发。例如，在即将学习《免疫调节》一节时，我们不妨给学生布置一些讨论题：与你的家人一起，列出你曾经接种过的疫苗及这些疫苗所要预防的疾病。这些疾病分别

由哪种病原菌引起,有什么症状,在我国的发病情况如何?通过这种讨论与思考,学生及学生家庭中的课程资源就得到了充分的开发。

（三）精心预设——捕捉课堂生成资源

著名教育家布鲁姆提出:"人们无法预料教学所产生的成果的全部范围,没有预料不到的成果,教学也就不成为一种艺术了。"这句话精辟地指出,我们的教学存在意外,生物课堂教学中的不确定因素是一种重要的课堂教学资源,也是课堂教学中的生成点,其生成的新想法、新问题正是学生学习的顿悟、瞬间的创造、灵感的萌发,是珍贵的动态资源。教师应特别留意学生在课堂教学中的变化和反应,关注偶发事件,关注每一个学生的灵感,因势利导,借机施教,对意外的生成进行积极的引领,捕捉偶发的教育契机与智慧火花,并做出积极的回应,有效地促进学生思维的发展,以实现课堂创生,使课堂教学充满戏剧性,高潮迭起,精彩纷呈。

教学是不断生成的,在教学活动中,师生互动,生生互动,在活的生命体的相互碰撞中不断地生成新的教学资源、教学内容、教学程序乃至新的教学目标。

（四）注重能力——关注探究性实验资源

新课程强调对学生探究能力和探究式学习方式的培养,实验室的建设也应为学生的探究活动提供支撑。探究性学习活动并不意味着废除原有的仪器和设备,关键是开发它们的探究潜能。教师和学生要创生智慧,充分发挥主观能动性和创造性,利用身边简单易得的材料和器具,设计富有创造性的探究性实验活动,发挥实验条件的最大效益,培养实验思维的深刻性。

（五）拓宽视野——汲取社区资源

生命科学是研究生命现象和生命活动规律的科学,学习生物学多从观察开始,从自然中学习,培养对自然的责任感。利用自然资源进行教学,可以使学生更多更好地接触社会,进一步了解科学技术与社会的关系,激发学习动机。这些资源包括科普教育资源,如博物馆、科技馆、少年宫、图书馆、教育基地以及所在地区的高校,也包括间接的社会资源,如农场、工厂、公园、垃圾加工场、农业试验基地、环保机构、园林处、医院、防疫站、植物园、动物园等。开发这类资源常用的策略,是把学生派到教室外参观和访问,或者把专家请到教室来讲学。

（六）回顾历史——利用生命科学史资源

在现行高中各版本生物教材中,有不少篇幅涉及生命科学史,这也说明重视生命科学史的教育价值是时代的呼唤。生命科学史揭示了人们思考和解决生物学问题的思想历程,展示了在探究过程中科学家之间的合作以及所持观点之间的碰撞和争论,呈现了科学家的科学态度、科学精神和科学世界观。生命科学史对于培养学生的创新思维能力、辩证思维能力和科学探究能力等科学素养具有积极的意义。在开发生命科学史资源的过程中，要注意让学生理解科学家的认识过程，体验知识发生、发展的过程，了解生物科学成就是通过一代又一代科学家的努力，经过漫长的历程而取得的。

二、高中生物课程资源开发与实践的具体途径

（一）开发微课，有效组合多种资源

伴随着智能手机和电脑普及的信息化时代的到来，微课作为一种新的教学资源和手段，已悄然走进课堂。制作微课的入门技术门槛低，简单的微课甚至用一支笔、一张白纸和一部智能手机即可制作，也可以结合教案、学生作业、PPT和视频制作。微课是为解决一个问题而设计的，时间为 5～8 分钟，具有传播便捷、短小精悍、重点和难点突出，以及可随时随地按需学习的特点。学生利用微课学习，在一定程度上可以实现翻转课堂。

开发微课，势在必行。探讨微课的巧妙运用，能有效助力高中生物教学，提高学生的学习兴趣，提升学生的自学能力，创生智慧，实现自主、快乐、高效学习。

（二）制作思维导图

思维导图是将大脑的思考模式运用到思考和学习中的高效思维工具，它依靠图案、颜色和关键词等帮助学生记忆，可以提高学生的创造力和发散思维能力。思维导图能够清晰地体现一个问题的多个层面，体现线性、面型、立体式元素之间的关系，内容全面，重点突出。

由于思维导图能理清思路、整理杂乱的内容，再加上篇章的脉络被压缩在一张小纸片上，使人一目了然，而且插图精美，因此可以使学习者对篇章的脉络更有印象。所以，开发和利用思维导图进行教学，可以使学生集中注意力，加深记忆，提高学习效率。对制作和使用过思维导图的学生进行调查和面谈发现，90%以上的学生认为，通过制作思维导图可以把主要精力集中到关键的知识点上，加深记忆，成倍提高学习效率。

（三）充分利用学生的错题资源

当前的生物教学中，学生经常处于盲目、机械的练题之中，以致不断重复过去的错误，导致浪费大量的时间和精力。教师应充分利用学生的错题资源，一方面，让学生建立错题本，摘抄自己在作业中经常出现的典型性错误或易错题目，作为个人的学习资源，然后与他人互换错题本，互相借鉴，互相启发，在错题中淘"金"，以便共同提高；另一方面，通过搜集全体学生出错率较高的题目，汇总整理，作为自己的教学资源，分析错因，反思梳理，充分发挥错题在教学中的积极作用，

实现资源共享,以期达到让学生掌握知识的目的。

（四）挖掘乡土特色资源,编写校本教材

乡土资源主要是指学校所在地区的自然生态、生产生活和文化生态方面的资源。随着教育现代化、课程校本化、教师专业化等的快速发展,校本研究的生命活力和对教育工作的巨大推动力日益显现,将校本研究纳入教育、教学和科研工作势在必行。要围绕校本课程、校本培训、校本教研、学生健康成长、教师专业发展和学校文化建设等,大力开展教育教学研究,立足实际,推进"草根课题"研究科学化,将课题研究扎根"本乡本土",做到"田间地头",开发乡土特色资源,固本强基。

挖掘乡土优势资源,开发校本课程进行教学,会使学生感到亲切自然,更加关注家乡发展,立志建设更加美好的家乡。教师应积极参与开发符合校情、满足学生发展需求的校本教材,同时也展示个人创作才能。校本教材应具有基础性、多样性、开放性、科学性和实用性等特点,为学校特色的形成和学生特长的发展创造空间。样本学校生物教师结合学生实际开发了乡土特色资源,编写了《生命之美》《科技走进生活》《运河浇灌的鲁西明珠》等系列校本教材,以供学生选修。

（五）利用特殊节日,培养学生价值观

节日是学生生活的一部分,是教育学生的有利时机,对于学生的全面发展,尤其对学生环保责任感的培养具有重要意义。利用一日生活的各个环节,加强学生日常行为习惯的养成,在特殊的节日活动中渗透责任感教育,如植树节、世界地球日、世界环境日、爱鸟周、无烟日、世界粮食日等,能帮助学生树立正确的世界观、价值观。

（六）实验材料的多级开发与综合利用

在平时的学生实验开设和教学中,注重对生物实验材料进行多级开发和综合利用,比如洋葱是两年生植物,在本地很常见,价格便宜,一年四季取材方便,可一物多用,是高中生物实验中常用的材料,可用其完成以下几个教材实验,如"观察植物细胞的质壁分离与复原""观察植物细胞的有丝分裂""叶绿体中色素的提取和分离""DNA的粗提取和鉴定"等。

（七）利用学生家庭中的课程资源

学生家庭中往往有不少鲜活的生物课程资源可以利用。通过对学生进行调查,我们发现,几乎每个家庭都备有一个小药箱,大部分家庭中养有动物或盆景花卉,很多家庭中有与生物学相关书刊以及可供学生做探究性实验用的材料和用具,甚至有的学生家长就是生物学或相关领域的专家,能够指导或参与学生的探

究活动。在农村,学生家庭中还有家畜、果园、田地,家长经常谈及家畜饲养、病虫害防治、作物栽培等相关事宜,学生耳濡目染,也就积累了不少感性知识。及时把学生家庭资源引入课堂教学,必将对培养学生理论联系实际的能力大有帮助。

(八)绘图并制作简单的生物学教具

为了更好地开发课程资源,培养学生的学习能力,教师会让学生绘制坐标曲线图、柱形图、模式图和概念图;也会让一部分具有美术绘画基础的学生发挥自身优势,动手绘制素描或水粉图画作品。此外,教师还会调动绝大部分学生的积极性,让其动手制作简单的生物学教具,如细胞的亚显微结构模型、生物膜的流动镶嵌模型等。这些都可以作为学生的学习资源,让学生交流共享。

三、高中生物课程资源开发的意义和前景

开发高中生物课程资源,对可以利用的课程资源进行筛选和整合,并将其有效地融入课堂教学,能更好地培养学生的学习兴趣和学习能力,增加生物学科教学的活力,进一步提高教学质量,并将教学与实践密切结合。

开发高中生物课程资源,确立全新的高中课程资源观,能进一步拓展课程资源的范围,改变以往我国高中课程资源结构比较单一,未能形成有机整体的局面;还能将一切有教育意义的因素纳入课程资源的范畴,使学生从单一的课堂、纯粹的教材中走出来,使课内与课外、校内与校外、书本与生活有机结合,让学生从不同渠道以不同的形式学习生物,亲身感受和直接体验生物课程内容的丰富多彩,激发兴趣和求知欲,进一步提高学习能力。

从发展的观点来看,课程资源的开发与实践是一个永恒的主题,随着社会的进步和科技的发展,新技术、新手段、新方法、新设备层出不穷,必将给传统的教育教学带来新的机遇和挑战。

[注:本论文发表于陕西师范大学主办的全国中文核心期刊《中学生物教学》(CN61-1256/G4)2016年第5期,有改动]

(注:2013年4月至2015年6月,作者主持并完成了山东省教育科学"十二五"规划重点课题的子课题"高中生物课程资源开发与学生逻辑思维能力发展的研究",课题编号为 JNKCZY048)

第二节 基于学科素养的说课理论与实践

概言之，说课就是指讲课教师在一定场合(如面对评委或同行)系统地说出某一课题的教学设计及其理论依据的一种教研活动，其内容涉及教材内容的分析(明确所讲内容的地位、作用、来龙去脉)、教学目标的确定、教学过程的设计、教学方法的选择、教学效果的评价等，集"编""导""演""教"于一体，综合了反映教师的素质、教育理论水平和教学业务能力。说课的两个明显的特点就是重交流和重分析，不仅要摆过程，还要说道理，对课堂教学的各个环节做出能说清道理的设计。一般来说，说课是一种课前行为，属于课前准备的一部分，不同于课后的反思总结，也不同于教学基本功比赛和教学技能表演，它必须立足于课本身，侧重于对某一教学目标所采用的教学方法、教学手段的理论依据的说明，要求教师能理论联系实际，从理论上阐述安排某一教学目标的理由，其重点在于说理。

生态课堂是灵动的课堂、智慧的课堂，是师生生命成长的平台，下面我们就生态课堂背景下说课的基本理论进行分析，并以课例的形式对说课的基本程序和环节进行阐述。

生态课堂背景下的说课理论与实践

卢梭说过："教育必须顺着自然，也就是顺其天性而为，否则会产生本性断伤的结果。"生态的就是自然的，自然的就是和谐的。生态课堂正是基于这样的理念提出的，真正还给孩子自由发展的空间，还给孩子真情洋溢的世界，以学生为主体，强调每一个学生的需求、欲望和意识，兼顾学生的个性发展，通过现代课堂的教学手段，实现教学与学生发展的真正统一。生态课堂没有盆景工艺式的缠扎，没有训技强化般的鞭打，而是以创新的教学方式造就学生张扬的个性、开放的思想和创新的品质。

今天我们说课的课题是《基因指导蛋白质的合成》。基于生态课堂的理念和追求，我们将从说教材、说学生、说教法学法、说教学程序和几点说明五个方面(即"五说")来谈谈我们对本节课的理解与设计，这也体现了我们多年来积累和总结的"细""实""活"的教学风格。

一、说教材

教材是一艘知识之舟,是一座能力之桥,是一个心灵洗礼之池。但是教材不是教学的字典,教材中的素材也不是唯一的经典。教学不能完全以书定教,不是教材内容的照搬和移植,不能把教材当成金科玉律,特别需要执教者进行创造加工。读懂读通教材对教学至关重要。教学内容的确定应该从依据教材走向依据课程标准。教师是在用教材教,而不是教教材,要创造性地使用教材,将教材结构整体化、教材内容单元化、课时内容最优化、经典课例典型化,要准确地把握教材的精华区、学生认知的冲突区和知识经验区,可以根据学生基础微调和重组教材,也可以联系生活实际补充教材,对教材内容的处理力争做到生活化、问题化、结构化、专题化、活动化,突出核心概念,把教材内容变成有利于学生学习与发展的教学内容,变成有利于提升学生核心素养的教学内容。

(一)教材简析(宏观规划)

本节课的内容来自人教版高中生物教材必修2第4章《基因的表达》的第1节。教材内容从现象开始追根溯源。"生命的图案,扑朔迷离;从信息到物质,从蓝图到现实,繁复、简约,粗放、精细,是谁创出,如此的和谐与统一?"一个个神秘的面纱,我们将依次揭开。

(二)地位与作用

本节课是在了解基因的概念,DNA、基因和染色体之间的关系的基础上,进一步学习基因对性状控制的实质。本节课要解决的中心问题是遗传信息的转录和翻译,掌握了本节课的知识,可以为学习生物的变异及育种等后续课程奠定基础。本节课在高中生物教学中占有重要、独特的地位,有承上启下的作用。本节课内容是联系微观世界和宏观世界的桥梁,也是近几年高考考查的重点。

(三)教学目标

脱离课程标准的说课是无本之木、无源之水,会给人一种虚无缥缈的感觉。教学目标的准确定位必须基于课程标准。教学目标是进行教学设计时一节课所要达到的目标,对课堂教学活动起宏观控制作用,也是教学后续评价的重要依据。说教学目标:一要说目标的完整性,教学目标一般包括知识、能力和情感态度与价值观三个方面;二要说目标的可行性,即教学目标要符合大纲的要求,切合学生实际;三要说目标的可操作性,即目标要求要具体、明确,能直接用来指导、评价和检查该课的教学实情。

基于本节课的特殊地位和作用,在充分分析课程标准和教学对象的基础上,我们确定了以下三个具有可操作性的教学目标:

1. 知识方面

通过情境、合作、会话和意义建构,使学生掌握基因指导蛋白质合成的过程。

2. 能力方面

通过学习基因表达的知识,让学生知道蛋白质的合成过程以及学会利用互联网搜集和整理资料,培养学生的综合分析能力、创新能力和抽象思维能力;通过独立探索,提高学生的自主学习能力;通过协作学习,提高学生的合作能力和社会适应能力,使学生获得生命成长的经验,体会自主学习的快乐,从而增强学习的自信心和内驱力。

3. 情感态度与价值观方面

通过对遗传信息的表达的学习,让学生学会从信息角度认识事物,增强信息意识,认同生命的物质性,体验科学家质疑、求实、创新、尊重科学、献身科学、勇于实践的科学精神和科学态度;通过合作学习,使学生树立协作意识和团队精神;通过了解基因控制蛋白质的合成的精密性,对学生进行生命教育,让学生感受生命之美以及大自然的无穷奥秘。

(四)教学重点和难点

教学要突出重点,突破难点,把握关键点。

一般来说,教学重点是教学过程中需要着力讲解的部分,是学科知识体系中的要点和关键点,是教材着力叙述的部分,是教材知识结构中带有共性的知识以及概括性和理论性较强的知识。教学重点除知识重点外,还包括能力和情感重点,其确定依据主要是教材知识体系和学生认知能力(学生基础、年龄特征、心理特征)以及教学条件等。

教学难点是那些比较抽象、离生活较远或过程比较复杂,学生难以理解和掌握的知识。教学难点的确定要从造成学生难懂的原因来说明。学生难懂的原因,一是教材内容较深或概念比较抽象,二是学生缺乏这方面的基础知识或感性认识,三是学生未能实现相邻学科知识的迁移。有时教学难点和教学重点重合,或教学难点发生在关键问题上。如果教学难点属于教材内容的次要部分,则要说出教学时对教学难点的处理方式、时间占用比例等。

教学关键点有时是教学重点,有时不是教学重点,其确定的依据主要是教材内容的前后联系以及本节课的知识结构等。

1. 教学重点

本节课的教学重点是基因指导蛋白质合成的过程和原理。只有理解了基因指导蛋白质合成的过程和原理,才能从根本上理解基因是如何控制生物的性状的,这对于今后学习变异和育种知识至关重要。

2. 教学难点

基因指导蛋白质合成的过程和原理既是本节课的重点,也是本节课的难点,这是因为基因指导蛋白质的合成过程是在微观世界进行的复杂、快速变化的动态过程。由于知识结构和思维方式的限制,学生对这部分内容的理解和接受会有一定的困难。为突破这一难点,我采用的方法是事先让学生自主预习相关知识,为意义建构搭建框架,再对学生进行指导和帮助,让他们通过自主学习、协作、会话完成意义建构。

二、说学生(教学对象、学情分析)

学生是学习的主体,教学的过程离不开对学生的了解。研究学生、了解学生是教育学理论和实践最重要的结合点。学生不仅有多元智慧方面的差异,还有智慧形成节奏、速度和方式的差异。每个学生的学习都是一个个性化的历程。课前,教师应充分了解学情,明确教学目标,帮助学生形成学习的思路,研究学生,关注学生的尊严、个性需求、个性化学习方式、终身学习的愿望和动力。不研究学生,教师就会变成"留声机"。

教师不能把学生当成一张白纸,应走进学生的思维。学生不是有待填充的标准化容器,而是有待点燃的多色彩的火把,教师应读懂学生,明白他们"因何而起,何以至此"。"其实每个孩子都是带着不同的'密码'降生到这个世界上,是有差异的。他们就像一颗颗不同的种子,有可能将来成为一棵大树,也可能就是一棵小草。"我们要利用好学生差异这种教学资源。

(一)知识基础

高一年级的学生已经具备了一定的遗传学基础知识,如DNA是主要的遗传物质,染色体、DNA和基因的关系,等等,为新知识的学习奠定了认识基础。

(二)认知能力

高一年级的学生具备了一定的观察和认知能力,思维能力和学习能力也得到了一定的发展,他们的假设—演绎思维、抽象思维、系统思维已经发展到一定水平,思维的目的性、连续性和逻辑性也已初步形成,他们对新事物好奇,却又缺乏理性思考,有明显的兴趣倾向。部分学生趋于成熟,含而不露,教师很难把握其对知识的真实掌握情况;部分学生有一定的学习能力,对探究有激情,但往往对结论的形成缺乏理性的思考,对一些理论知识难以理解。学生在实验技能方面还相当欠缺,发现问题、分析问题、解决问题的探究思维还不成熟。学生初步接触哲学,具有浅显的唯物主义思想,自我意识高涨,反抗意识较强,因此教学设计要真正体

现以学生为中心,尊重学生的个性发展。

三、说教法、学法

学生的现有基础是教学的起点,学生的困惑、问题、见解和兴趣是教学的重要生长点。教学不能拔苗助长,也不能矮化学生。如果说研究教材是寻求教学的原点,研究课程标准是寻求教学的基点,研究学生是寻求教学的起点,那么研究教法就是寻求教与学的最佳结合点。

(一)教学思想(理念)

要以课程标准"提高生物科学素养,面向全体学生,倡导探究性学习,注重与现实生活的联系"的课程理念来设计教与学的过程,变教材中经典实验的学习过程为探究过程,为学生创造知识再发现的探究情境,突出学生的主体性、学习的探究性和目标的完整性。本节课针对学生的个体差异,设计了不同层次的问题,通过让学生亲历思考与探究的过程,来培养他们的科学探究精神,提高他们解决实际问题的能力。高中生物课程标准的基本理念是倡导探究性学习,在这个理念的指导下,本节课教学设计的思路为:生活故事导入→启发式教学→讨论→引导探究、实验→小组合作、自主学习→小结展示→讨论、评价。

本节课始终把学生放在教育教学的中心位置,使学生从学会走向会学,从会学走向想学,真正体现主体性教学原则和"以人为本,全面发展"的教育理念,为学生的终身学习奠定坚实的基础,全面提升学生的核心素养。

(二)教学策略

针对学生现有水平,在教学过程中以问题驱动法展开探究,通过一个个有层次的问题,由浅到深,步步启发,从而激发学生的学习兴趣,诱导学生的探究思维,使学生主动思考、独立探究。

在教学过程中根据教学目标和学生的认知水平,不断地设置探究问题,启发学生分析、讨论、推测、验证,并适时运用多媒体演示,不仅起到突出重点、突破难点的作用,还培养了学生的实验探究能力和创造性思维能力。

以自主学习、讨论探究和小组协作为学习的基本形式,以培养学生的科学素养和动手能力为指导,让学生通过小组活动学会动脑思、动手做、动口议,在"动"中发现问题,解决问题,在"动"中培养竞争与合作意识,使学生的认识从感性认识上升到理性认识,最终达到预期的教学目标。

六大教学策略:将文字与图形匹配;将抽象概念与具体表征联结起来;提出具有启发性的问题,多问学生一些诸如"为什么""怎么样""假如……""你是怎么知道的"之类的问题,并在关键的知识点之间建立联系;不断练习与实践;评价促进知识习得。

（三）教法选择

选择教法时要注意把握"两点"，努力实现"三个转变"，力争"三方互动"，突出"五让"，实现"两次飞跃"，可以简记为"23352"。

教师要有一双善于发现的眼睛，观察学生，洞察教学的每一个环节，力争让课堂教学的节奏跌宕起伏，合理安排好一堂课的"序幕""过场""高潮""尾声"，做到张弛有度，收放自如，高潮迭起，悬念丛生，化学习为生活，向生活要幸福。

1. 教法组合

教法的组合，一要考虑能否取得最佳效果，二要考虑师生的劳动付出是否体现了最优化原则。一般一节课以一两种教法为主，穿插、渗透其他教法。教法组合的依据，要从教学目标、教材编排形式、学生知识基础与年龄特征、教师自身的特点以及学校设备条件等方面说明。

"教是为了不教""教学有法，教无定法，贵在得法，重在引导，妙在开窍"。在这个提倡自主学习能力的时代，教给学生必要的学习方法是教学的关键。结合学校学生实际，依据学生已有的认知能力，我们设置了以探究为主线的教学方法，选用了探究—发现教学模式，结合情境导入法、任务驱动法、问题引导法、列举讨论法、比较归纳法等多种教学方法，并配以多媒体辅助教学，充分利用演示实验、图示、视频、动画，引导学生分组探究、归纳总结、展示评价，通过合作学习获取新知识。

（1）直观教学法：利用多媒体辅助教学手段，化静为动，化抽象为具体，利用语言、实物、多媒体等多种直观形式，激发学生学习兴趣，让兴趣引领学生学习，增强教学内容的直观性、启发性，使学生的认识从感性认识上升为理性认识。

（2）启发式教学法：本节课中贯穿着阅读、观察和讨论，主要运用启发式谈话法启迪学生思维，激发学生学习热情。

（3）引导探究法：依据高中学生的认知规律，通过创设民主、平等、融洽的教学氛围，引导学生动眼观察、动手操作、动脑思考、动口表达，充分发挥学生主体地位和教师主导作用两方面的优势，促成知识的意义建构、能力的逐步形成。

课堂教学提倡教学方法、方式的多元化，因为最好的教学方法至多也只适合1/3的学生（学生可以分为视觉型、听觉型和触觉型三种类型）。

朱正威教授认为："生物教学要回归科学课程，上成科学课，带学生做科学。"刘恩山教授说过："科学探究是学生学习生物学基本、有效的途径之一。"

整个教学过程中，我们将启发、诱导贯穿始终，充分调动学生的积极性，营造

宽松、愉悦的课堂氛围，充分体现课程标准的要求，力争做好"两点"（即注重探究、回归科学），实现"三个转变"（即教师角色的转变，教师由讲授者变为引导者、参与者、合作者、互动者；学生地位的转变，学生由被动的接受者变为主动参与的学习主体；教学过程的转变，由讲授灌输式教学过程变为学生自主发现与研究性学习相结合的教学过程），教师由教学变为助学，课堂由教师主导变为学生主导。教师是学生学习的激励者、欣赏者，是学生学习的伙伴，应只在适当的时机进行纠错、提升、评价，让课堂真正成为学生成长的舞台，从而化解教学难点，突出教学重点，掌握教学要点，使教学内容真正走进学生的最近发展区。

2. 教学手段

教学手段是指教具的选择及使用方法。教学过程中要尽可能地使用现代化的教学手段。教学手段的选择：一忌教具过多，使用过频，使课堂教学变成教具展览；二忌教学手段过简，不能反映生物课直观性的特点；三忌教学手段流于形式。选择教学手段时，要联系教学目标、教材内容、学生的年龄特征、学校的设备条件、主要教具的功能等方面。

现代化的信息技术手段从服务于"教师如何教"走向服务于"学生如何学"，让学生自己进行学习。教师可以通过手机、电脑等对学生的课外学习和生活进行指导，还可以借助信息技术手段对学生进行督促和指导。

课堂上要恰当地运用信息技术，导入用信息展现，新课与技术结合，互动由技术支持，总结借技术巩固。可以从课堂的实际出发，运用多媒体课件增强直观效果，也可以利用虚拟现实技术、微弹幕技术、云课堂、交互式电子白板等增强现实效果，拓展学生学习空间，丰富学习资源，将技术与教学内容有机结合，使抽象的问题具体化，静态的问题动态化，微观的问题宏观化、形象化，深奥的问题浅显化、通俗化。

（四）学法指导

学法指导就是通过教学和教师引导，指导学生学会什么样的学习方法，培养哪种能力，达到什么样的学习效果。科学的学法指导，是智能发展目标得以实现的重要途径。生物课的学法主要包括生物学感性材料的观察方法、学习生物学知识的常用方法、再现与保持的记忆方法、学习生物学基本技能的方法和运用生物学知识解决问题的方法等。关于学法指导，可以从一节课的知识培养目标、学生基础（包括知识基础和能力基础）与年龄特征、教法选择与教学手段等方面做出说明。

根据高一年级学生已有的认知能力，为了更好地促进教学改革和学生学习方式的变革，我们采用了以探究性学习为主线的学习方法，引导学生主动参与探究，渗透心理学教育,积极开展探究性学习,在教学中指导学生动眼观察、动手操作、动脑思考、动口表达,通过合作学习、相互讨论和探究获取新知识。针对学生基础知识薄弱的特点,争取多用问题引导学生,指导学生如何分析图形,从图形中获取信息,化抽象为具体,突破教学难点,调整好教学过程中的师生状态,安排好一节课的课时结构,努力实现师生互动、生生互动、双手互动、大脑开动、嘴巴张动,在"动"中发现问题、解决问题,尽量做到兵教兵、兵练兵、兵促兵,构建高效课堂。

学生的学法主要有主动学习法、图文转换法、探究性学习法等。在学法指导上突出"五让":书本让学生自学,问题让学生提出,规律让学生发现,疑难让学生研讨,评价让学生参与。让学生多感官学习、混合式学习,让每个学生都有学习的欲望,努力实现学生思维的两次飞跃,即先从具体到抽象(现象→规律),再从抽象到具体(规律→应用)。

四、说教学程序(过程)

教学程序(过程)主要包括各教学环节的时序安排及内部结构,如:课堂怎么开头?新授内容分几个段落?各段落的教学分别是先讲后读再练,还是先练后读再讲?如何使用相关的教具?如何提问和组织讨论?各教学环节之间如何过渡?如何小结?最后怎样结束?整个教学思路要层次分明,富有启发性。设计教学程序(过程)时,要联系教法、学法、教学手段、学生的认知规律等方面。

(一)课前准备(前置性学习)

前置性学习是在课堂教学之前学生所进行的目标明确的自主学习过程,是一种认知性、生成性学习。教师要充分利用各种资源对学生的学习和生活进行指导,提前让学生进行自主学习,为新课的学习搭建平台,引导学生相互借鉴和分享,引领学生走向生活,走进自然,到更广阔的空间去学习,到生活实践中去体验,不仅学会知识,还掌握学习方法和认识缤纷多彩的世界。

本节课的课前准备工作主要有:教师和生物兴趣小组的同学一起准备构成DNA、RNA 的基本单位的模型和翻译模型;学生查找相关资料,搜集照片。学生课前进行组织化合作,分成 7 个探究小组,每小组 8 人,每人有明确的分工,有首席发言人,有补充者、质疑者和记录员;每个小组选出一个评委组成评审团并制订评审方案,准备对学生的活动情况进行评价。

(二)教学原则

在本节课的教学过程中,我们抛弃了传统的教学模式,利用具体的教具直观地探究蛋白质的合成过程,通过问题的引导,层层深入,让学生在轻松愉快的情境中体验到自我探究的乐趣和成就感。整个教学程序的设计遵循以学为主、重视过

程、强调环境、体现动态和个性化的原则。

（三）教学过程

为更好地达到既定的教学目标，优化教学过程，我们着实在如何引导学生，让学生开窍的问题上费尽了心思，想了很多切实有效的办法，收到了较好的效果。整个教学过程可以概括为六个字，即"引""问""探""展""评""练"，这六个紧密联系的环节，以问题为引导，以探究为主线，把握教学契机，引在点子上，导在疑难处，把问题设置在学生"跳一跳"就能解决的高度，让学生时时有活动，人人有任务，力争看到学生怀疑的目光，听到学生怀疑的声音。

1. 创设情境，引导激发（即"引"）

"我认为，一个能鼓舞自己的学生学习的教师才是一个好教师。"教师在教育上的成功就是让学生在任何时候都不失去信心，始终保持强烈的求知欲。

结合课程标准的有关要求，我们认为课堂教学导入的原则有：符合科学的目的性和必要性；从课型需要入手，新颖，有趣味；符合教学内容本身的科学性；导语要短小、精练，具有简洁性；从学生实际出发，有启发性；精心设计，形式多样且做到灵活运用。

课堂导入法主要有情境导入法、设疑导入法、故事引入法、科学史引入法等30多种。在导入部分我们提出了这样两个问题：基因、蛋白质、性状三者之间有什么关系？DNA 携带的遗传信息是怎样传递到细胞质中去的？这两个问题既能让学生回顾有关基因的知识，又能为本节课的教学做好铺垫。也可以设计这样的问题情境：假如我们要拍摄一部关于基因指导蛋白质合成的科技纪录片，我们好比一个剧组，每一个小组代表一位科学家，为了拍摄得更加精彩，应该怎样拍摄呢？让我们一起去研究和寻找拍摄的素材吧！这个问题一抛出，就立刻激起了学生的兴趣。接着教师向学生展示两组图片，一组是某明星父子的照片，一组是本班学生与其父亲的照片，通过看照片激发学生的兴趣。"同学们，现实生活中有很多遗传学现象，比如刚才给大家展示的两张照片上显示的子女和父母有很多相像的地方，那么子女像父母的根本原因是什么呢？"创设这种情境的意图是架设生活与教材的桥梁，激发学生的学习动机，培养其求知兴趣，变"要我学"为"我要学"，为本节课开一个好头。

2. 问题设疑，自主学习（即"问"）

教材没有差异性，教师要设置情境问题让学生表现出差异性，提问的方式主要有师问师答、师问生答、生问师答、生问生答，不要以问代讲、以问代学，也不要追求"举手如林"的虚假活跃，因为假问题多了，就掩盖了真问题。据研究，目前大多数课堂上 65% 的问题是低层次的问题,而回答"是"或"不是"、"对"或"不对"的问题大多是无效的问题。

以问题为线索是我们一贯应用的教学方法,在本节课的教学过程中,我们采用问题串的形式层层推进,力争做到知识问题化、问题层次化、问题结构化、问题生活化。利用具体教具模拟蛋白质的合成过程,让学生亲身体验成功的喜悦。

首先教师提出问题,引发学生思考和讨论。然后教师边看视频边设疑:蛋白质是在细胞质中合成的,而 DNA 在细胞核中,那么 DNA 是如何指导蛋白质合成的呢?学生讨论回答:DNA 从细胞核中进入细胞质,从而指导蛋白质合成;DNA 和蛋白质分别存在于它们原来的位置,只是有一个中介可以将 DNA 上的信息带到细胞质中的核糖体上来指导蛋白质合成。学生讨论完后,思考答案:遗传信息的传递与 RNA 有关,遗传信息的传递途径是 DNA → RNA →蛋白质。那么,DNA 上的遗传信息是如何传到 RNA 上再传到蛋白质上,从而体现生命活动的呢?在教师的引导下,学生进行自主学习。

3. 探究推理,互动合作(即"探")

问题提出后,教师演示基因控制蛋白质合成的动态过程,让学生对大致过程有所了解。接下来教师再提出几个问题对学生的自主学习进行引导,使探究有梯度,从而提高学生自主探究的热情。

探究推理过程中,教师要"导"之有方,"放"之有度,避免学生无序、无效,严防自主变"自流"。教师的引导要注意大问题下的反问、追问、补问,也要注意小问题下的提炼与归纳。面对学生的学习问题,教师要注意倾听和引导,实现推波助澜,促进动态生成,这种教学的不确定性和生成性正是教学的魅力所在。

此过程可以设计如下问题:为什么 RNA 适于作 DNA 的信使呢? DNA 的遗传信息是怎么传给 mRNA 的? mRNA 的碱基与氨基酸之间的对应关系是怎样的?(4 种碱基如何决定 20 多种氨基酸呢?)游离在细胞质中的氨基酸是怎样运送到核糖体中的 mRNA 上的呢?这样,前两个问题连在一起就解决了转录过程的问题;后两个问题连在一起就解决了翻译过程的问题,同时也明确了一些细节。学生根据问题提示进行自主学习,如查密码子表,这样就构建了一个概念框架,为意义的建构打下了基础。

4. 展示交流,讨论生成(即"展")

建构主义学习理论认为,学习者对知识的真正理解只能是由学习者自身基于自己的经验背景建构起来的,要让学生获得知识,必须让学生主动探究体验。因此,接下来我们将再次演示基因指导蛋白质合成的动态过程,加强学生的理解,然

后让学生利用教具模拟基因指导蛋白质合成的过程。具体过程如下:各小组随意抽取由生物兴趣小组事先制作好的 DNA 模型,根据自己的理解用具体的教具模拟转录过程,然后将制作的 RNA 模板放在事先制作好的有磁性贴的教具上探究翻译过程,将合成的多肽链拿回本小组,并讨论密码子的特点、tRNA 的特点等问题,总结出转录和翻译的概念;接下来各小组进行交流展示,各小组派出代表展示本小组制作的方案和作品,并讲解制作过程、制作过程中遇到的困难和解决困难的办法,谈制作的体会和收获,展示自己的风采,张扬个性,学生个个兴高采烈。

教学需要精心地预设,更需要动态地生成,生成会带来意外的收获。叶澜教授认为:"教师不仅要把学生看成教学的对象和主体,更要看成教学资源的重要生成者。"让学生在"做中学",亲身经历知识生成的过程,享受自主学习的愉悦感。利用课堂展示形式,给学生创设展示荣耀、交流自豪的学习舆论场、势能场和文化场,努力让每个学生享有展示的机会,拥有出彩的机会,从而让学生树立自信心,培养学习内驱力。

5. 小组评价,成果分享(即"评")

评审团宣读评审方案和评审结果。评出最佳组合奖、最佳创作奖等,对学生进行鼓励。评价方式有个人自评、组内评、组间评,倡导多元化、多样化评价。在教学过程中,学生之间、师生之间时刻都在进行信息交流,教师应引导学生寻找各小组与展示小组的相同点和不同点,把握好学生学习兴奋点的启动、捕捉和延伸,根据学生的反馈信息及时加以矫正,对学生的思维和发现及时给予充分的肯定和适当的引导,让学生在自我学习的过程中理解知识,并逐步掌握学习新知识的方法,让全班学生同在蓝天下,共享学习的收获和成功的喜悦。

6. 总结练习,反馈校正(即"练")

发挥习题的诊断功能,把握学生真实的起点和对本节课知识的掌握程度,与学生共同归纳和总结本节知识,并链接高考,适当延伸和提高,让学生在轻松的环境中主动探究学习,这样达标率比较高。

为了让学生掌握本节的重点、难点、易错点,我们还设计了课外探究(拓展延伸)题,使课外作业富有创意,题型富于变化,有梯度,有实践性。不同难度的问题让不同程度的学生回答,让每个学生都体会到成功的喜悦。题目如下:① 口述基因指导蛋白质合成的过程,将手中的多肽链可能对应的 DNA 的碱基序列写出来。② 若去掉基因上的一个碱基,表达结果会怎样?③ 若某一个碱基被替换,表达结果又会怎样?这样学生会发现:若去掉一个碱基,表达的蛋白质会发生变化,且位置不同,结果也不一样;若某一个碱基被替换,只有替换位置的蛋白质发生变化或根本没发生变化。通过这样的延伸可以为后续课程的学习打下基础,培养学生的思维习惯、思维方法和动手能力。

总结本节课学习的主要内容,让学生通过对知识性内容的小结,把课堂教学传授的知识尽快地转化为自身的素养;通过对练习题的小结,深刻地理解本节课的地位和作用,并逐渐掌握解题方法和思路。

在本节课的课堂教学中,我们采取了四种方式获取反馈信息:及时反馈(师生互动,对知识点及时巩固);重点内容反馈(重点知识反馈,最大限度地促进学生学习能力的提高);小结反馈(学生小结,明确目标);作业反馈(作业评估)。

五、几点说明

(一)板书设计

说板书设计,即主要介绍这堂课的板书类型是纲目式、表解式还是图解式,什么时候板书,板书的具体内容是什么,板书的展现形式是什么。板书设计要注意生物学知识的科学性、系统性与简洁性,文字要准确、简洁。说依据时可以联系教学内容、教学方法、教师本身的特点等。

本节课我们主要采用提纲式板书梳理构建知识网络,这样简明扼要、条理清楚、准确规范,贯彻了"字不如表,表不如图"的方针,将图表结合,用流程图表示遗传信息的传递过程,用简笔画绘制转录、翻译的过程简图,用表格比较转录、翻译两个过程。

(二)时间分配

说各教学环节的时间分配时,要联系实际教材内容、学生基础和教学方法等说出依据。要合理恰当地分配各教学环节的时间,做到真正把课堂还给学生,让学生首先在时间上成为课堂的主人,使学生始终处在主动学习的良好氛围之中,特别注意要在问题生成时留有充足的时间。教师讲授的时间一般不要超过15分钟,学生动笔练的时间最好不少于10分钟,发言人次一般不少于10人次,把课堂的黄金时间留给学生。

(三)教学反思

"学然后知不足,教然后知困。知不足,然后能自反也;知困,然后能自强也。"叶澜教授曾说过:"一位教师写一辈子教案不一定能成为名师,但是如果写三年教学反思,就有可能成为名师。"朱永新教授也说过:"谁能够坚持每天自省一次,十年必成大器。"

反思就是自己跟自己过不去,就是要反着想,多用逆向思维,少用顺向思维,打破思维定式,刨根问底,探究深层次的教育内涵,就是用理想的眼光看现实的教

学,用辩证的眼光看失误的问题。学会自我诊断(我敢听自己的课吗?我敢看自己讲课的视频吗?我敢让别人来听我的课吗?我在进步吗?),在不断的刺激中成长。经历过最痛苦的成长过程,再回首时就会非常怀念。于漪老师上过2 000多节课,自己说"没有一节课是我满意的"。教学的过程就是一个不完美的人引领着一群不完美的人追求完美的过程。

对课堂教学的反思可以从以下方面进行:自己的常规做法和习惯说法有哪些不适合学生?这堂课想留给学生什么?(反思自己,素养内化)自己的课堂与智慧课堂、灵动课堂、互动课堂、生成课堂还有哪些差距?(反思生成,实践理想)自己的课堂还有哪些需要改进和提高的地方?能否寻找到自己的一些优势?哪些是自己的特色?(直面自己,打磨特色)可不可以把这节课录下来,观看教学录像,进行微格分析,再与同行研磨、商榷,向名师请教?(反思缺憾,亲近名师)可否对照课程标准,把这些反思经验写在教案上,积累起来?(反思课标,成长积累)

反思可以让教师的课堂找到回家的路,在成功的地方继续成功,在失败的地方避免失败,弥补自己的课堂劣势,发挥自己的课堂优势,更好地上自己的课,从而为课堂教学的创新寻找自信,超越自我,超越课堂。

(四)创新与亮点

生态课堂背景下的生物教学,真正还原了生命科学的本质,知识与能力并重,课内与课外并行。学生在课堂上更多的是积极主动和合作交流,体会更深的是分享的快乐和成功的喜悦。教师在课堂上更多的是积极引导、肯定评价、发现闪光点、激励自信心,既鼓励学生参与合作、敢于展示自我,又让其感受到"从挫折中学会反思,进而提高能力、完善思维"带来的满足感。

回顾本节课的设计,有以下几个方面的创新和亮点:

① 突破重点和难点创新。教师大胆放手,让学生"做一做""试一试""看一看",在相互合作中体验探究,追求现场生成,不追求预设的精彩。② 课堂练习和作业设计创新。紧扣目标,突出应用,面向全体学生,采用学生举牌表决的形式,当场反馈,及时查漏补缺,课下作业富有创意。③ 教学特色创新。以问题为教学探讨(问题意识),以学生为课堂主体(学生主体),以情感为学习动力(情感动力),以兴趣为自主探究(兴趣探究),以动态生成为合作驱动(动态生成)。④ 整体设计创新。本节课在"让学生在亲身体验中学习"理念的指导下,让学生在做中学,在活动中感受、动脑、动手、动口、动眼,追求课堂实效和学生思维的活跃。整节课设计的思路可概括为:展示图片来引题,带着悬念去阅读,电脑动漫添情趣,抽象问

题变具体。

以上是我们对本节课的设计和处理。

说课不能搞一刀切,应因材、因时、因地、因人不同而采取不同的方式和方法,教学也没有一个放之四海而皆准的模式,课堂教学永远是一个变数,对教学的追求也是永无止境的……

课堂应该是学生的狂欢,课堂的精彩一定属于学生,一节好课不能过分强调课堂的艺术性,因为过分强调艺术性,容易使普通教师产生一种不切实际的罗曼蒂克的幻想。好的教学是一种智慧性活动,教学不应该是为了学会知识,而应该实现转知成智。

生态课堂不是师生表演的舞台,而是师生生命成长的平台;不是知识传递的主渠道,而是知识和思想的集散地;不是教材文本的"解剖室",而是文本与生活的"对接舱";不是应试技能的"训练所",而是智慧生成的"孵化器"。在这种生态课堂中,教师和学生会过上一种有生命气息的生活,同生同长。在生态课堂中,每一个个体都是活的有机体,都是不断变化的,各个部分相互作用,有系统内外的循环,同时与外环境密切沟通、交互作用,因此教学的过程可以有预设,但更多的是生成和涌现。

生态课堂回归了自然生长,让激情与激情碰撞,智慧与智慧交锋,心灵与心灵对话,价值与价值共享。课堂生活充满民主、平等、安全、愉悦,让人觉得余音绕梁,回味无穷,包容着生命中的暂时缺陷,也呼唤着潜能智慧的觉醒。生态课堂让学生学会学习、学会交往、学会合作、学会思考,培养终身发展的能力,促进可持续发展。

[注:本论文发表于陕西师范大学主办的全国中文核心期刊《中学生物教学》(CN61-1256/G4)2015 年第 12 期,有改动]

第八章
课堂教学助力教师专业化成长

第一节　课堂教学与教师发展

下面我们以一篇论文为例,来阐述课堂教学与教师发展。

好教师与课堂教学
——2017 年新疆喀什送教讲学感悟

"荷尽已无擎雨盖,菊残犹有傲霜枝。"在这寒露微霜的初冬时节,齐鲁名师送教讲学交流活动走进了新疆喀什。

送教活动第一天,疏勒县八一中学李老师执教《细胞膜——系统的边界》一课;第二天,岳普湖县二中陈老师执教《细胞核——系统的控制中心》一课;接下来的几天,我们依次到达麦盖提县、英吉沙县……在活动中,我精心准备,对教材进行了深入的挖掘,尽可能做到亲切细腻,将生物课堂融入生活,注重培养学生自主学习的意识和习惯,因材施教,鼓励学生合作探究,课堂教学精彩纷呈。在课堂教学过程中,我精心设计,甩出"包袱",进行大胆的创新与尝试,创设了新的课堂教学模式,努力做到以学生为主体,使课堂教学呈现出新的生机。此外,我还与当地教师进行"同课异构",各位教师迥异的教学风格、灵活多样的教学手段,共同营造了快乐和谐的课堂氛围。

几天里,名师送教团不辞辛苦,克服了各种困难,以饱满的工作热情和扎实的工作作风积极投入工作,通过专家报告、名师示范课、说课评课及互动交流等形式,与喀什地区师生切磋交流。此次赴新疆喀什开展送教讲学活动,名师送教团切实提高了课堂教学和专题讲座的针对性、实效性,把先进的教育理念和科学的教学方法带到了喀什,同时把喀什好的教学经验和做法带了回来,实现了两地教育的深度交流、优势互补、合作共赢。

援疆送教时间虽短,但收获满满。全体人员团结协作,课堂亮点纷呈,交流火花飞溅,效果不断显现。彼此真诚相处,工作认真高效,优点相互借鉴,闲暇时笑声连连,友情记心间。我爱上了新疆,更爱上了新疆大漠之中的红柳与胡杨,因为它们是援疆山东人的化身,展现的是援疆山东人的精神!

回顾在喀什的日子,短暂,快乐,收获颇丰,令人回味无穷……

有梦想,有机会,有奋斗,一切美好的东西都能够创造出来。心有多大,舞台就有多大。好老师应该做中国特色社会主义共同理想和中华民族伟大复兴中国梦的积极传播者,帮助学生筑梦、追梦、圆梦,让一代又一代年轻人都成为实现中国梦的正能量。好老师可以让每一颗成长的心灵都与中国梦激情相依,然而追寻成为好老师的梦想之路永无止境。好老师更是一种行走的过程,一种执着的精神,一种坚定的信念。正如窦桂梅老师所言:"社会是课堂,实践是砺石,他人是吾师,自身是关键。"要直达教育的伊甸园,我们心中要有梦,眼中要有情,身上要有艺,胸中要有胆,敢压重担,敢于磨炼,心向善,志高远。

"路漫漫其修远兮",生命不止,教育不息,诚如我国著名特级教师陶继新所言:"理想的教育永远在远方,那正是我们奔跑的方向。"

［注:本论文发表于《山东教育》(CN37-1025/G4)2018年第1期,有改动］

第二节　榜样引领谋发展,专业成长名师梦

没有高水平的教师队伍,就没有高质量的教育。中国未来的发展,中华民族伟大复兴,归根结底靠人才,人才培养的基础在教育。教育是提高人民思想道德素质和科学文化素质的基本途径,是发展科学技术和培养人才的基础工程。教师是人类文明的传承者。推动教育事业又好又快发展,培养高素质人才,教师是关键。《国家中长期教育改革和发展规划纲要(2010—2020年)》指出:"强国必先强教""教育大计,教师为本。有好的教师,才有好的教育""加强教师队伍建设,提高教师整体素质""努力造就一支师德高尚、业务精湛、结构合理、充满活力的高素质专业化教师队伍"。加强教师队伍建设,提高教师素质,尤其是加强对青年

教师的培养，是教育改革的需要，也是时代的呼唤。

教师要成长必须走专业发展之路，不断实践创新，可以从课堂上产生的困惑入手，也可以从日常教学中搜集的数据入手，培养自己的知识素养、管理素养和道德素养，最终走向成功的理想境界，步入智慧型教师的行列。

案例研究是研究者以科学的态度，从掌握的文献资料中获取信息，了解事实真相，并发现事物之间内在联系的研究方法。案例研究的目的是考察特定事件或事物的发生和变化，回答"为什么"和"怎么样"的问题。它的显著特点是：侧重于信息的分析价值，而不是样本的代表性。案例有个例、实例、个案等提法。最初用"案例"一词，是医学界对医案和个别病例的统称。总的来说，案例在不同的领域说法不一样。有人认为，案例是含有问题或疑难情境的真实发生的典型事件。也有人认为，案例是研究者感兴趣的一类事件中的一个实例。对这两种观点进行综合，案例就是指人们对已经发生过的典型事件捕捉的记述，类似于故事，但又不是一般的故事。案例本身是带有一种交融情境的事件陈述。

案例研究从学校实际、教师实际出发，让教师在教学中实践，在教学中成长，在教学中发展。教师专业化成长是一个动态的学习成长过程，能使教师更好地提升自己的教学基本功、教学技能和专业素养，进而提高学生学业水平和综合素养，培养更多的优秀学生，深化学校内涵，增强学校竞争力和社会影响力。以行动研究法为方法论的指导，通过深入课堂教学前沿开展案例实践研究，包括撰写案例、案例讨论、案例跟踪对比、案例归纳、案例创新等研究环节，丰富和形成了以案例反思为核心内容的以校为本的教学研究机制，促进了教师专业发展。

通过案例研究，可以了解教师专业发展的现状，分析存在的问题，探索教师成长的途径，搭建教师成长的平台，形成促进教师成长的专业发展模式，促进教师的健康快速成长和学校教育教学质量的稳步提升。

通过案例研究，可以探索校本化的培训、科研机制，推动学校的学习型组织建设，提高学校引领教师专业发展的能力、管理水平和办学能力，进而提升学校品位，促进学校教师和学生的和谐发展。通过案例研究，可以探索教师专业发展的一般规律，正确把握教师专业发展的基本特征，形成教师专业发展的基本操作策略、方法、途径和有效载体。通过案例研究，可以促进教师在教育教学科研实践中提高业务素质，以及发现问题的洞察力、解决问题的创造力，提高科研素质，提升有效教学、科学育人的能力，培养具有教育创新能力与自我发展能力的学习型、反思型、智慧型、研究型教师，充分发挥教师的主观能动性，形成学校特色。

我们充分考虑了学生的实际需求，着眼于教师的专业发展，努力探索和构建引领教师专业发展的路径和策略,将多个高中学校联合起来,寻找教师的共性和差异,精心安排教学内容和设计教学方法,开展有特色的教学活动,从而实现高效教学。"青年教师成长的案例研究"课题以科学发展观为指导,以基础教育课程改革为背景,坚持教师专业发展方向,坚持理论与实践相结合,积极探索适合教师成长和发展的环境和路径,为全面有效提升教师专业素养提供理论支持和实践指导。

美国学者卡茨在访谈与调查的基础上提出了教师成长的四阶段理论:求生存时期、巩固时期、更新时期和成熟时期。他认为青年教师首先要在陌生的环境中生存下来,经过1~3年时间逐步熟悉并掌握教学基本知识和技能,到第4年可能产生职业倦怠,欲寻求新事物,探讨教学革新,直到成功地担当教师角色,走向成熟。美国学者伯利纳认为,教师发展成长经历新手教师、熟练新手教师、胜任型教师、业务精干型教师和专家型教师五个阶段。他指出,所有教师都是从新手教师起步的,经过2~3年的知识和经验积累,新手教师逐渐发展成熟练新手教师,大部分熟练新手教师经过3~4年的教学实践和继续教育才能成为胜任型教师,有相当一部分教师大约经过5年的知识和经验积累才能成为业务精干型教师,部分业务精干型教师在以后的职业发展中成为专家型教师。美国学者费斯勒提出了教师生涯循环论,从整体上考察了教师发展历程。他认为,教师发展经历职前教育阶段、引导阶段、能力建立阶段、热心和成长阶段、生涯挫折阶段、稳定和停滞阶段、生涯低落阶段和生涯退出阶段。教师首先要接受一定的教育和培训,为职业做准备。任职后寻求各方面的帮助,接纳新的思想,逐步掌握教学知识和技能,并不断进取,追求完美的专业形象。但是,教师到一定任职期会产生教学的挫败感,责任感下降,不思进取、敷衍塞责、得过且过,并以各自不同的职业体验和心态准备离开教育岗位,直到退休。

在教师职业生涯中,教师的发展并非总是一种正向的成长过程,而是有停滞,有低潮期,呈现出明显的阶段性。费斯勒提供了一个较为完整的纵贯教师生涯的理论架构,并生动地呈现了教师在整个教学生涯中发展与变化的真实画面,具有较高的理论价值。

马克思关于人的全面发展学说中的"人的全面发展"思想是我们的理论基础,也是科学发展观的重要内涵。"人的全面发展"在本质上是一种理想、追求和信念。在主观上,人总是倾向于不断追求全面发展;在客观上,随着社会的进步,社会也不断要求人的全面发展。

建构主义学习理论主张世界是客观存在的,但对世界的理解和意义的赋予是由每个人自己决定的,个体是以自己的经验为基础来建构现实、解释现实的。建

构主义学习理论更关注以原有的经验、心理结构和信念来建构知识,强调学习的主动性、社会性、情境性。建构主义学习理论对今天教师在教学改革中实现专业发展具有现实意义。马斯洛认为,终身学习是当今社会发展的必然趋势。根据马斯洛的需要层次理论,我们要充分满足每个教师积极主动发展自己的高层次需要。美国心理学家波斯纳认为,没有反思的经验是狭隘的经验,至多只能形成肤浅的知识。只有经过反思,教师的经验才能上升到一定的高度,对后续行为产生影响。正如他提出的教师发展公式(成长＝经验＋反思)一样,教师如果在获得经验的同时能坚持自觉反思,那么他的发展就不是一种短期的或阶段性的过程,而是一种可终身持续的过程。

学校要加强课例研究的文化建设,努力建设以人为本、相互关怀的学校文化。学校要尽力营造同事互助的氛围,提倡合作,培养团队精神。要想方设法开展灵活多样的教师喜爱的集体活动,促进教师之间的沟通和理解。

人的一生中最辉煌、最闪光的阶段是职业生涯阶段,它是一个人将自己的知识和智慧贡献给社会、为社会服务的阶段。如果一个人职业定位错误,就会导致他专业发展的错位乃至失败。职业生涯周期,一般是指教师入职以后至退休以前的一段时间。根据教师在此期间的发展规律,一般将其职业生涯周期划分为五个阶段,即适应期、成长期、成熟期、高原期和超越期。这五个阶段有各自的基本特征和发展任务。适应期,为后续发展奠定良好的基础。成长期,是进一步发展的突破期。成熟期,把教学经验转化为理性智慧。高原期,要系统学习,增强发展的后续力。超越期,实现自我,走向成功的理想境界。

教师专业发展要适应信息化时代提出的新挑战。信息化时代背景下教师的专业发展有了新的内容和要求,对教师提出了新的挑战,教师专业发展的途径也大大拓宽了。以多媒体和网络技术为核心的现代信息技术蕴含着巨大的教育价值,特定环境下的教学需要特定的方法和策略。在教育教学实践中应充分发挥博客对教师专业发展的作用,利用翻转课堂和微课进一步丰富教师专业发展的内涵。

学校是进行教育活动的地方,是教育改革的基点,教育的中心和灵魂在学校。每一所学校都是具体的、独特的、不可替代的,它所具有的复杂性是其他学校的经验所不能完全说明的。所以,学校发展只能在学校中进行,要靠学校的自我觉醒、自我努力、自我提升。学校发展的主体力量是教师,教师是学校的主人,对学校发展负有最直接的责任。只有着眼于学校发展与教师个人发展的统一,才能实现真正意义上的可持续发展。

总的说来,案例研究是一个不断创新、不断发展的教学研究过程,也是教师以自身教学实践为基点有效开展教育科研活动的重要方法。

通过对以案例研究和实践反思为载体的校本教学研究运行机制的实践探索，我们初步得出了研究结论，积累了一定的经验，并对如何进一步搞好后续研究，更好地促进教师的专业化成长有了一定的思考。现简要分析如下：

（1）初步形成了有自己特色的以案例研究为核心内容的校本教研机制。校本研究形成的是一种以学校教学活动为本位的教师专业发展的培训机制：案例研究＋实践反思。研究的基本结构由校本培训和教师专业发展两部分构成，旨在探索校本培训和教师专业发展两个变量之间的关系，研究的切入点是教学案例的讨论与研究。教师抱着研究者的心态置身于教学情境中，以研究者的目光审视、分析和解决教学实践中的问题，是一种基于校本的研究，学校教师是研究的主体，即教师是研究者。通过案例研究这个载体，落实了三位一体的三种对话（教师与自己的对话、教师与同行的对话、教师与理论的对话），重新设置了学校教学研究的运行机构。通过以案例分析、案例跟踪对比、案例归纳、案例创新四种结构统整的四种途径为主要内容的案例研究，构建和架设了理论与实践之间的桥梁，为教师提供了一个记录自我成长和发展的空间，使教师更加深刻地认识了自己的教学工作，明确了教学改革的方向，也为教师之间分享教学、加强沟通与交流提供了一种有效的方式。

（2）生成了一批可供借鉴和应用的案例。在进行本课题研究的过程中，组织者要求参研教师都加入案例撰写的队伍中，同时从教学杂志、网站和其他渠道搜集、整理一批案例。这些案例阐述的是在真实的、不确定的、复杂多变的教学情境下，教师所做的决策判断或遇到的两难困惑，它能促进教师实践的反思、教学能力的提高和专业的发展，可以说，案例是教师专业化成长的阶梯。当然，一个教学案例能在多大程度上改变和提升教师的教学实践，并不是由案例本身决定的。它依赖于案例使用者对它的分析、讨论、研究的程度。我们在研究中体会到：在开展以学校为本的案例研究时，在最初阶段它可能要占用教师相当一部分的时间和精力。但只要认真坚持几个月，它就会成为减轻教师工作负担、提高教师教学质量的可靠保证。它的作用不限于教师具体教育行为的改善，还在于使教师的观念不断更新、眼界不断开阔，更在于使教师在工作中主动反思和不断创新，激发并维持教师从教的乐趣和热情，唤起教师身为专业工作者内在的尊严和幸福感。

（3）促进了教师专业发展。① 教师的思想得到了巩固。参与研究是教师专业素质和能力提高的有效途径，学校领导和全体教师已经开始体会到它的作用和意义，教师教育理念的转变开始在教学实践中逐步显现出来。教师更善于对自己

的课堂教学现象进行考察研究,并从中获取知识,改进教学方法,更乐意扮演教授者与研究者的双重角色,热心于把课堂教学实践与新成果、新理论联系起来,缩短教学理论和课堂实践的距离,增强教学过程中的自我意识,乐于自我决策、自我评价。② 教师增强了理论学习,更新了教学理念。课题实施以来,教师加强了业务学习和理论学习。③ 教师改进了教学行为,提高了教学水平。案例研究的一个核心目的,就是通过对真实教学环境中不确定的、复杂多变的教学情境的决策判断、分析反思,来提高实践智慧和教学实践能力。两年多来,在研究过程中,教师们既有成功的经验,又有失败的体验。在积累经验的过程中,教师对教学实践的理解更为深刻。教师开始不仅关注理念更新,还关注行为改善,坚决摒弃了陈旧的教学模式,积极探索启发式教学和讨论式教学。以案例研究为核心的校本培训,激发了教师关注教学、更新理念、改善行为的热情,全校出现了你追我赶、百花齐放的课堂教学改革新局面。④ 教师提高了反思能力和科研能力。案例研究基于真实的教学情境,指向了理论与实践的结合。研究中教师把案例放在共性问题框架下来观察,运用现代教育观念、原则或理念来审视,并把分析讨论的成果有效地迁移应用到对相关教育问题与观念的处理和探究中,提升了教育思维的深度、广度和高度。教师普遍反映,案例研究对提高自己的教学水平帮助极大。在研究过程中,教师还积极撰写论文,不断地记录课题的实施情况、写心得体会、进行分学科的教学改革实践,形成了一支研究型教师队伍,促进了学生的成长和学校的发展。通过课题的实施,学校领导、教师的观念得以更新,教师素质也提高了,学生的发展更全面了。由于教师更加关注教学行为的科学性、教学实践的合理性,因此样本学校在不断减轻学生课业负担的同时,继续保持较高的教学质量,近两年的高考成绩,样本学校均居同类学校前列,远超往年。而且,样本学校在各级各类比赛和评优中多次获奖,教科研意识深入人心。

通过对基于校本的案例的研究,我们初步得出了研究结论,积累了不少经验,对后续研究也有了一定的思考,现简要分述如下:① 改革最终发生在课堂上,这是当前国内外教育改革越来越多地关注的一个观点。我们的研究便是对这种观点的回应。我们的研究表明,以案例研究为核心内容的校本教研机制的形成与运行,对于有效解决理论向实践、向课堂转移的问题的确是一种有价值的可选择和可采纳的途径。② 对案例的讨论与分析要回归到教育基本层面来探讨。我们在对案例进行分析和研究的过程中,如果只限于个别案例情境或问题的解决,或者陷于对案例细节的追索或澄清,而无法跳出来看,就会使案例的研讨流于琐碎而失去真正的价值和意义。也就是说,只有把案例放在更高层次的共性问题架构

下的适当位置来观察,并运用现代教育观念来审视,才能深入探究案例,提升教育思维的深度、广度、高度,才能把研究成果有效地迁移到对相关教育问题与观念的处理和探究中去应用。这也是我们在研究的后阶段关注案例归纳和创新的立意取向。

但是我们在研究中也发现,案例研究有其本身的局限性:① 案例研究要求参研教师有较广的知识面和较多的课堂阅历;② 案例研究以参研教师的积极参与为前提,以组织者的有效组织为保障,以精选的典型案例为材料,但是要真正做到这几个方面的有机结合往往比较困难,有时会产生耗费很多时间而效果并不理想的尴尬局面;③ 真正要实现在研究中成长的理想,仅用案例讨论的方法的成效并不突出,应在此基础上辅以实践反思,倡导横向的同级支援和纵向的专业引领。

我们期望在案例研究的基础上,强调教师对自己教学实践的考察,立足于对自己行为表现及行为依据的回顾、诊断、自我监控和自我调适,达到对不良行为、方法和策略的优化和改善,提高教学能力和水平。在教师专业发展的道路上,我们将在本课题研究的基础上不遗余力地积极探索,努力思考,使教师专业化成长成为每一位教师的幸福经历。

追求好老师的梦想之路永无止境,只有合理规划自己的职业生涯,才能使教育智慧不断生成,达到走向成功的理想境界。本课题的研究过程具有较大的难度和挑战性,目前我们只做了一些实践层面的工作,还没有形成完整的较为系统的研究案例,再加上各地区教师的情况参差不齐、个体差异较大,因此还有很多值得探讨的问题和不够完善的地方,诚如我国著名特级教师陶继新所言:"理想的教育永远在远方,那正是我们奔跑的方向。"

(注:2015年6月至2017年7月,作者主持并完成了山东省校本研究专项课题"青年教师成长的案例研究",课题编号为000525)

第三节　以学校为本的教师专业发展路径研究

教师的专业发展是提高教育教学质量的关键,可以说,教师专业发展所能达到的高度决定了学生、学校、教师队伍的整体发展水平。在特殊的时代背景、特殊的经济条件下,特定的区域必然有相同于和不同于其他区域的以学校为本的教师专业发展路径。"以学校为本的教师专业发展路径研究"以科学发展观为指导,以

基础教育课程改革为背景,以行动研究法为方法论,坚持教师专业发展方向,坚持理论与实践相结合,依托青岛西海岸新区三个样本学校,积极探索适合新区教师成长和发展的环境、规律和路径。在此基础上,丰富了以学校为本的教学研究机制,构建了以学校为本的教师专业发展的复合型路径模型,帮助教师树立了专业发展的观念和信心,加快了教师专业发展的进程,形成了科学、合理、有效的具有创新性和校本特色的教师培养模式。

一、研究问题

(一)研究目的

(1)通过研究,了解样本学校教师专业发展的现状,分析存在的问题,探索教师专业发展的路径,搭建教师专业发展的平台,努力构建以学校为本的教师专业发展路径模型。

(2)通过研究,形成样本学校促进教师专业发展的路径模型,促进教师健康快速地成长和学校教育教学质量稳步提升。

(3)通过研究,探索校本化的培训、科研机制,推动学校学习型组织的建设,提高学校引领教师专业发展的管理水平和办学能力,进而提升学校品位,促进学校教师和学生和谐发展。

(4)通过研究,探索教师专业发展的一般规律,正确把握教师专业发展的基本特征,形成教师专业发展的基本操作策略、方法、路径和有效载体,探索教师职业生涯各阶段发展的总体规划和策略,初步形成有自己特色的以案例反思为载体的校本教研机制。

(5)通过研究,促进教师在教育教学科研实践中提高业务素质和发现问题的洞察力、解决问题的创造力,提高科研素质,提升有效教学、科学育人的能力,培养具有教育创新能力与自我发展能力的学习型、反思型、智慧型、研究型教师,提升教师的职业竞争力。

(6)通过研究,努力推动学校各项促进教师专业发展与评价的规章制度的出台和完善。在课题组的推动下,争取进一步完善《骨干教师、名师培养实施方案》,计划用3~5年时间在样本学校打造出一批代表青岛市乃至山东省学科水平的示范学科,形成一批学科核心人才,加强学科领军人物和名师队伍建设。

(7)将多个高中学校联合,努力找到教师专业发展的共性和差异,精心安排教学内容和设计教学方法,开展有特色的教学活动,从而实现高效教学。

（二）研究意义

（1）本课题的研究旨在调查影响教师专业发展的因素，努力构建以学校为本的教师专业发展路径模型，帮助教师树立专业发展的观念和信心，加快教师专业发展进程，探索教师又好又快成长的有效路径，营造适合教师专业发展的学校环境，形成科学、合理、有效的具有创新性和校本特色的教师培养模式。

（2）课题研究从学校实际、教师实际出发，让教师在教学中实践，在教学中成长，在教学中发展。教师专业发展是一个动态的学习成长过程，能使教师更好地提升自己的教学基本功、教学技能和专业素养，促使教师教学能力的提高，进而提高学生学业水平和综合素养，培养更多的优秀学生，深化学校内涵，增强学校竞争力和社会影响力。

（3）从样本学校实际来看，目前引领教师专业发展的路径比较分散，还没有一套比较完善的科学合理的具有激励作用的体系，对教师的评价不够全面、客观，特别是教师专业发展的有效路径欠缺。通过开展本课题研究，可以构建科学的教师专业发展路径体系，并利用其导向与激励作用增强样本学校教师的社会责任感、使命感、服务意识与专业自主发展意识，这对提高教师专业素养，全面提高教育教学质量和办学效益具有重大的现实意义。

（4）对教师个体而言，可以提升其职业竞争力和幸福感，促进其教育观和职业观的转变，增进其行为和教育的有效性。今天，教师队伍建设要牢记习近平总书记提出的四条要求，即做"有理想信念、有道德情操、有扎实知识、有仁爱之心"的好老师。

（三）研究假设

（1）通过探索教师专业发展的途径，构建以学校为本的教师专业发展的路径模型，形成样本学校促进教师专业发展的模式，促进教师健康快速地成长和学校教育教学质量稳步提升。

（2）通过探索校本化的培训、科研机制，提高学校引领教师专业发展的管理水平和办学能力，进而促进学校教师和学生和谐发展。

（3）通过探索教师专业发展的一般规律，形成教师专业发展的基本操作策略、方法、路径和有效载体，探索教师职业生涯各阶段发展的总体规划和策略，初步形成有自己特色的以案例反思为载体的校本教研机制。

（4）通过研究，促进教师在教育教学科研实践中提高业务素质和科研素质，提高有效教学、科学育人的能力，培养具有教育创新能力与自我发展能力的学习型、反思型、智慧型、研究型教师。

（5）通过研究,推动学校各项促进教师专业发展与评价的规章制度的出台和完善,进一步完善《骨干教师、名师培养实施方案》,在样本学校形成一批学科核心人才,加强学科领军人物和名师队伍建设。

（6）将多个高中学校联合,形成科学、合理、有效的具有创新性和校本特色的教师培养模式。

（四）核心概念

以学校为本,英文为 School Based,国内一般简称为"校本",是世界各国在反思学校制度、探索建立现代学校制度过程中产生的概念,出现在 20 世纪 80 年代中期。它的本意是重建以学校为主体和基本单位的教育制度,消除其作为行政层级最低单位和行政权力下的最小执行单位的弊端,让学校拥有更大的教育自主权,建立以学校为本的自主发展机制,实现以学校为基础的教育发展目标。本课题研究初步确定以青岛西海岸新区三所具有代表性的学校作为课题研究的样本学校。

专业发展,英文为 Professional Development,是教师个体专业不断发展的历程,其本质是个体成长的历程,是教师不断接受新知识、提高专业能力的过程。教师专业发展的内容包括专业思想（主要包括专业理念和专业道德两方面）、专业知识（包括学科专业知识、一般科学文化知识、教育科学知识和实践性知识四部分）、专业能力（主要包括了解和研究学生的能力,语言表达能力,学科教学能力,组织管理能力,交往能力,教育科研能力,课程开发与实施能力,运用现代化教学方法与手段的能力,指导学生搜集、筛选、处理信息的能力）。

教师专业发展,是指教师作为专业人员,在专业思想、专业知识、专业能力等方面不断发展和完善的过程,即新手教师到专家型教师的过程。本课题中的教师专业发展是指培养一批拥有教科研才能、课堂教学才能、班级管理才能的教师,培养一批具有对教育事业一腔热情、对学生一片真情、对学校一片深情的优秀教师。

路径,英文为 Path,在不同的领域有不同的含义。在网络中,指的是从起点到终点的全部路由;在日常生活中,指的是道路,即到达目的地的路线,还比喻办事的门路、办法。路径可以是开放的,也可以是闭合的。本课题研究中的路径是指以学校为本的教师专业发展的道路。

二、研究背景、理论基础和相关研究成果

（一）研究背景

新一轮课程改革,对教师教育教学能力方面的要求提高了,对教师进行了更

加明确的定位(不仅是教学活动的组织者、教学内容的消费者,更是课程的开发者和设计者),还针对教师自身的发展制定了更加完善的评价机制。教师的专业发展是提高教育教学质量的关键,可以说,教师专业发展所能达到的高度决定了教师队伍、学生、学校的整体发展水平。2018年初,《中共中央 国务院关于全面深化新时代教师队伍建设改革的意见》印发,对新时代教师队伍建设做出了顶层设计。

经前期调研,我们初步了解到青岛西海岸新区位于山东省青岛市西岸,是国务院批准的第9个国家级新区,是首批国家级生态保护与建设示范区,历史文化悠久,海洋战略地位全国领先,年GDP总量在全国县(市、区)中排名第一。近几年西海岸新区教育日新月异,教师培训和教师专业发展勇于求新,转型升级,效果良好。

青岛西海岸新区内的多所学校受新老教师更替、二孩政策影响,面临着教师短缺的困局。

特殊的时代背景、特殊的经济条件使该区域必然有相同于和不同于其他区域的以学校为本的教师专业发展路径。

初步确定青岛西海岸新区第一高级中学、青岛西海岸新区胶南第一高级中学、青岛西海岸新区实验高级中学三所具有代表性的学校作为本课题研究的样本学校。

三所样本学校,在教师基本构成、教研体制和基本硬件设施等方面存在很多相同点,但在校史背景、文化背景以及生源等方面存在一些差异。课题组选择这三所学校作为研究的样本学校,既具有一定的代表性、普遍性,也具有一定的特殊性和典型性,基本符合概率抽样的特点和要求,便于进行总体情况的推测和预判。

(二)理论基础

1. 理论依据

(1)马克思关于人的全面发展学说中的"人的全面发展"思想是我们的理论基础,也是科学发展观的重要内涵。"人的全面发展"在本质上是一种理想、追求和信念。在主观上,人总是倾向于不断追求全面发展;在客观上,随着社会的进步,社会也不断要求人的全面发展。

(2)基础教育改革理论。《中国教育改革与发展纲要》和《国家中长期教育改革和发展规划纲要(2010—2020年)》都提出建设一支具有良好素质、结构合理、相对稳定的教师队伍是教育改革和发展的根本大计,是推进素质教育的根本保证。基础教育课程改革的实施,对教师素质提出了新的挑战和要求。实现学生

全面、均衡、富有个性地发展,要求教师全面提高自身素质,培养多方面的能力。

（3）科学发展观。以人为本,促进人的全面、协调、可持续发展的科学发展观是教师专业发展的指导思想。

（4）建构主义学习理论。建构主义学习理论主张世界是客观存在的,但对世界的理解和意义的赋予是由每个人自己决定的,个体是以自己的经验为基础来建构现实、解释现实的。建构主义学习理论更关注以原有的经验、心理结构和信念来建构知识,强调学习的主动性、社会性、情境性。建构主义学习理论对今天教师在教学改革中实现专业发展具有现实意义。

（5）马斯洛的需要层次理论。终身学习是当今社会发展的必然趋势。根据马斯洛的需要层次理论,要充分满足每个教师积极主动发展自己的高层次需要。

（6）教师本位的专业发展观。教师专业发展既要实现教师的人生价值,又要实现教师的人格价值。教师主动参与是教师专业发展的必要条件,教师自我专业发展的需要和意识是教师专业发展的内在动力。

2. 实践依据

我们通过各种途径,采取各种方法,创造各种条件,大力推进教师的专业发展。学校根据教师专业发展的需要,专门采购了大量的专业理论书籍供教师学习,督促他们通过阅读写出心得体会和研究论文,并定期组织相互间的学习和交流。样本学校教科研处在这个环节中借由自创的《学校教科研信息动态》以及样本学校教科研杂志不断地为广大教师提供咨询,并推出了教师专业成长案例研究专辑。样本学校通过精心规划,系统地组织实施了教师专业成长座谈会、教师读书与研究学术沙龙,分层次选送教师参加省、市级新课程专题培训,组织一部分骨干教师参加省、市立项的新课程专题的教育科研课题,选送一批有研究成果的教师参加全国、省、市各级各类有关新课程实施的学术研讨会,举行各种形式的学习、培训、研讨活动等。此外,国内外教师专业培养的各类实践和专题研究,可以为本课题的研究提供有益的借鉴。

（三）相关研究成果

1. 国内研究成果

20 世纪 80 年代后,我国逐步关注教师专业发展问题,将教师的专业知识和专业实践紧密结合起来。1999 年,教育部在《关于实施"中小学教师继续教育工程"的意见》中明确指出:"中小学是教师继续教育的基地,各中小学都要制订本校教师培训计划,建立教师培训档案。"目前我国教师专业发展研究取得了一定的成绩,但还存在很大的局限。首先,就量与质而言,成果多且杂,缺乏有效的整合,难以产生教育生产力。其次,许多成果主要集中在名师研究上,对面广量大、处于成长中的教师的关注度不够。近些年,国内关于教师专业发展路径方面的研究并不多,且不太深入、具体,有些研究的学科性比较强,如山东师范大学外国语学院以学校为本的中学英语教师专业发展途径研究。

2. 国外研究成果

美国学者卡茨在访谈与调查的基础上提出了教师成长的四阶段(求生存时期、巩固时期、更新时期和成熟时期)理论。他认为,教师首先要在陌生的环境中生存下来,经过 1～3 年逐步熟练并掌握教学基本知识和技能,到第 4 年可能产生职业倦怠,欲寻求新事物,探讨教学革新,直到成功地担当教师角色,走向成熟。

美国学者伯利纳认为,教师发展成长经历新手教师、熟练新手教师、胜任型教师、业务精干型教师和专家型教师五个阶段。他指出,所有教师都是从新手教师起步的,经过 2～3 年的知识和经验积累,新手教师逐渐发展成熟练新手教师,大部分熟练新手教师经过 3～4 年的教学实践和继续教育才能成为胜任型教师,有相当一部分教师大约经过 5 年的知识和经验积累,才能成为业务精干型教师,部分业务精干型教师在以后的职业发展中成为专家型教师。

美国学者费斯勒提出了教师生涯循环论,从整体上考察了教师发展历程。他认为,教师发展经历职前教育阶段、引导阶段、能力建立阶段、热心和成长阶段、生涯挫折阶段、稳定和停滞阶段、生涯低落阶段和生涯退出阶段。教师首先要接受一定的教育和培训,为职业做准备。任职后寻求各方面的帮助,接纳新的思想,到一定任职期会产生教学的挫折感,并以各自不同的职业体验和心态准备离开教育岗位,直到退休。在教师职业生涯中,教师的发展有停滞期,有低潮期,呈现出明显的阶段性。费斯勒提供了一个较为完整的纵贯教师生涯的理论架构,具有较高的理论价值。

目前国外关于教师专业发展路径的研究,特别是以学校为本的研究,资料比较短缺,可借鉴之处不多。

三、研究程序

(一)研究设计

1. 准备阶段(2019 年 5 月至 2019 年 10 月)

确定选题,完成前期调查、论证,成立课题组,制订课题研究的具体实施方案,申报立项。

（1）查阅文献，了解教师成长的有关信息，掌握教师成长的理论。

（2）召开课题组研究人员会议，明确研究目标和任务，做好与课题相关的资料的收集与整理工作。

（3）在过去十几年的教学生涯中，课题组的每一个成员都积累了一些相关的经验和资料，但是这些资料相对比较零散，部分教师也曾公开发表过国家级、省级、市级论文，真心愿意通过该课题的研究工作，将自己的经验进行梳理并上升到一定的理论高度，进一步去发现、探索、研究。

（4）初步实施研究，邀请有关专家对本课题的研究思路、框架进行论证。

（5）撰写开题报告，制订课题研究的总体实施方案。

2. 实施阶段（2019 年 11 月至 2021 年 4 月）

全面实施研究，分阶段落实研究目标和任务，根据研究进程和实施情况，召开学术研讨会、成果报告会或中期展示会。

（1）课题组教师学习与课题有关的文献资料，根据研究方案开展实质性的研究活动，进行学情、教情调查与分析，完善课题研究的总体实施方案，设计案例，制订活动方案并组织实施。

（2）深入调查，进行案例研究，形成调查报告。

（3）建立以学校为本的教师专业发展路径模型，开展样本学校教师专业发展案例研究，举行网络论坛、博客交流等形式的交流活动。

（4）对成果进行评价，及时总结课题研究的经验和教训，不断改进研究方案。

（5）做好有关实验信息、数据的记录、统计、分析、汇总、建档等工作，及时总结研究中存在的实际问题，并随时向上级相关部门反馈实验进展情况，邀请专家进行指导。

3. 总结阶段（2021 年 5 月至 2021 年 6 月）

在不断深入研究的基础上，及时进行理性思考和科学总结，举行课题鉴定和成果发布会，汇编相关研究专题集，完成课题研究报告。

（1）对两年的研究工作进行全面总结，并进行总结性评价。

（2）撰写调查报告，汇编教师论文集、实验经验集和实验案例集。

（3）对获得的资料进行整理，用科学的方法进行统计、分析、汇总，将其上升到一定的理论高度，撰写研究论文和课题研究报告并装订成册，完成成果的整理工作。

（4）向上级相关部门申报课题研究成果，申请结题，做好结题工作。

（二）研究对象

本课题研究以学校为本,立足实际。本课题研究以样本学校的教师为对象,以科学发展观为指导,以基础教育课程改革为背景,坚持教师专业发展方向,坚持理论与实践相结合,借鉴其他学校的相关经验和一些成功的做法,积极探索适合样本学校教师成长和发展的环境、规律和路径,为全面有效提升样本学校教师专业素养提供理论支持和实践指导,进而推广到其他区、市。

（三）研究内容及方式

1. 研究内容

（1）专业思想:主要包括职业道德观、教育目的观、学生观、教师观、新课程的基本理念等。

（2）专业知识:主要包括学生知识、教育知识、学科知识、通识知识、学科教学知识等。

（3）专业能力:主要包括课堂教学能力、教学评价能力、课堂资源研究与利用能力、教育科研能力、管理能力、学术交流能力等。课堂教学能力是教师的基本能力,教师最基本的工作就是完成学校的教学工作。教育科研能力是教师专业发展的重要组成部分,教师不仅是教学活动的组织者、教学内容的消费者,还是课程资源的开发者和设计者,应该具备对课程资源进行开发,以及根据学生的实际情况对教学内容进行调整的能力。

（4）该课题的具体研究内容:

① 通过探索教师专业发展的路径,构建以学校为本的教师专业发展的路径模型,形成样本学校促进教师专业发展的模式,促进教师健康快速地成长和学校教育教学质量稳步提升。

② 通过探索校本化的培训、科研机制,提高学校引领教师专业发展的管理水平和办学能力,进而促进学校教师和学生和谐发展。

③ 通过探索教师专业发展的一般规律,形成教师专业发展的基本操作策略、方法、路径和有效载体,探索教师职业生涯各阶段发展的总体规划和策略,初步形成有自己特色的以案例反思为载体的校本教研机制。

④ 通过研究,促进教师在教育教学和科研实践中提高业务素质和科研素质,形成有效教学、科学育人的能力,培养具有教育创新能力与自我发展能力的学习型、反思型、智慧型、研究型教师。

⑤ 通过研究,推动学校各项促进教师专业发展与评价的规章制度的出台和

完善,进一步完善《骨干教师、名师培养实施方案》,在样本学校形成一批学科核心人才,加强学科领军人物和名师队伍建设。

⑥ 将多个高中学校联合,形成科学、合理、有效的具有创新性和校本特色的教师培养模式。

2. 研究方式

(1)调查样本学校教师专业发展的现状,分析影响样本学校教师专业发展的因素。通过本课题研究,了解样本学校教师专业发展的现状,分析存在的问题,探索教师专业发展的路径,搭建教师专业发展的平台。

(2)研究以学校为本的教师专业发展路径,努力构建以学校为本的教师专业发展的路径模型。教师专业发展是指教师个人职业能力的成长和进步。教师的成长是贯穿整个职业生涯的。教师在与教育对象互动的过程中,能够不断地调整自己的思想观念、价值取向,丰富自己的专业知识,提高自己的教学技能,满足自身不同时期不同层次的需要,从而表现出与职业发展阶段相适应的教师角色行为,并通过这一过程更新专业知识、提升专业水平、获取持续发展的经验。构建以学校为本的教师专业发展的路径模型(主要包括个人意识、教育教学实践、经验积累等方面)时,我们将关注各级各类政府和教育行政部门关于教师专业发展的法律法规,努力做好复合型路径模型的构建。

(3)研究教师专业发展的环境,探索教师校本培训的模式。探索校本化的培训、科研机制,推动学校的学习型组织建设,形成样本学校促进教师专业发展的模式。

(4)探索教师专业发展的一般规律,正确把握教师专业发展的基本特征,形成教师专业发展的基本操作策略、方法、路径和有效载体,探索教师职业生涯各阶段发展的总体规划和策略,初步形成有自己特色的以案例反思为载体的校本教研机制。

(5)将多个高中学校联合,努力找到教师专业发展的共性和差异,精心安排教学内容和设计教学方法,开展有特色的教学活动,从而实现高效教学。

3. 总体框架

调查样本学校的现状,进一步分析研究,初步构建路径模型,探索一般规律,构建基本模型。

（四）研究方法

1. 行动研究法

行动研究是为行动而研究,在行动中研究,由行动者研究。行动研究操作步骤大体涉及确定问题、制订计划、采取行动、实施考察、进行反思等环节。问题产生于实际的工作情境中。行动研究是教师对自身实践进行的有意识的、系统的、持续不断的探究反思,它在突出教师的研究特征的同时,也突出了教师作为研究者的角色。在行动研究中,自始至终贯穿着教师自我反思的要求,这种自我反思是找到即时情境问题的解决方案的有效途径,也是教师发现新问题、修改完善计划、再次行动、再次考察并进行新的反思的螺旋上升过程的根据,是一种变革、改进、创新,是一个寻找问题和创造教育实践新形态的过程,具有验证性、探索性、教育性等特征。

2. 文献研究法

通过对有关的文献资料的检索、分析、比较、评价、研究,了解最新的研究成果,掌握一般的研究方法,获取国内外相关领域的最新研究动态,找到研究的生长点和支撑性理论,构建合理的理论和实践框架。

3. 案例研究法

案例研究法是研究者以科学的态度,从掌握的文献资料中获取信息,了解事实真相,并发现事物之间内在联系的研究方法。案例研究的目的是考察特定事件或事物的发生和变化,回答"为什么"和"怎么样"的问题。它的显著特点是:侧重于信息的分析价值,而不是样本的代表性。案例研究法要求深入调查,进行案例研究,形成调查报告。

4. 合作研究法

运用合作研究法,就是在防止目标异化的前提下,充分发挥团体的研究合力,促使各项研究目标具体化和细化,引导课题组成员在课题研究的总体框架内发挥个性研究优势,实现个人研究目标与不断生成的研究兴趣相结合的明晰化和深化,使课题在实质性推进中保持一种深度发展的态势。

5. 经验筛选法

对研究的过程与效益进行分析、提炼、归纳、概括,揭示经验的实质和规律。

（五）技术路线

从学校实际、教师实际出发,调查影响教师专业发展的因素,努力构建以学校

为本的教师专业发展的路径模型,探索教师又好又快成长的有效路径,创造适合教师专业发展的学校环境,形成科学、合理、有效的具有创新性和校本特色的教师培养模式,促进教师教学经验的积累、教学能力的提高,进而提高学生学业水平和综合素养,培养更多的优秀学生,深化学校内涵,增强学校竞争力和社会影响力。

学校将以活动为抓手,从以下三个方面进行运作:① 学校引领。借助平台,利用每周四下午第四节或放学后的时间,开展形式多样、内容丰富的专题培训,进行学习熏陶,"为有源头活水来";专家引领,"柳暗花明又一村"。② 典型引入。重点安排样本学校优秀教师现身说法,进行课堂展示、课程开发,创造浓厚的氛围,使青年教师脚下有路。③ 伙伴互助。师徒结对,共同成长,从日常学习、课堂教学、班级管理等方面加强互相学习;协同研究,"他山之石,可以攻玉";城乡结合,联合互动;集体备课,互惠互助;反思提炼,"梦里寻他千百度";各式竞赛,"八仙过海,各显神通"。

具体方式主要有:

1. 统一思想,形成共识

要在样本学校全校范围内形成这样的共识:只有走好教师的专业发展之路,学校才会有活力。还要强调本课题研究旨在促进教师的专业成长而非考核,是一种共同提高、共同促进的行为,鼓励教师敢于面对困难,向课程标准的要求靠拢。

2. 加强指导,注意专业引领

以教师发展中心为龙头,建立由专家、骨干教师和青年教师组成的团队并辐射到各科组。成立由主要领导任组长,各相关行政人员和科组长为成员的课题组,并聘请相关专家作为顾问。既要注重同事之间的互助,也要尽量避免同事之间的同水平反复,这样就要聘请校外专家、教研员或资深的教师进行专业指导。

3. 转变观念,构建学习型校园

青年教师的专业成长是学校的一项综合性工作,也是每一位教师教育思想转变的过程,还是教育思想相互促进的过程。在这个相互促进的过程中,教师应该以一种配合的态度来从事这项工作。

4. 以人为本,互相关怀

学校要加强课例研究的文化建设,努力建设以人为本、互相关怀的学校文化。学校还要尽力营造同事互助的氛围,提倡合作,培养团队精神。此外,学校还要想方设法开展灵活多样、教师喜爱的集体活动,促进教师之间的沟通和理解。

5. 抓住重点,反复循环

成立子课题组,每个子课题组每个学期进行三四个课例的实验。课题组在两年时间内共完成 50 个课例的实验工作。课例是途径,促进教师的专业成长是目标。子课题组的成员要全部参与课例实验,共同分析。

课题组要深入调查,进行案例研究,形成调查报告。

6. 及时总结,典型推动

分阶段进行小结,及时将课题研究工作中好的做法进行推广,并进行表彰;对存在的问题及时进行分析,加以纠正,保证研究工作顺利地开展并达到预期目标。

我们通过各种途径,采取各种方法,创造各种条件,大力推进教师的专业发展。学校根据教师专业发展的需要,专门购买大量的专业理论书籍以供教师学习,督促教师通过阅读写出心得体会和研究论文,并定期组织相互间的学习和交流。学校教科研处不断地为广大教师提供咨询,并推出了教师专业成长案例研究专辑,精心规划、系统组织实施教师专业成长座谈会、教师读书与研究学术沙龙,分层次选送教师参加省、市级新课程专题培训,组织一部分骨干教师参加省、市立项的新课程专题的教育科研课题,选送一批有研究成果的教师参加全国、省、市各级各类有关新课程实施的学术研讨会,举行各种形式的学习、培训、研讨活动等。此外,国内外教师专业培养的各类实践和专题研究,可以为本课题的研究提供有益的借鉴。

(六)主要创新点

(1)可操作,可借鉴:本课题的研究机制、研究内容、研究形式具有一定的新颖性、可操作性和可借鉴性。

(2)立足本地区域:在青岛西海岸新区这片教育热土上,从样本学校的教师实际出发,调查影响教师专业发展的因素,开发以学校为本的教师资源,形成区域特色和学校特色。

(3)案例特征鲜明:进行大量的案例调查,形成教师专业发展的案例调查报告,初步形成有自己特色的以案例反思为载体的校本教研机制。

(4)内容来源客观:充分考虑样本学校学生的实际需求,着眼于教师专业发展的路径研究,营造适合教师专业发展的学校环境,形成科学、合理、有效的具有创新性和校本特色的教师培养模式。

(5)构建了实用的路径模型:充分发挥教师专业发展的主观能动性,努力构建以学校为本的教师专业发展的复合型路径模型,探索教师又好又快成长的有效

路径和策略,如短期培训、观摩教学录像、开发课程等。

(6)目标切合实际:努力推动学校各项促进教师专业发展与评价的规章制度的出台和完善。计划用 3～5 年时间在样本学校打造出一批代表青岛市乃至山东省学科水平的示范学科,培养一批学科核心人才,加强学科领军人物和名师队伍建设。

(7)实现校校联合:将多个高中学校联合起来,努力找到教师专业发展的共性和差异,精心安排教学内容和设计教学方法,开展有特色的教学活动,从而实现高效教学。

四、研究结论或发现

(一)影响教师专业发展的因素及对策

对样本学校青岛西海岸新区胶南第一高级中学、青岛西海岸新区第一高级中学、青岛西海岸新区实验高级中学分别进行了教师专业发展的问卷调查,并进行了统计分析,发现影响教师专业发展的因素主要有以下五个。通过中期数据与后期数据对比发现,通过本研究,样本学校教师的综合能力和素质有了较大程度的提高。

1. 青年教师教学技能和经验缺乏

青年教师入职阶段,是教育专业学生向教学专业人员过渡的时期,是教师专业发展的关键环节。教育理论研究者通常把这一阶段界定为"求生阶段"。青年教师处于从学生到教师、从学习理论到教育别人,适应教师角色的过渡阶段,这也是在实践中掌握教学常规和教学基本技能的重要阶段。青年教师虽然在大学里学习了一定的理论知识,经过教育实习对教学有了初步的了解,但是正式从教后却发现,以前在学校里学习的理论知识在实际的教学中远远不够用或者不知道如何用,实际的教学远比想象中复杂,而他们在各方面都没有经验。

解决措施为实行师徒制,让青年教师积极参加听课、评课并执教公开课,参加职后培训。参加职后培训是青年教师走出教学困境的快捷途径。

(1)实行师徒制。

师徒制又称"师徒结对""师徒帮带"或"青年教师带教",这种形式在我国中小学普遍存在。青年教师应从优秀教师那里学习一些实用的教学实践知识和经验,通过思考领会教学的智慧和方法。

(2)积极参加听课、评课并执教公开课。

听课、评课、执教公开课是青年教师实现专业发展的重要路径,不仅能让青年教师学到更多的优秀教学经验,还有利于教师之间相互交流和学习。通过听课、评课、执教公开课,青年教师可以发现自己教学上的不足之处,在听课过程中结合自己的实际情况学习别的教师是如何来处理自己碰到的问题的,思考自己与别的教师相比又有哪些长处,让自己继续保持这些长处以供别人借鉴。在评课过程中,青年教师既要积极参与,又要吸收内化,形成自己的心得。执教公开课的过程包括备课、说课、上课、听课与评课等基本教学活动,准备公开课的过程就是一个不断寻找问题、改进问题直至完善的过程。公开课为青年教师的成长提供了很好的平台。

（3）参加职后培训。

教师专业发展需要长期的专业教育,除了职前的专业教育外,职后培训也是相当重要的。教师的专业发展是一个终身的过程,职前的专业教育只是专业发展的起步,职后培训则是专业发展的重要途径。职后培训应有效促进教师的专业成长,而不仅仅是促进教师文凭的提高。这一阶段培训的内容应倾向于实践性和操作性,在培训形式上可以是校内教师之间共同的教学研究,也可以是当地教育行政部门组织的培训班。

2. 教学设计和教学反思不够

教师的反思能力是影响教师专业化水平的重要内因。要提高教师的专业化水平,必须提高他们的反思能力。通过反思,教师可以对自己的教育教学行为、决策以及结果进行认真的审视和分析,从而提高教学能力。思深则透,思透则新,思新则进,在反思中升华,在升华中超越。课堂教学历来被称为"遗憾的艺术"。教案初成,往往难以发现问题,而教学之后设计上的疏漏就会不找自现。再优秀、再成功的教师,也难掩瑕疵,所以青年教师必须对自己的课堂教学进行自我反思,总结得失,锤炼全新、前瞻、开阔的教学方法,努力成为一位教育的智者。

3. 轻理论、重实践的现象普遍存在

教育科研是教师专业成长的催化剂,要进一步调动教师参与科研的积极性。

将课堂教学活动中发现的问题予以提炼,作为小课题在平时的课堂教学中进行研究。学校在此基础上可积极推行"科研兴校"策略,建立校级课题库,组建课题领导小组对课题实施过程进行科学管理,使教师做到边实践边总结。

4. 重视专业素养提升但教学研究意识不强

从研究中期的问卷中我们发现,很多教师因自我发展目标不明确,教学研究意识不强而忽视自我素养的提升,加上缺乏自我评价与反思的外部激励和实践锻

炼机会,从而导致出现只"教"不"研"的真实现状。

5. 缺乏"读"的品格、"思"的能力、"写"的韧劲

从对青岛西海岸新区第一高级中学的调查问卷的分析结果来看,缺乏"读"的品格、"思"的能力、"写"的韧劲是影响教师专业发展的重要因素。

（1）"读"的品格。

"读"的现状不理想,样本学校教师主要有向来不读型、只读闲书型、读而不记型、被动读书型。教书育人,从某种程度上讲,教的是底蕴。底蕴深厚者,视野宽阔,所谓"站得高,望得远";底蕴浅薄者,疲于应付,被动而为,总有力不从心之感。读书,是增加底蕴、丰厚学养的最佳途径。唯有读书,方能让教师谈吐优雅、气质非凡,用更为充沛的学养去滋润学生的心灵,熏陶学生的情感,这样教出来的学生才是高雅的、有思想的现代人。

"读"的方法与措施:① 开列阅读书目。教师读书要有计划,有选择,有针对性。② 解读教材文本。阅读教材是最好的学习,熟读教材是最好的备课,读透教材是最好的研究。③ 观察课堂教学。走进课堂观课不仅是为了完成学校布置的听课任务,不仅是为了帮助授课教师,也是为了更深入地认识教学、理解教学、优化教学,促进自己的专业发展。④ 泛读教育报刊。泛读教育报刊能开阔视野,更新理念,启迪智慧,生成方法,形成理论,改进实践,促进自己的专业发展。⑤ 浏览教育网站。浏览教育网站可以感受最前沿的理念,借助网络可以捕获最丰富的信息,可以表达最自由的思想,可以实现最广泛的交流,可以展示最个性的风采。

（2）"思"的能力。

绝大多数教师在新课程的适应中能不断总结、反思教学实践,这些结果表明教师专业发展的意愿较强。但是,他们仅仅停留在想做的层面上,还缺少要做的勇气和能做的素养。比如教学反思,绝大多数教师只满足于自由的形式,具体是什么样的形式、到底反思了什么问题、获得了怎样的理性认识、今后的教学实践如何改进等问题很少提及。教师片面地认为,教学反思是教学行为的附加物,而不是融于教学行为之中的。长此以往,反思的意识淡化,反思的习惯消失,反思的能力退化。

"思"的方法与措施:① 保证"面"的推进。"思"的内容有:教学目标,教学理念,教学方法,教学流程,教师行为,学生表现,学生热情、主动参与的效度,作业质量与评定,教学阶段小结,试卷分析。无论问题大小,只要是没有解决好的问题,就有反思的价值。②"思"要有一定的目的性和系统性,以及一定的深刻性和批判性。反思教学并不是单纯的教学经验的总结,而是教师以自己的教学过程为思考对象,对自己的教学行为、教学决策、教学结果进行审视和分析,从而找出教学中的优缺点,发扬优点,克服缺点,进一步提高自己教学能力与水平的过程。

(3)"写"的韧劲。

目前,绝大多数教师的写作需求是职称评定、考核加分等,写作状态停留在应付各级各类的论文比赛上,且都是等比赛通知下发以后才被动动笔的。读书和写作是教师修养的基本功。真正的"写",应该是个体的自发需要,源于个体积极表达和倾吐的需求。读书是内化,是吸收;写作则是外化,是倾吐。"写"的过程伴随思考、提炼、整合等多种能力的提升,其作用不言而喻。

"写"的方法与措施:① 及时写。学会做生活、工作中的有心人,将生活、工作中的小感悟及时写下来。开始可能只是一小段话,慢慢地要尽量写成完整的一篇文章。在文章中要写清楚写的原因,表达清楚主要内容。② 写教育随笔。学校要搭建内部平台,提倡教师写教育随笔、教学反思、教学案例等。每个学期,每位教师要围绕教育教学行为撰写两篇教学叙事、反思等,每篇不少于 2 000 字。每年度,学校可以组织一次正规的评比,邀请专家作为评委,组织颁奖仪式,掀起高潮,让教师感受到反思教育教学行为也能获得学校的认可和同事的尊重。③ 勇敢写。当有了一定的写作经验的积累,就要注意提高写作质量和水平。第一,注意写作的深度。第二,注意写作的鲜度。第三,勇于投稿。写成文章后,要敢于投稿。随着自己写作水平的提高,自然有杂志看得上自己的论文。

(二)归纳样本学校促进教师专业发展的模式,初步构建以学校为本的教师专业发展的复合型路径模型

1. 样本学校教师专业发展路径模型

(1)科研引领,专业深化探究。

学校通过制定完善的教科研管理制度和论文激励制度,激发教师在科研方面深化探究的兴趣和动力,让教师把管理经验文字化、纸张化,让教师拿起笔书写自己的经验心得。同时,学校打造书香校园,通过每学期每位教师一篇读书反思并且择优发表于《学习与探索》杂志,树立科研引领榜样,打造特色课程文化、特色课堂文化。

学校进行课题导航,以备课组为单位成立校级课题组,建立微课题研究资源库,成立省级课题研究小组,推进学校的课题研究工作。

学校关注教研课程进展情况,每周以级部备课组为单位进行教研活动,每月以全校备课组为单位进行校级教研活动,每学期选出比较好的教师进行文科、理科全校大教研,为教师的专业发展搭建学习平台。

学校还成立了校本课程研究小组，推广多项校本课程，在丰富学生知识的同时，引导教师在专业相关领域进一步研究和探索。

（2）典例引领，树立榜样。

学校进行了首席班主任评选，教学骨干评选，十佳师德标兵评选，十佳贡献标兵评选，三和教师、首席教师、魅力教师、优秀教师评选等活动。通过这些活动树立各种教师榜样，将榜样的事迹、做法等在公众号、校刊等平台宣传，在推进教师发展的同时，也为教师的发展树立目标。

学校通过制定完善的考评制度，进行多元化评价，形成研、训、教一体的教师专业成长发展机制。

2. 以学校为本的教师专业发展的复合型路径模型

我们在分析样本学校教师专业发展路径模型的基础上，归纳教师专业发展的共性和差异，结合各级各类政府和教育行政部门关于教师专业发展的法律法规，形成了以学校为本的教师专业发展的复合型路径模型，主要概括为以下六条路径：

（1）路径一：行动学习。行动学习是基本路径，可以促进教师对外来知识的吸收和分享。讲座、研讨会、短期培训、阅读可以为教育生命加温。

（2）路径二：自我反思。自我反思是重要路径，可以促进教师的自我理解和专业自觉。专业写作、教学反思能促使教师慢慢地摒弃外在的浮华和内心的浮躁，收获意想不到的惊喜。教师要努力实现一次跨越，实现从现场文本到研究文本的转变，努力从自己关注的事件和经验中解读出内在的学术意义和理论意义。

（3）路径三：教科研。教科研是通往职业幸福之路。要实现个人专业化成长的突破，最有效的方法就是从自己的实际出发，找到一个专业化成长的着力点，即研究的课题，然后坚定不移地走下去。每个教师都有自己专业发展的着力点，不管着力点是什么，最重要的是真正去钻研，这样才能使自己不至于沦为一个简单的劳动力和教书匠。

（4）路径四：制度引领和学校常规建设。制度引领和学校常规建设可以促进学校文化和教师文化的改进，是教师专业成长的点火器。在学校中，校长扮演着重要的引领教师发展的角色，他能让教师走上专注教学之路，对自己的教育人生充满期待。在教师专业技能的引领上，学校教研部门责无旁贷。学校教研部门要真正承担起对教师专业发展的引领责任，使教师的专业发展更快、更系统。

（5）路径五：教学观摩、磨课、校本课程开发。以实践为本的专业发展路径有教学观摩、磨课、校本课程开发。磨课，每一节课都精心准备，有40%的教师的专业成长道路是从磨课开始的。很多名师真正为众人所知，就是通过某一节公开课开始的。如果一个教师在课堂上能够让学生在聆听时感受到思想上的冲击,那么这不仅是教师的魅力所在,也是其价值所在。课堂是最能体现教师生命价值的地方。对教师来说,打磨课堂就是打磨自己的教育人生。

(6)路径六:追求卓越。追求卓越的职业生涯是永恒的路径,要做好职业规划,做最好的自己。当我们找寻到了成长的路径,有了成长的意愿的时候,就应该规划自己的专业人生,沿着适合自己的路径,通向那个最好的自己。教师要成为一个自我实现的人,就要学会终点思考,要有成名家的梦想,要制订个人成长方案,并按照这个方案执着前行。

教师专业发展的复合型路径模型如图 8-1 所示。

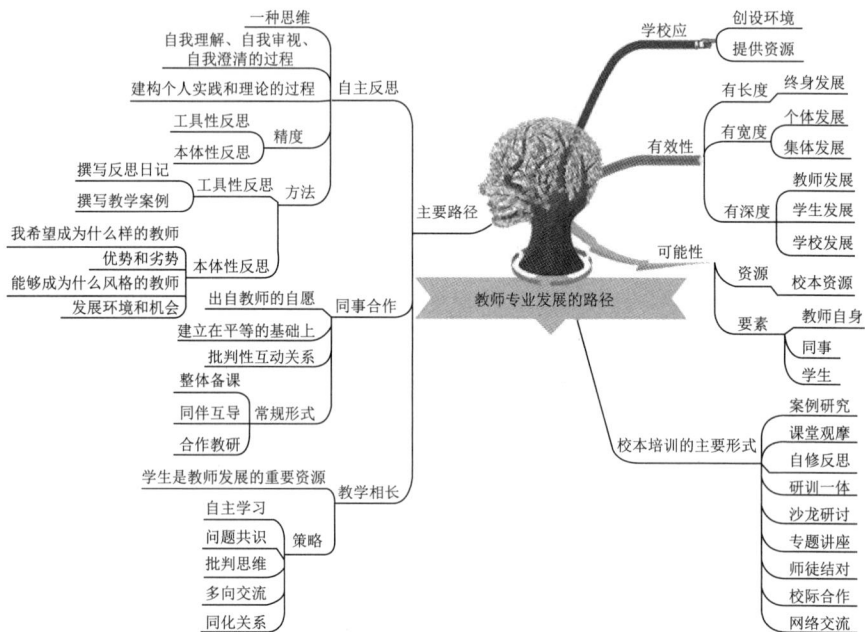

图 8-1 教师专业发展的复合型路径模型

模型构建稳中有变,即不同区域、不同学校可能情况不尽相同。

教师专业发展的复合型路径模型可以说比较全面、系统地概括了以学校为本的教师专业发展的复合型路径,主要包括自主反思、同事合作、教学相长、校本培训等,校本培训又有案例研究、课堂观摩、研训一体、沙龙研讨、校际合作等多种形式。

研究过程中,我们对教师教学智慧生成系统进行了总结,如图 8-2 所示。

教师教学智慧

生成 质变生成

高阶执行系统

体系化
实践性知识 ←→ 理论性
知识

策略计算
无限循环的量变过程
场化作用

教学反思

教学实践感

推动

生成 质变进化

策略计算
无限循环的量变过程
场化作用

中阶执行系统

新的教学经验 ←→ 理论性
知识

教学反思

教学经验

推动

教
学
场
域

动
力
系
统

生成 质变进化

初阶执行系统

策略计算

教学语言 ←→ 理论性
知识

无限循环的量变过程

教学反思

教学理智

推动

场化作用

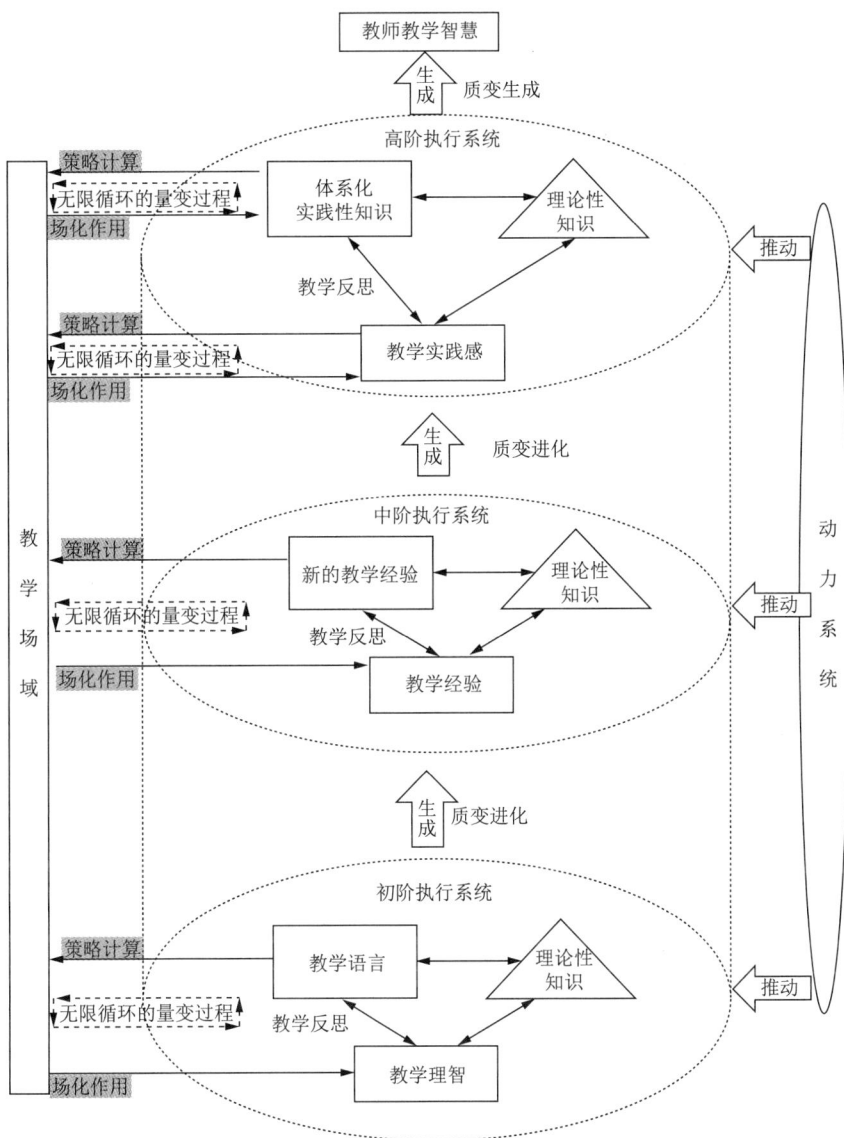

图 8-2 教师教学智慧生成系统的整体运行状态图

五、分析和讨论

通过对样本学校教师专业发展路径及运行机制的研究与探索，我们初步得出了研究结论，并积累了一定的经验，同时对如何进一步搞好后续研究，更好地促进教师的专业化成长有了一定的思考。现简要分析如下：

（一）初步构建了以学校为本的教师专业发展的复合型路径模型

以学校为本的教师专业发展的复合型路径模型是在研究样本学校教师专业发展路径模型的基础上形成的，具有较高的参考价值。以学校为本的教师专业发展离不开三个基本的要素。一是需求驱动、主动反思，即教师专业发展必须是基于教师自身的愿望与需求，源于教师专业发展的内驱力。二是同伴互助、专业合作，即教师个体专业发展的重要路径和标志在于如何通过同伴互助、专业合作提升基于情境的专业知识和智慧，情境知识的获得有赖于教师同伴为了实现知识共享而开展的专业合作。三是学校保障、支持制度。教师的专业发展是一个过程，需要学校有一套支持的制度，以保障此过程是专业的、可持续的，即教师专业持续的发展过程有赖于学校制度的保障和支持。

（二）初步形成了以案例研究为核心内容的校本教研机制且运行效果显著

校本研究形成的是一种以学校教学活动为本位的教师专业发展的培训机制：案例研究＋实践反思。研究的基本结构由校本培训和教师专业发展两部分构成，旨在探索校本培训和教师专业发展两个变量之间的关系，研究的切入点是教学案例的讨论与研究，以及教师个体专业发展案例的讨论与研究。

通过案例研究这个载体，落实了三位一体的三种对话，即教师与自己的对话、教师与同行的对话、教师与理论的对话。

重新设置了学校教学研究的运行机构，通过以案例分析、案例跟踪对比、案例归纳、案例创新四种结构统整的四种途径为主要内容的案例研究，构建和架设了理论与实践之间的桥梁，为教师提供了一个记录他人成长、反思自我成长和发展的空间，使教师更加明确教学改革的方向，也为教师分享教学、加强沟通与交流提供了一种有效的方式。

（三）促进了教师的发展

1. 思想得到了巩固

参与研究是教师专业素质和能力提高的有效途径，学校领导和全体教师已经开始体会到教师参与研究的作用和意义，教师教育理念的转变开始在教学实践中逐步显现出来。教师更善于对自己的课堂教学现象进行考察研究，并从中获取知识，改进教学；更乐意扮演教授者与研究者的双重角色，热心于把课堂教学实践与新成果、新理论联系起来，缩短教学理论和课堂实践的距离，增强教学过程中的自我意识、自我决策、自我评价。

2. 改进了教学行为,提高了教学水平

案例研究使教师通过对真实的、不确定的、复杂多变的教学情境的决策判断、分析反思,来培养教学智慧和教学实践能力。在研究过程中,教师既有成功的经验,又有失败的体验,在积累经验的过程中,教师对教学实践的理解也更为深刻。教师不仅开始关注理念更新,还开始关注行为改善,摒弃了陈旧的教学模式,积极探索和创新教学模式。青岛西海岸新区先后涌现出一批市优质课教师、市教学能手,还有多位教师执教了市级公开课、研究课。20 位教师参加了省级"一师一优课"比赛。西海岸新区教育呈现出你追我赶、百花齐放的课堂教学改革新局面。

3. 提升了反思能力和科研能力

研究过程中参研教师把样本及案例放在共性问题框架下去观察、分析,并运用现代教育观念、原则或理念来审视,把分析讨论的成果有效地迁移应用到对相关教育问题与观念的处理与探究中,提升了教育思维的深度、广度和高度。在研究过程中,教师还积极撰写论文,不断地记录课题的实施情况、写心得体会、进行分学科的教改实践,形成了一支研究型教师队伍。课题研究期间,样本学校教师发表论文 40 余篇。

(四)促进了学生的成长和学校的发展

通过课题的实施,学校领导、教师的观念得以更新,教师的素质也提高了,学生的发展更全面了。由于教师更加关注教学行为的科学性、教学实践的合理性,因此样本学校在不断减轻学生课业负担的同时,继续保持较高的教学质量。近两年的高考成绩,样本学校均居同类学校前列,而且在各级各类比赛和评优中多次获奖。

学校在课题的带动下,发展更快了。教科研意识深入人心,从学校领导到普通教师都积极投入课题研究之中,并对已结题的课题加以推广应用。

(五)建议

1. 针对自身研究的缺陷,提出需要改进的事项

(1)本课题需要加大时间跨度。教师的专业发展是一个持续的动态过程,是一个不断深化的过程。教师专业化是职业专业化的一种类型,需要教师在职业生涯中通过专门训练和终身学习逐步习得教育专业的知识与技能,并在教育专业实践中不断提高自身的素质,从而成为一位合格的专业教育工作者。教师专业发展与成长的研究需要我们加大时间跨度,我们将在此基础上持续深入地进行研究。

(2)在教师专业发展典型案例的选择上,扩大类型和范围。本次研究,对于

样本学校的选择倾向于生源质量较好、规模较大的学校,乡村学校只有一所,形成的复合型路径模型有应用借鉴的局限性;对于教师专业发展的个案研究,成功案例、名师案例等选择较多,反面案例几乎没有,我们不仅要从成功案例中总结教师成长的经验,还要从反面案例中得到警示,少走弯路,从而丰富复合型路径模型。

2. 根据研究结论获得的启示

"以学校为本的教师专业发展路径的研究"作为一项课题业已完成,但是要真正做到缩短理念与现实的差距,实现理论与实践的结合,还任重道远。基于本研究获得的经验和体会以及对其局限性的思考,我们提出了后续研究的课题"教师在反思中成长"。我们期望在本次研究的基础上,样本学校能够重视对教师专业发展的路径研究,对学校制度建设、整体规划进行思考、修正、细化和完善,从而更加科学地选择构建教师专业发展路径模型的方法和策略。

六、主要成果

(一)实践成果

1. 教师队伍建设不断加强

经过课题组两年的努力,样本学校逐步建立和完善民主、科学、规范的教育管理制度、教学常规制度、过程考核督导制度、对教师的发展性考评制度,建立了教师个人成长档案,搭建了教师成长的平台。

培养高尚师德,建立醇厚师风。成立师德建设领导小组,开展以党风促师风、师德标兵评选等活动。坚持立德树人,传承为人师表、爱岗敬业的教育文化。青岛西海岸新区第一高级中学开展了师德建设教育月活动,进行了"清廉从教,为人师表"主题教育,制订了德育培训方案等。

实施教师个人三年发展规划,完善教师发展培养机制。分批分层制订了学科名师、骨干教师和青年教师培养计划,增强了教师自主发展、特长发展的意识,强化了教师发展过程管理,落实了部门、学科目标责任制。

加强骨干教师队伍建设,打造学科教学共同体。青岛西海岸新区胶南第一高级中学对《西海岸新区胶南第一高级中学骨干教师、名师培养实施方案》进行了修订,加强了学科领军人物和名师队伍建设,通过"走出去""引进来",以及专家引领、课题带动、任务驱动、评优树先等措施,初步培养了一批学科领军人物。依据《青年教师培养方案》,开展好师徒结对活动,优化青年教师成长条件,开展青年教师讲课、教学反思评比等活动,强化青年教师的学习研究意识,提高青年教师的专业能力,增强青年教师爱岗敬业的意识,调动青年教师工作的积极性,增强青

年教师从教的职业幸福感。

2. 教师发展主动性不断提升

在学校的大力支持下，在各部门的有力帮助下，在课题组成员的共同努力下，学校教师的积极性不断提升。

各备课组按照贴近教学、贴近问题、贴近学生的标准，积极探索不同年级学生自主、合作、探究学习的组织实施策略和方法。关注学生最近发展区的研究，注重学科素养和能力的培养，开展示范课、过关课、公开课、同课异构等多种形式的全员推进式、常态化观评课活动，参加各级各类教学比赛，探索具有学科特色的课堂教学模式。各学校组织教师积极深入开展课堂教学研究，着眼于课堂效率的提高，拟订《学科课堂教学规划》，通过课前设计、课堂教学、课后落实、同伴互评、专家引领等环节，提升学科教师的教育教学能力和教学水平。改进教学手段，把教师熟练掌握并运用现代教育技术作为评课和考核的内容，逐步推进教学形式、教学方法和教学手段的多样化和现代化。

积极调动教师参与开发校本课程的积极性与创造性，开设面向学生个体自主发展的学校特色课程，完善特色课程体系。利用教学设施优势，构建促进学生全面发展的、适应不同学生个体差异的课程体系，搭建学生成才立交桥。课题研究期间，样本学校师生在各学科竞赛、各类评选以及创新发明等方面，在获奖规模、层次上均实现突破。这些结果既满足了高考改革对人才选拔的要求，又在激发学生兴趣爱好、开发学生潜能、培养学生创新精神和实践能力、促进学生全面而有个性地发展的教育探索上坚定了我们的信心。

3. 教师业务素质得到较大水平的提高

在本次研究过程中，参与课题研究的教师阅读了大量的理论专著和实践文章以及新课程解读方面的书报杂志，扩充了知识。教师在理论的指导下，注重探索，认真分析，在课题实施的每一个环节都实践探索，争取创新，使自己的实践能力有了较大幅度的提高。

本课题的研究与实施，进一步烘托了教研氛围。课题研究这个平台给课题组全体教师提供了一次难得的加强合作、互帮互助、共同提高的机会，因为在课题研究中，教师彼此之间既互相合作又互相竞争，既有争论又有共识，充分发挥了聪明才智，调动了工作积极性。按照课题研究的计划，要定时交流与反思，这使大家有机会博采众长，不仅业务能力得以提高，科研成果也较为丰硕。

4. 各项促进教师发展的规章制度的出台

在课题组的推动下,样本学校先后出台了《学科建设实施方案》《学科教研活动实施方案》等规章制度,提出了实现"四个促进"的目标:促进教师专业发展,培养一批学科核心人才;促进教育思想提升和教学方法改进,提高学科教学质量;优化课程管理,形成研究与创新、交流与合作、开放与多样的教学文化;促进学科信息化建设,提升教学资源共享和课程开发水平,实现学科全面均衡发展和办学实力整体提升。

立足高中教育发展,强化学科建设。学校拟订了学科三年发展规划,从课程建设、专业发展、科研创新和学科能力培养等方面,挖掘和整合学科优势资源,以建设优势学科为目标,提升学科课堂教学水平,构建样本学校课程体系,提高学科教学效能。注重学科教研职能的发挥,实施课题带动突破战略,实现学科建设、课题研究、课堂教学一体化。

5. 深化学校专业内涵

由于本课题的研究与推动,青岛西海岸新区第一高级中学于 2020 年下半年成功申报了"青岛市生物学科教师培训基地",青岛西海岸新区胶南第一高级中学成功申报了"青岛市物理学科教师培训基地"。各样本学校以科研为先导,以教学为中心,全面实施了课程改革,突出了办学特色,不断改革创新人才培养模式,走出了属于自己的品牌之路。教科研意识深入人心,从学校领导到普通教师都积极投入课题研究之中。近几年来,几所样本学校已顺利结题的课题有 18 项,目前已立项在研的课题有 16 项,参与课题研究的教师达 150 人。

(二)物化成果

(1)《以学校为本的教师专业发展路径调查问卷》及分析。

(2)《教师专业发展的一般规律的调查分析》。

(3)在课题研究的引领下,样本学校围绕校本教研、校本培训、校本课程、学校文化建设、教师专业发展和学生健康成长等方面,大力开展了教育教学研究,积极探索,勇于实践,立足实际,有效地促进了学校教育教学质量的全面提高。课题组依据学校实际情况,编写了多本校本教材。

(4)课题研究催生了样本学校课堂教学研究和教育教学改革的生命活力,并对西海岸新区高中学校有较大的影响,在新课改背景下涌现出多种学科的高效课堂教学模式及其他教育教学改革研究。

(5)课题研究带动了广大教师对教学课例进行研究与实践,形成了许多优秀

的教学课例。

（6）课题研究提升了样本学校教师的科研能力，样本学校教师在课题研究期间共发表论文60余篇，并将其汇编成了论文集。

（7）课题组人员著有自己的著作。

课题研究的引领，使教师不再是纯粹的教书匠，而成为课程的主动建构者，实现了教师引导教师走专业化成长之路，加强了教师对教材教法、课堂教学的研究。教师积极参加教育教学改革研究，撰写了教育教学研究报告和论文，成为反思型实践者。课题组成员在课题研究期间公开发表3篇论文，著有3本专著，主持或参与2项课题，共获得29项荣誉，进行了10次经验交流，执教了10节公开课、优质课或交流课。

七、不足与展望

1. 不足之处

（1）本研究选取了三个样本学校，由于样本学校的发展历史、文化底蕴不同，构建的以学校为本的教师专业发展的复合型路径模型难免有一定的局限性，其科学性、适用性有待于在实践中进一步检验。

（2）教师的专业发展是一个持续教师整个职业生涯的复杂过程，其中蕴含了每位教师独特的性格、背景、经历和智慧，是一幅由点点滴滴的生活片段组合而成的壮丽的人生画卷。我们对于教师专业发展路径的研究主要采取案例研究的方法，选取的案例有限，研究的时间有限，只能观察并分析部分教师的专业发展历程和各自最为突出的专业素质，无法进行全方位的研究。

2. 未来展望

（1）中国教师发展新动向（从智能教育到智慧教育，不少国家都在研究STEM教育）对本课题研究提出了新的问题。人工智能给教师角色带来了挑战，但教师仍然不可替代。问题驱动和理念引领是信息技术促进教育的双驱动。只有技术力量和资本力量远远不够，还要有思想的力量，因此需要智慧教育。

（2）追求好老师的梦想之路永无止境，只有合理规划自己的职业生涯，才能使教育智慧不断生成，达到走向成功的理想境界。本课题的研究过程具有较大的难度和挑战性，目前我们只做了一些实践层面的工作，加上各地区教师的情况参差不齐、个体差异较大，还有很多值得探讨的问题和不够完善的地方，教师专业实践中蕴藏的丰富智慧还有待进一步挖掘与细化。诚如我国著名特级教师陶继新所言："理想的教育永远在远方，那正是我们奔跑的方向。"

参考文献

[1] 顾明远,石中英.国家中长期教育改革和发展规划纲要解读[M].北京:北京师范大学出版社,2013.

[2] 蔡汀.走进教育家苏霍姆林斯基[M].北京:教育科学出版社,2009.

[3] 王君.一位青年教师的专业成长之路[M].北京:中国轻工业出版社,2012.

[4] 程振响.教师职业生涯规划与发展设计[M].南京:南京师范大学出版社,2009.

[5] 蔡伟.你也能成为特级教师[M].上海:华东师范大学出版社,2011.

[6] 孙向阳.教师教育科研最需要什么[M].南京:南京大学出版社,2010.

[7] 教育部教师工作司.中学教师专业标准解读[M].北京:北京师范大学出版社,2013.

[8] 张洪军.为自己定制竞争力:青年教师专业化成长规划[M].重庆:西南大学出版社,2015.

[9] 张海晨,李炳亭.高效课堂导学案设计[M].济南:山东文艺出版社,2012.

[10] 刘金玉.高效课堂八讲[M].上海:华东师范大学出版社,2012.

[11] 王斌华.发展性教师评价制度[M].上海:华东师范大学出版社,1998.

[12] 钟启泉,崔允漷,张华.基础教育课程改革纲要(试行)解读[M].上海:华东师范大学出版社,2001.

[13] 郑金洲.案例教学指南[M].上海:华东师范大学出版社,2000.

[14] 肖川.教育的智慧与真情[M].长沙:岳麓书社,2005.

[15] 孟繁华.中外基础教育改革与发展[M].北京:中央广播电视大学出版社,2002.

[16] 高文.现代教学的模式化研究[M].济南:山东教育出版社,2000.

[17] 教育部基础教育司.课程资源的开发与利用[M].北京:高等教育出版社,2004.

[18] 刘小徵.教育研究方法[M].北京:人民教育出版社,2003.

[19] Katherine K. Merseth.教学的窗口:中学数学教学案例集[M].鲍建生,等,译.上海:上海教育出版社,2001.

[20] 汤鉴澄,俞晓东.教学监控能力:从理论到实践[M].北京:人民日报出版社,2001.

[21] Mary, Kay, Stein,等.实施初中数学课程标准的教学案例:匹兹堡大学 QUASAR 研究成果[M].李忠如,译.上海:上海教育出版社,2001.

(注:2019 年 6 月至 2021 年 6 月,作者主持并完成了山东省教育科学"十三五"规划课题"以学校为本的教师专业发展路径研究",课题编号为 YC2019391)

第四篇

课堂教学:从"情境创设"到"情境+任务驱动+思辨"

　　情境是指能激发某种情感的环境。情境化课堂教学将实际生活引进课堂,帮助学生深入理解和掌握学科知识,激发学生的情感体验和创造性思维活动,以及学习兴趣和动机,促进其知识的建构转化和迁移应用,有效促进了课堂教学中深度学习的实现和教学目标的达成。新情境下的任务驱动教学创造了任务驱动、以学定教、学生主动参与、探索创新的新型综合学习方式,引领学生逐渐形成学科知识体系,注重符合学生认知规律,引导学生辩证分析、创新思维和组织语言,促进学生深度学习。一个人的认知水平和思辨能力决定了其做事效率的高低。思辨能力的培养能促进学科核心素养的发展,"情境+任务驱动+思辨"的课堂是我们的追求。

第九章
基于情境创设的深度学习实践研究

第一节　情境创设与深度学习简介

一、核心概念的界定

1. 情境与情境创设

目前,对于"情境"一词还没有确定的科学规范的定义。《辞海》对情境的解释是:"一个人在进行某种行为时所处的社会环境。是人们社会行为产生的具体条件。"《现代汉语词典》(第7版)对情境的解释是:"情景;境地。"综上,情境是指能激发某种情感的环境。情境中的环境包括多方面的内容,既包括真实存在的,又包括人们凭空想象出来的。真实情境更加突出真实性,是在一定时间一定地点真实发生的事情或由存在的事物构成的环境。

情境教学是指在教学活动中,教师根据教学目标,有目的地引入符合学生经验水平的生动具体的场景,将学科知识与相关场景联系起来,使学生产生身临其境之感,引发学生的情感体验,激发学生的学习兴趣,促使学生自主探究、主动建构知识,并将知识迁移应用于解决情境问题,提高学生学科核心素养的教学方式。《教育大辞典》把情境教学解释为:为了达成一定的目标,通过文字、图片等形式将环境引入课堂中,让学生产生某种情感并主动思考的教学手段。

我们将情境创设界定为:教师在教学活动中,根据具体的教学情况,以教学目标为导向,精选与教学内容有关的场景,通过一定的加工和调整得到适合在教学活动中呈现的内容,然后利用一定的教学手段和方式将场景呈现在课堂上,为学生的学习活动创造一定的环境,从而促进教学目标达成的教学活动。创设情境的目的是激发学生的情感体验和思维活动,以及学习兴趣和动机,促进学生知识的建构转化和迁移应用,帮助学生理解和掌握知识,从而促进教学目标的达成。

2. 核心素养

在基于情境创设的高中生物学深度学习实践研究中,核心素养具体是指课程标准中提出的普通高中生物学核心素养,包括生命观念、科学思维、科学探究、社会责任四个方面。生物学核心素养是学生在生物学课程学习过程中逐渐发展起来的,在解决真实情境中的实际问题时所表现出来的价值观、必备品格与关键能力,是学生知识、能力、情感态度与价值观的综合体现。核心素养的提出,使生物学教学更加注重学生生命观念的形成,更加注重学生能够运用科学的思维方法独立或合作探究来获取知识并解决问题,更加注重学生社会责任的提升。

3. 深度学习

深度学习的要点包括以下几个方面:① 积极主动地参与学习;② 深度理解知识;③ 批判性地对待学习,主动建构并整合知识;④ 着眼于知识的迁移,解决实际问题;⑤ 促进高阶思维的发展。由此,深度学习是指学习者能够对学习充满兴趣,积极主动地参与到学习中,并在该过程中通过各种方式深度理解知识,带着批判性的眼光看待知识,在已有知识的基础上建构新知识,从而形成完整的知识体系,最终能运用知识解决问题。

深度学习与浅层学习的区别见表9-1。

表9-1　深度学习与浅层学习的区别

比较项目	深度学习	浅层学习
学习态度	积极、主动,对学习充满兴趣	消极、被动,对学习感到厌烦
学习动机	学习者自身的需求	外界压力、功利性诱惑
记忆方式	理解记忆	机械记忆
学习策略	通过自主探究、合作交流等多元化方式主动学习	通过机械地模仿、照搬照抄的单一方式被动学习
知识体系	强调新知识与已有知识的联系,使新旧知识成为一个整体,新习得的知识是复杂、深层的非结构化知识	知识是零散、孤立的,新习得的知识是基本、浅层的结构化知识
迁移能力	能将知识迁移应用到实际生活中解决问题	不能灵活处理和应用知识

续表

比较项目	深度学习	浅层学习
批判能力	敢于质疑,批判性地审视、判断、接受事实和观点	缺少质疑,被动地接受事实和观点
反思状态	不断地进行自我反思,能及时调整学习方法	缺少反思
思维层次	高阶思维	低阶思维

二、国内外相关研究学术史梳理和研究动态

1. 对深度学习的研究

国外对深度学习的研究主要聚焦在以下三点：

（1）深度学习内涵研究。20 世纪 50 年代中期,深层次学习首次出现在教育学领域,布鲁姆在《教育目标分类学》中将认知过程划分为六个层次——记忆、理解、应用、分析、评价和创造。记忆和理解属于浅层次学习;应用、分析、评价和创造属于深层次学习。1976 年,美国学者弗伦斯·马顿（Ference Marton）和罗杰·萨尔乔（Roger Saljo）通过研究首次提出深度学习。之后,约翰·比格斯（John Biggs）从教师的角度对深度学习进行了深入的研究。2010 年,由美国研究院（AIR）组织实施的深度学习研究（SDL）项目对深度学习进行了概念界定,并与美国国家研究委员会（NRC）联合提出了深度学习能力框架。美国国家研究委员会还认为,深度学习是将知识迁移到其他情境中解决问题的过程。

（2）深度学习实践研究。2008 年,美国学者埃里克·詹森（Eric Jensen）和莱恩·尼克尔森（LeAnn Nickelsen）提出了深度学习路线（DELC）,该路线可以有效指导教师的教学活动。2010 年开始实施的 SDL 项目建立了实验学校,从课堂教学设计、学校结构和文化方面对深度学习的实施策略与途径进行了实践研究与分析。

（3）深度学习评价研究。深度学习最常用的评价方法是问卷调查法,眼球追踪法、概念图法、以国际学生评估项目为代表的学业成就评价、基于 SDL 深度学习能力框架的综合性评价也是国外常用的评价方法。

在中国知网以"深度学习"为主题词检索中文文献库,发现我国从 2016 年开始,与深度学习有关的文章开始增多,可见我国近几年对深度学习的重视程度,但检索到的文献中与生物学相关的文献却非常少。

通过分析大量的文献资料,我们发现,国内研究主要集中在两个方面：① 深度学习内涵研究。2005 年,何玲、黎加厚在《促进学生深度学习》中首次提出深度学习,并总结出深度学习的特点。王钰在《杜威的教育思想与深度学习》中明确阐述了深度学习的含义。张浩和吴秀娟对深度学习的概念、内涵、主要特征、理论基础进行了阐述和分析。郭华基于社会发展的现状,深刻地揭示了深度学习的内涵、特征、理论依据及价值。② 深度学习策略研究。段金菊在在线学习系统环境下构建了交互层次模型,指导深度学习的实现。此外,吴秀娟构建了深度学习一般过程模型,安富海从教学目标、教学内容、教学情境、效果评价四方面针对深度学习提出了教学策略。

通过对国内外有关深度学习的研究学术史和研究动态梳理和分析发现,国外已经有了通过建立实验学校进行深度学习的实践研究,而我国对深度学习的研究依然主要集中在理论分析上,极少有真正探索促进深度学习的教学实践研究。此外,已有学者认识到情境教学在深度学习中的重要性,这为本课题的研究提供了启发和借鉴,但缺乏聚焦在系统地通过情境创设促进深度学习的教学实践研究。

2. 对情境教学的研究

国外对情境教学的研究可以追溯到苏格拉底的"产婆术",夸美纽斯、卢梭、杜威、苏霍姆林斯基的思想中都体现出情境在教学中的重要性。20 世纪中期,洛扎诺夫提出了暗示教学法,情境教学被推向新的阶段。20 世纪 80 年代,对情境教学的研究主要涉及教育心理学领域和人类学领域。进入 21 世纪,"情境"成为 2001 年美国教育研究协会的年会关注主题之一。由此可见,国外学者很早之前就已经关注情境在教学中的重要性并将其应用于教学实践;国外对情境教学理论的研究取得的丰富成果,为我国情境教学的发展奠定了基础。

情境教学的思想在我国历史悠久,孟母三迁就是古代关于情境教学的典范。在现代,江苏省情境教育研究所原所长、情境教育创始人李吉林首次提出了情境教学。李吉林从 1978 年开始,经过 40 多年的探索,不断丰富和完善了情境教学的体系,使情境教学在教学中占据重要地位。李吉林的成果对我国情境教学的发展具有重要意义,不仅可以指导情境教学的开展,还可以启发教育家和中小学教师对情境教学进行新的思考,推动情境教学的深入研究。通过数据分析,我们发现关于情境教学的研究在 2004 年之后快速增多,2016 年之后更多,研究多集中在英语、语文学科,有关生物学科情境教学的研究很少,但生物学作为自然科学中的一门基础学科,情境创设是其教学的有效途径。

3. 对深度学习与情境教学结合的研究

通过知网检索,我们发现将深度学习和情境教学结合的研究从 2016 年才开始出现,研究主题主要集中在教学策略上,研究学段主要集中在中等教育上,研究

学科主要是数学、英语。由此可见,将深度学习与情境创设相结合,促进高中生物学深度学习的教学实践研究非常少,可借鉴之处不多。但在生物学中,情境创设可以有效促进课堂教学中深度学习的实现,促进生物学核心素养的达成,所以基于情境创设的高中生物学深度学习实践研究具有重要意义。

第二节　基于情境创设的深度学习实践

一、选题依据

1. 问题的提出

当今社会正处于飞速发展和不断变革的时代,信息量激增,信息更替速度远快于学习速度,所以仅靠机械记忆的消极被动的学习方式已经不能满足社会发展的需要。此外,当今世界已经进入人工智能时代,由于人工智能具有效率高、成本低、出错率低以及可以长时间工作等优势,各行各业的很多岗位都可以被人工智能取代。由此可见,仅靠机械记忆获取大量知识已不能满足当前社会的发展的需要。为了适应社会发展,教育培养的人才应是具有学会学习、意义建构、迁移应用、批判反思、运用知识解决实际问题能力和高阶思维的高素质人才。因此,教师必须改变满堂灌的传统教学方式,创新教学方式,促进学生深度学习。

生物学教学改革也在不断深化,以顺应时代发展的趋势。《普通高中生物学课程标准(2017 年版)》提出生物学教学要发展学生的生物学核心素养,包括生命观念、科学思维、科学探究和社会责任,这是教学活动的出发点和落脚点。深度学习注重学生的自主探究等多元化学习方式的形成、批判性思维的发展、迁移应用知识解决问题能力的提高,这与生物学核心素养的要求相符。

2019 年 6 月 11 日,国务院办公厅印发的《关于新时代推进普通高中育人方式改革的指导意见》指出:"积极探索基于情境、问题导向的互动式、启发式、探究式、体验式等课堂教学。" 2019 年 6 月 23 日,《中共中央　国务院关于深化教育教学改革　全面提高义务教育质量的意见》明确指出要重视情境教学。由此可见国家对情境教学的重视,而通过情境创设促进深度学习是落实教学改革的重要途径。

综上所述,时代发展呼唤基于情境创设的高中生物学深度学习,探索落实核心素养背景下基于情境创设的高中生物学深度学习更是势在必行。

2. 理论基础

（1）建构主义学习理论。

建构主义学习理论作为一种认知主义学习理论,强调学习不是学生被动接受的过程,而是在一定的社会文化情境中,学生依据自身已有的知识和经验积极主动地理解、加工、处理新信息并进行自我建构,最终形成复杂认知结构的过程。建构主义学习理论能很好地指导该课题的研究,主要体现在以下几个方面:

① 强调知识的建构。建构主义学习理论的观点为:学习不能忽略已有的知识,应该在新旧知识之间建立起联系,通过同化和顺应完成知识的意义建构。深度学习注重知识之间的整合,学习者需要将零散的知识整合成一个整体。通过情境创设,在情境中完成新旧知识的整合,建构知识的意义,可促进深度学习的实现。

② 以学生为中心。建构主义学习理论提出学生是教学的中心,在教学过程中应充分发挥学生的主体地位。深度学习要求学生参与学习过程时应该是积极主动的,而创设情境可引导学生积极主动地参与学习,充分体现学生是教学活动的中心。

③ 学习的结果是形成复杂的认知结构。建构主义学习理论的观点为,学习最终要形成解决和应对问题情境的内在经验系统,强调学生通过教师引导在情境中进行协商、对话,深层理解和掌握知识,能够运用新知识解决其他情境问题,实现意义建构。而深度学习要求学生能深层加工和理解更为复杂的概念和知识,并能运用知识解决问题。情境教学通过创设情境,促进学生进行意义建构,提高学生的问题解决能力。

（2）元认知理论。

弗莱维尔认为,元认知是指对自身认知进行自我觉察,对自身思维和活动进行自我计划,在此过程中不断地进行自我监控,并对监控结果进行自我调控。元认知是个体思维和意识的高度发展,是一种高阶思维。

元认知与深度学习相互促进。第一,元认知可以促进深度学习的实现。学习者通过对自身学习活动、思维的监控和调节,能够解决学习中存在的问题,从而深层次地理解知识,实现深度学习。第二,深度学习可以促进元认知的发展。深度学习强调学习中的反思,而反思是元认知概念的范畴之一,因此学习者能够通过对学习活动和思维过程的反思,在实现深度学习的过程中发展元认知能力。

（3）情境认知理论。

根据情境认知理论可知,知识是个体与情境相互联系和互动的产物。因此,

学习过程是指在特定的情境中,学生积极主动地参与学习,在与情境相互作用的过程中建构知识,解决问题,发展素养,真正实现有意义学习。

该理论与本课题结合,可以指导课题研究,具体表现在情境认知具有以下基本特征:

① 基于情境的行动。知识具有情境性,它是从情境中通过不断的探索和总结得来的,最终又应用于情境中解决问题,从而实现知识的意义建构。而深度学习强调问题解决,要实现运用知识解决问题这一最终目的,需要学生在情境中运用已有的知识建构新知识,并将其迁移应用到其他情境中。

② 合法的边缘参与,实践共同体的构建。为了完成复杂的活动,需要新手教师与专家组成实践共同体,新手教师先从事边缘性活动,专家从事核心性活动。在课堂教学中,师生可以看作一个实践共同体,在这个共同体中,教师作为专家,学生作为边缘参与者。教师通过创设情境,引导学生参与活动;学生通过独立或合作的探究性学习,获取知识并发展技能。深度学习是新手教师成长为专家的过程,需要共同体的构建。

3. 本课题相对已有研究的学术价值和应用价值

(1)学术价值。

本课题研究以情境教学理论为指导,为有效实现深度学习提供了新的思路。国内关于深度学习的研究主要集中在内涵和策略两方面,缺乏在教学实践中基于情境创设促进深度学习的研究。本研究将情境创设融入教学实践,通过构建合理的教学实践路径,促进深度学习的实现,进而促进学生核心素养目标的达成。探索核心素养背景下基于情境创设的高中生物学深度学习实践研究,对于继承和发展深度学习理论、丰富深度学习实现路径具有重要学术价值。

(2)应用价值。

本课题研究主要为在教学实践中实现深度学习探索新的更有效的路径。通过创设情境,让学生在特定的情境中与已有知识联系起来建构新知识,并将知识迁移应用,有效解决问题,从而有效实现深度学习。课题研究的最终目标是通过情境创设实现深度学习,发展学生核心素养。创设什么样的情境、如何创设情境、如何在情境下组织教学、在情境下组织怎样的教学活动才能促进深度学习的实现,这些问题的解决可以为教师的教学实践活动提供实践指导,有效促进深度学习的实现。此外,本课题研究会产生教学设计案例、教学实践案例等,可以为教师的教学实践活动提供实践参考。

4. 本课题相对于山东省乃至全国已立项的同类项目的新进展

（1）搜索和汇总山东省乃至全国与深度学习相关的研究。

通过搜索和汇总 2019 年到 2023 年近五年与深度学习相关的立项课题研究，我们发现，山东省每年约有 10 项，全国教育科学规划课题每年约有 5 项。通过梳理分析与深度学习相关的已立项课题，我们发现，研究方向主要包括深度学习的发生机制、教学策略、教学评价等，研究学科集中在语文、数学和英语三科。虽然与深度学习相关的研究不少，但在高中生物学中仅有两项，分别为山东省 2021 年的"主题单元教学：高中生物深度学习实践研究"和山东省 2023 年的"指向深度学习的高中生物学模型建构教学策略研究"，并且没有将深度学习与情境结合在一起的研究。

（2）搜索和汇总山东省乃至全国与情境相关的研究。

通过搜索和汇总 2019 年到 2023 年近五年与情境相关的立项课题的研究，我们发现，山东省每年有近 10 项，全国教育科学规划课题五年内总共有 6 项。通过梳理分析与情境相关的已立项课题，我们发现，研究方向主要是情境教学的策略或实践研究，研究学段主要是中学。虽然与情境相关的研究不少，但在高中生物学中仅有一项，为山东省 2023 年的"基于 SOLO 分类理论的高中生物学情境试题命制策略研究"；将情境与深度学习结合的研究仅有一项，为山东省 2020 年的"AI 情境感知下学生深度学习层级化效能评估模型建构与实践研究"。

基于以上分析可知，目前不乏关于深度学习或情境的研究，但将深度学习与情境相结合的研究非常少，近几年只有"AI 情境感知下学生深度学习层级化效能评估模型建构与实践研究"这一项。在生物学教学实践领域，将二者结合而促进深度学习实现的研究很是缺乏。将二者结合可以有效促进深度学习的实现，对生物学教学具有重大意义，所以核心素养背景下基于情境创设的高中生物学深度学习实践研究势在必行。本课题研究基于高中生物学的特点，在核心素养的指导下，将情境创设融入课堂教学，构建教学实践路径模型，为在高中生物学教学中实现深度学习探索一条有效路径。

二、研究内容

1. 研究对象

本课题的研究对象是高中生。在核心素养指导下，我们将理论与实践相结合，积极探索通过创设情境促进高中生物学深度学习实现的课堂教学实践路径，为实现学生深度学习提供理论支持和实践指导，从而有效实现深度学习，促进学生核心素养的发展。

2. 总体框架

本课题从理论研究出发,在理论指导下创新性地构建核心素养背景下基于情境创设的高中生物学深度学习实践路径模型,依据模型进行教学实践,通过对实践结果的评价和分析形成理论成果,具体研究内容如图9-1所示。

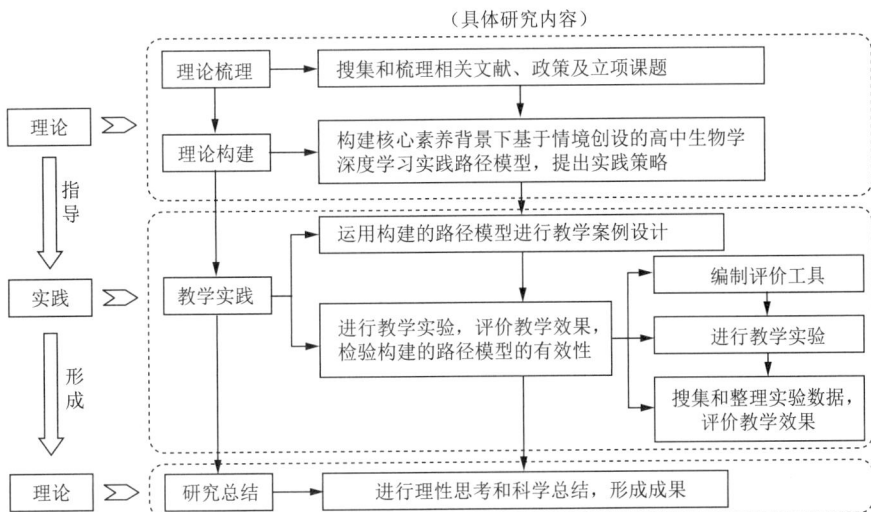

图9-1　总体框架及具体研究内容

（1）搜集和梳理相关文献、政策及立项课题。

通过搜集、分析与深度学习相关的大量文献,对深度学习的相关理论进行梳理,界定深度学习的概念,全面归纳、概括深度学习的特征,可以为实现深度学习奠定理论基础。深度学习以浅层学习为基础,只有通过浅层学习获取部分基础知识,才能有效进行深度学习。所以,将深度学习与浅层学习进行梳理和比较,可以加深对深度学习的认识,为有效实现深度学习奠定基础。通过搜集、分析与情境创设相关的大量文献,对情境创设的相关理论进行梳理,界定情境创设的概念,并概括情境创设的特点,可以为合理创设情境进而实现深度学习奠定理论基础。

通过对当前政策的分析,把握国家的育人方向以及高中生物学科的育人要求,可以使课题研究有效发展学生的生物学核心素养,使培养的人才符合时代发展的需求,满足国家对人才的要求。

通过对山东省乃至全国教育科学规划立项课题的汇总和分析,可以了解与本课题相关的已立项课题的情况,使本课题的研究具有新角度、新思路、新成果、新

价值。

（2）构建核心素养背景下基于情境创设的高中生物学深度学习实践路径模型，提出实践策略。

为了更好地基于情境创设达成深度学习，我们在通过前期理论分析对深度学习有了充分了解的基础上，借鉴美国学者埃里克·詹森和莱恩·尼克尔森提出的深度学习路线以及吴秀娟提出的深度学习的一般路线等深度学习过程模型，创新性地构建了深度学习的一般过程模型。在生物学核心素养指导下，我们基于对深度学习教学模式的分析，将情境创设的理念融入深度学习一般过程的各个环节中，创新性地构建出实现深度学习的课堂教学实践路径模型，使情境创设可以有效激发学生兴趣，并促进学生深度理解、自主探究、建构知识、批判反思、迁移应用、解决问题，从而有效实现深度学习。

为更好地运用构建的路径模型进行教学实践，我们从内容组织、情境选择、活动组织、问题引导、教学手段、评价反思等方面提出了实现深度学习的教学策略。

（3）运用构建的路径模型进行教学案例设计。

运用构建的路径模型进行教学案例设计，典型的教学案例可以为后面进行教学实践提供参考。典型教学案例除了包括教材分析、学情分析、教学目标、重点难点、教学过程之外，还要重点从学习态度、学习动机、记忆方式、学习策略、知识体系、迁移能力、批判反思能力等深度学习的各维度分析每个案例所要达到的深度学习水平，并进行案例情境的分析与设计，使情境具有真实性、适切性、整体性。

（4）进行教学实验，评价教学效果，检验构建的路径模型的有效性。

① 编制评价工具。

A. 编制前测和后测试题。依据课程标准的要求、深度学习的要求和研究目的，结合高中生的年龄特点，编制前测和后测试题，然后参考专家、学者及一线教师的建议不断修改完善，并检验其信度和效度，最终完成前测和后测试题的编制。前测试题主要用于检测学生已有的知识基础，验证实验班和对照班学生的同质性。后测试题主要用于检测学生的知识掌握、自主探究、联系整合、迁移应用、批判质疑等情况，从而了解学生的深度学习水平。因此，后测试题的设计以情境问题为主，关注探究性、综合性，通过为学生创设一个情境，让学生提取加工信息，通过自主探究解决问题，从而有效检测学生深度学习的情况。

B. 编制高中生物学深度学习情况评价量表（前测和后测）。依据课程标准和深度学习的要求，同时参考文献资料中的评价量表和专家建议，选定深度学习的研究维度，针对每一维度设计问题，对设计的问题进行归纳整理，并检验评价量表的信度和效度，最终完成高中生物学深度学习情况评价量表（前测和后测）的

编制。

　　② 进行教学实验。

　　在教学活动之前,将学习水平相近的平行班随机均分为实验班和对照班,利用前测试题对实验班和对照班的学生进行测试,检查学生对相关知识的掌握情况。利用高中生物学深度学习情况评价量表对实验班和对照班的学生进行后测,检测学生的深度学习水平。

　　教学过程中,实验班运用基于情境创设的深度学习实践路径教学。将构建的路径模型应用于教学实践中,使教学活动在情境中生成任务,激发、强化学生的学习动机,然后以情境为主线,以问题为驱动,促使学生通过主动参与、自主建构、批判反思、探索创新、迁移应用等完成既定的情境任务,逐渐建构学科知识体系,实现深度学习,发展核心素养。对照班运用教师进行传统讲授的常规教学。课题组定期开展深度学习课例交流和展示,大家集思广益、相互学习。

　　在完成教学活动之后,分别对实验班和对照班利用后测试题进行测试,以检查学生的学习水平,进而反映学生的知识理解、联系整合、迁移应用等情况。此外,再次向学生发放高中生物学深度学习情况评价量表,对实验班、对照班进行后测,调查学生学习态度、学习动机、学习策略、批判反思等维度的发展水平。

　　③ 搜集和整理实验数据,评价教学效果。

　　通过对比实验班与对照班各项测试数据,分析实验班与对照班是否具有显著差异;通过对比实验班的前测和后测数据,分析学生在深度学习各维度的发展情况,从而评价教学效果,检验构建的核心素养背景下基于情境创设的高中生物学深度学习实践路径模型的有效性。

　　初步假设:基于情境创设的高中生物学深度学习教学能够激发学生学习兴趣和学习动机,促进学生对知识的理解,提高学生迁移应用知识解决实际问题的能力、批判反思能力、知识联系整合能力,并促进学生通过多元化的方式进行学习,从而有效实现深度学习,发展核心素养。

　　(5)进行理性思考和科学总结,形成成果。

　　通过对教学实践效果的分析,评价学生的深度学习水平,总结构建的路径模型的有效性,针对教学实践中存在的问题进一步总结和反思。对该课题研究中的所有资料进行汇总和整理,包括构建的理论模型,以及教学实践过程中获得的数据、照片、学生作品等,通过理性思考和科学总结上升到理论高度,撰写研究论文和研究报告,汇编教学案例集和实验经验集,形成课题研究成果。

3. 重点难点

(1)梳理与深度学习和情境创设相关的理论。

理论的梳理对本课题的研究至关重要。通过文献梳理，一方面可以深入把握深度学习和情境创设的内涵，这是本课题研究的基础。只有充分认识深度学习，才能明确实现深度学习的出发点和落脚点，这样本课题的研究才有价值。另一方面可以精确地了解与本课题相关的研究的现状，从而确定新的切入点，创新性地确定研究课题，使本课题具有充分的学术价值和应用价值。

此外，国内外与深度学习、情境创设相关的文献量都是巨大的，对大量文献进行梳理和分析有很大的难度，这是本课题研究的难点。

(2)构建基于情境创设的高中生物学深度学习实践路径模型。

构建模型是本课题研究的主要内容之一。本课题的研究旨在通过构建模型促进深度学习的实现，为高中生物学教学提供理论指导和实践指导，因此构建模型是本课题研究的重点。

此外，构建模型是本课题研究的主要创新点，需要在对深度学习和情境创设有充分认识、对课堂教学实践有充足经验、对高中生有充分了解的基础上，将情境创设合理应用于深度学习一般过程的各个环节，这样才能有效实现深度学习。这也是本课题研究的难点。

(3)运用教学实践检验核心素养背景下基于情境创设的高中生物学深度学习实践路径模型的有效性。

运用构建的课堂教学实践路径模型进行实证性研究，实验班采用基于情境创设的深度学习实践路径进行教学，对照班进行常规教学。通过对实验班和对照班前测和后测结果以及高中生物学深度学习情况评价量表(前测和后测)的结果进行分析，可以有效检验核心素养背景下基于情境创设的高中生物学深度学习实践路径模型的有效性。教学实践是本课题研究的重点，是检验构建的路径模型有效性的主要依据。教学实践可以使构建的路径模型体现出价值，进而体现出本课题研究的价值。

此外，教学实践涉及较长时间的实验班和对照班数据的对比分析，时间长、任务量大、数据量大，还需要编制具有较好的信度和效度的评价工具，并对评价结果进行详细的对比分析，因此教学实践具有较大的难度。

4. 主要目标

(1)通过本课题研究，在核心素养背景下，将情境创设有机融入深度学习过程中，构建有效的基于情境创设的高中生物学深度学习实践路径模型，并提出教

学策略。

（2）将构建的基于情境创设的高中生物学深度学习实践路径模型运用到教学实践中，为教师进行促进深度学习的教学活动提供实践指导。教师在构建的路径模型和提出的教学策略的指导下开展教学活动，从而有效提高教学质量。

（3）将构建的路径模型应用到教学活动中，激发学生学习兴趣，激发学生学习动机，促进学生对知识的理解，提高学生迁移应用知识解决实际问题的能力、批判反思能力、知识联系整合能力，并促进学生通过多元化的方式进行学习，最终使学生实现深度学习，发展核心素养。

（4）通过查阅深度学习和情境创设的文献资料，对深度学习和情境创设的研究现状进行梳理，找出当前研究中存在的问题和不足，并对深度学习和情境创设进行概念界定，分析深度学习与情境创设的特点以及二者之间的关系，为教师今后进行相关研究提供理论参考。此外，本课题的研究思路、过程和结果，能为今后与深度学习相关的研究提供借鉴。

（5）通过本课题研究成果的推广，提高各学校对深度学习的重视程度，加强教师对深度学习的认识，从而积极推动深度学习的研究和落实，使培养的学生真正成为当今社会所需要的具有学会学习、意义建构、迁移应用、批判反思、运用知识解决实际问题能力和高阶思维的高素质人才。

三、研究思路和方法

1. 研究的基本思路（技术路线）

本课题研究遵循教师思维习惯，发挥教师的实践优势，建立理论—实践—理论研究路线。首先通过资料分析，以理论为指导构建基于情境创设的高中生物学深度学习实践路径模型，然后将该路径模型运用到教学实践中，通过实践结果，分析得出结论，最终形成研究成果。具体研究的基本思路内容如图9-2所示。

2. 具体研究方法

（1）文献研究法。

通过中国知网等学术平台，广泛搜集国内外与深度学习和情境创设相关的文献，并进行整理和分析，全面把握深度学习和情境创设的相关概念、理论基础、操作流程和实施关键，为本课题研究提供理论支撑和指导。

（2）行动研究法。

行动研究是为行动而研究，在行动中研究，由行动者研究。行动研究操作步骤大体涉及确定问题、制订计划、采取行动、实施考察、进行反思等环节。本课题

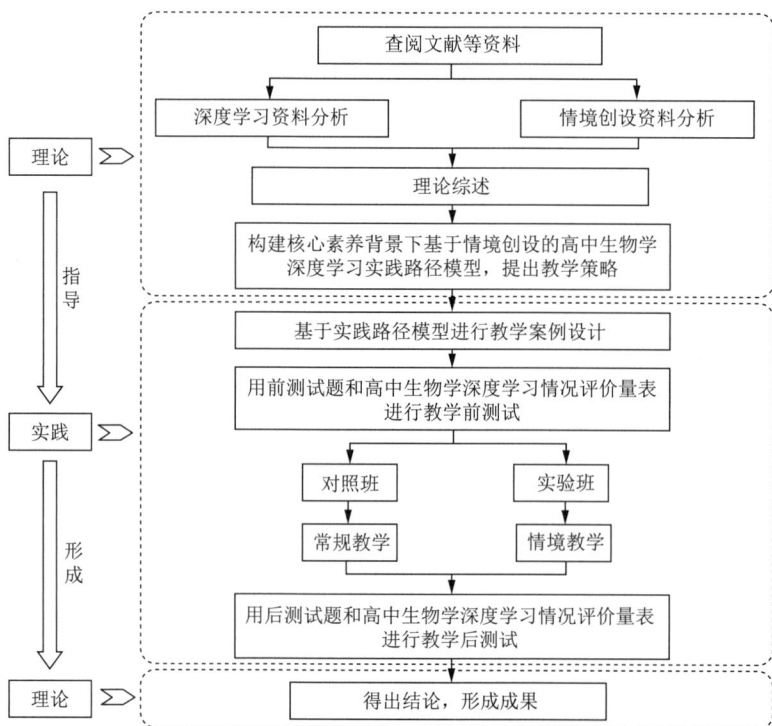

图 9-2　研究的基本思路（技术路线）

是从课堂教学实践中对深度学习的认识和落实不足等问题出发，确定主题，通过理论分析，构建基于情境创设的高中生物学深度学习实践路径模型，然后将该路径模型应用到教学实践中，通过教学效果分析得出结论，并进一步反思和完善。本课题研究是一种变革、改进、创新，是一个解决问题和创造教育实践新形态的过程。

（3）教育实验法。

构建核心素养背景下基于情境创设的高中生物学深度学习实践路径模型，并将其应用于教学中进行实践检验，实验班采用基于情境创设的深度学习实践路径进行教学，对照班进行常规教学，在授课前进行前测，在授课后进行后测，通过对比分析了解学生深度学习的情况，检验基于情境创设的高中生物学深度学习实践路径模型的有效性。

（4）调查法。

在正式教学之前，通过高中生物学深度学习情况评价量表进行前测，了解本课题样本学生的学习动机、获取知识的方式和记忆方式等，教学后通过高中生物

学深度学习情况评价量表进行后测,对实验班和对照班的深度学习效果进行比较分析。

（5）合作研究法。

运用合作研究法,充分发挥团体的研究合力,促使研究目标具体化,引导本课题组成员在课题研究的总体框架内发挥个性研究优势,使课题在实质性推进中保持一种深度发展的态势。

（6）案例研究法。

案例研究的目的是考察特定事件或事物的发生和变化。本课题依据构建的高中生物学深度学习实践路径模型进行教学案例设计,实施教学案例实践研究,并对案例进行结果分析,从而得出结论并进一步完善路径模型。

3. 研究计划

（1）准备阶段（2023 年 12 月至 2024 年 3 月）。

确定选题,完成前期调查、论证,成立课题组,制订课题研究的具体实施方案,申报立项。

① 查阅文献等资料,了解深度学习和情境创设研究现状,掌握与深度学习和情境创设相关的理论。

② 召开课题组研究人员会议,明确研究目标和任务,做好与课题相关的资料的收集与整理工作。

③ 课题组的每一个成员在教学活动中都积累了丰富的经验,愿意通过本课题的研究,将自己的经验进行梳理并上升到一定的理论高度,进一步去发现、探索、研究,为促进深度学习的实现提供更多的思路。

④ 邀请有关专家对本课题的研究思路、框架进行论证。

⑤ 撰写开题报告,制订课题研究总体实施方案。

（2）实施阶段（2024 年 4 月至 2025 年 9 月）。

全面实施研究,分阶段落实研究目标和任务,根据研究进程和实施情况,召开学术研讨会、成果报告会或中期展示会。

① 课题组教师学习与课题有关的文献等资料,根据研究方案开展实质性的研究活动。

② 进行学情、教情现状调查与分析,完善课题研究的总体实施方案。

③ 构建核心素养下基于情境创设的高中生物学深度学习实践路径模型,并根据此路径模型设计案例,制订活动方案并组织实施。

④ 深入调查,进行案例研究,形成教学实验报告。

⑤ 对成果进行评价，及时总结课题研究的经验和教训，不断改进研究方案。

⑥ 做好有关实验信息、数据的记录、统计、分析、汇总、建档等工作，及时总结研究中存在的实际问题，并随时向上级相关部门反馈实验进展情况，邀请专家进行指导。

（3）总结阶段（2025 年 10 月至 2025 年 12 月）。

在不断深入研究的基础上，及时进行理性思考和科学总结，举行课题鉴定和成果发布会，汇编相关研究专题集，完成课题研究报告。

① 对研究工作进行全面总结，并进行总结性评价。

② 汇编论文集、实验经验集和教学案例集。

③ 对所获得的资料进行整理，用科学的方法进行统计、分析、汇总，上升到一定的理论高度，撰写研究论文和课题研究报告并装订成册，完成成果的整理工作。

④ 向上级相关部门申报课题研究成果，申请结题，做好结题工作。

4. 可行性分析

（1）课题研究方向。

核心素养指导下，深度学习对学生学习过程中各方面的水平提出了更高的要求，包括积极主动学习、知识深度理解、知识主动建构、信息整合、批判反思、知识迁移应用等。通过创设情境，可以激发学生的学习兴趣；在情境中通过直观的形式呈现知识，有利于学生对知识的理解；针对情境中的问题组织学生活动，可以提高学生探究能力、信息整合能力；教师引导学生分析和判断探究结果，可以培养学生的反思能力和批判性思维；通过运用所学知识解决情境中的问题，可以提高学生迁移应用知识解决实际生活中的问题的能力。由此可见，情境创设以其极大的优势可以有效促进深度学习的实现，如图 9-3 所示。

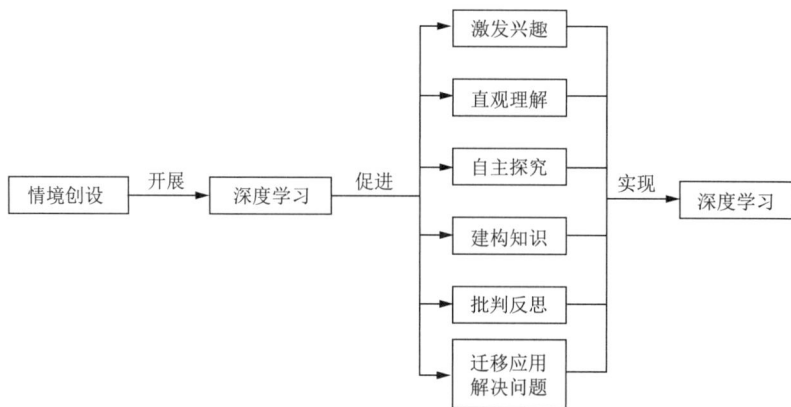

图 9-3　核心素养背景下基于情境创设的高中生物学深度学习实践研究的可行性分析

（2）课题组成员。

本课题组由专家型教师、骨干教师和青年教师组成。课题负责人具有丰富的科研经验和较高的科研能力，近5年主持并完成省级及以上课题2项，参与省级及以上课题2项，公开发表教育教学论文十几篇（多篇论文发表于全国中文核心期刊《中学生物教学》《生物学教学》），撰写专著2部，主编图书1部，其中部分研究内容与本课题的研究方向相关，为本课题的研究奠定了基础。此外，骨干教师具有丰富的一线教学经验，教学成绩突出。青年教师精力充沛，教学热情，且部分课题组成员之前对深度学习理论、情境教学理论有深入的研究。所以，在专家的带领下，各位优秀的课题组成员结合前期相关研究，明确分工、通力合作，可以顺利开展课题研究，并将取得丰硕的研究成果。

5. 聚焦核心素养目标的教学实践策略

（1）目标是核心素养的"航标"。

目标是教学活动的出发点和落脚点，是教学活动的指向标。因此，教学活动要最终达成核心素养目标，首先要确立指向核心素养的目标。课程标准要求通过生物学教学，使学生形成生命观念，发展科学思维和科学探究能力，并增强社会责任意识。通过确立指向核心素养的目标，可以使教学活动有方向、有目标，为发展核心素养提供有效的前提。

（2）情境是核心素养的"土壤"。

核心素养背景对学生的素养发展提出了更高的要求，也对教师的教学提出了更高的要求，教师要改进教学方式促进学生核心素养的发展。情境是教师通过一定的手段，利用相关的教学素材营造的促进学生情感体验的学习环境和氛围。学生沉浸在情境的"土壤"中，可以提高学习兴趣，通过独立或合作的探究学习主动建构知识，发展科学思维，提高发现问题、解决问题等的科学探究能力，以及应用知识解决实际问题的能力。因此，在教学中创设情境，为学生提供氛围和情感基础，可以使学生更自由、更主动，从而有效促进核心素养的发展。

（3）问题是核心素养的"引擎"。

学习是一个发现问题、分析问题和解决问题的过程。问题不仅可以激发学生的学习动机，还可以引导学生自主探究并解决问题，从而促进核心素养的发展。此外，在运用外界的新信息解决问题时，学生需要对外界信息进行选择，只有选择合适的、有价值的外界信息才能有效建构新知识，而问题可以引导学生明确信息选择的方向，使他们有选择地注意并提取外界信息，为知识建构奠定基础。因此，教师要引导学生发现问题，在问题的驱动下自主探究并解决问题，从而有效促进核心素养的发展。

（4）活动是核心素养的"途径"。

学生活动是发展核心素养的必要途径。教师通过组织学生活动，让学生通过自主思考、小组讨论、动手操作等活动主动建构知识，在获取知识的基础上发展科学思维和科学探究能力，提升解决实际问题的能力、合作交流能力，发展批判性思维，从而有效促进核心素养的发展。

（5）思维是核心素养的"关键"。

核心素养要求学生学会学习，学会学习即成为有思想、有创造力的人，从而增强学习意识，自主选择学习方法并调控学习进程。此外，科学思维作为生物学核心素养之一，就是尊重事实和证据，崇尚严谨和务实的求知态度，运用科学的思维方法认识事物、解决实际问题。因此，思维是核心素养的关键，教师要引导学生独立思考，促进思维的发展。

（6）应用是核心素养的"归宿"。

核心素养最终要求学生能应用知识解决问题。获取知识不是目的，获取知识是为了应用知识，从而体现出知识的价值，因此在课堂教学中教师要组织学生应用知识。一方面，将生物学知识与实际生活联系起来，引导学生解决真实情境中的问题，提高学生应用知识解决实际生活问题的能力。另一方面，教学活动中要注重知识应用环节，提升学生应用知识的能力。

综上，在核心素养目标的指导下，我们通过设立目标、创设情境、问题驱动、活动探究、发展思维、应用知识等有效的教学实践策略，使学生逐步形成正确的价值观、必备品格和关键能力，促进深度学习的实现，有效发展学生核心素养。

6. 研究策略

（1）理论梳理策略。

通过收集国内外大量相关资料并进行整理、分析，梳理出深度学习和情境创设的研究史和研究现状，并通过总结大量学者对深度学习和情境创设的研究和描述，对深度学习和情境创设进行概念界定，分析基于情境创设的高中生物学深度学习的适切性。

（2）模型构建策略。

依据深度学习的特点和情境创设的特点，以及对深度学习教学模式的分析，将情境创设的理念融入深度学习一般过程的各个环节中，构建核心素养背景下基于情境创设的高中生物学深度学习实践路径模型。

（3）教学实验策略。

依据构建的路径模型开展教学实验，将研究的平行班随机均分为实验班和对照班，实验班运用基于情境创设的高中生物学深度学习实践路径进行教学，对照班进行常规教学，并且同一组实验的实验班和对照班由同一位教师进行教学。通过对实验班和对照班的对比分析，检验构建的路径模型的有效性。

（4）深度学习评价策略。

在正式进行教学之前，通过前测试题检查实验班和对照班学生对相关知识的掌握情况，通过高中生物学深度学习情况评价量表检测学生的深度学习水平。在完成教学活动之后，分别对实验班和对照班发放后测试题进行检测，以检查学生的学习水平，进而反映学生的知识理解、联系整合、迁移应用情况。此外，再次向学生发放高中生物学深度学习情况评价量表，对实验班、对照班进行后测，调查学生的学习态度、学习动机、学习策略、批判反思等维度的发展水平。通过对比实验班与对照班的测试题前测和后测数据以及高中生物学深度学习情况评价量表前测和后测数据，分析实验班与对照班是否具有显著差异；通过对比实验班高中生物学深度学习情况评价量表前测和后测数据，分析学生在深度学习各维度的发展情况，如图9-4所示。

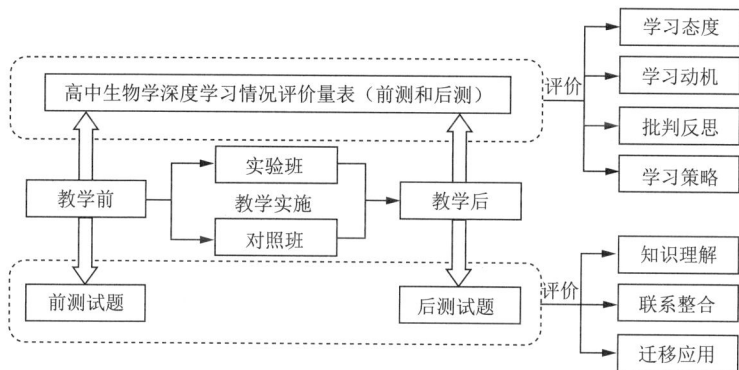

图9-4　深度学习评价策略

指向深度学习的课堂教学设计策略如下：让学生自主制定课堂规范，制订教学计划；更多地使用身边的现实问题；给教学任务设置明确的时限；请学生动手写下具体问题清单；有价值的问题追问三次；用最精准的表达来回应；按照学习目标来确定学习小组；强调并引入适度的竞争；始终关注课堂各个细节；给学生创设更多的指导别人的机会；让学生讲给两个以上不同的同伴听；课堂讲求开放性和探讨性，让学生在思考、总结或者发问时，列出最优的三个选项而不是单一的选项，鼓励多元化并注重分清轻重缓解;预设好足够的、有价值的、个性化的知识的迁移点;创建单元知识的"学习菜谱",并标明哪些是"主菜",哪些是"凉菜";限制书写或表达的字数,强化大概念思维,提升总结和概括能力;让每个学生认清自己的强项和短板、优势和弱点,引导学生透彻、准确地分析、思考并剖析自身;巧妙设置适当的讨论分歧点,点燃学生学习和思考的热情,并预设处置办法;尝试让学生自己命制试题,如果学生能够命制出高质量的测试题目,那么他们对知识的理解就已经很深刻、很系统了;课堂上经历的回答错误、思维断档等"失败"没有必要回避,而应仔细分析我们的课堂哪些环节是失败的,尽快加以调整;建立基于个体的多渠道课后追踪制度,给深度学习的课堂提供更长的空间环和时间链。

四、创新之处

(1)创新了学术思想。

根据高中生物学的特点,在核心素养的指导下,本课题创新性地将情境创设融入深度学习的教学实践中,通过情境创设激发学生学习兴趣,促进学生直观理解、自主探究、建构知识、批判反思,并提高学生迁移应用知识解决实际问题的能力,为促进深度学习的实现提供一条新的有效路径。

(2)构建了应用理论。

将情境创设运用到深度学习教学模式中,构建出基于情境创设的高中生物学深度学习实践路径模型,并提出教学策略,根据构建的路径模型和提出的教学策略进行教学实践,以期有效促进学生深度学习的实现。

(3)研究了实践案例。

依据构建的高中生物学深度学习实践路径模型,实施大量教学实践案例研究,形成案例结果分析报告,根据结果分析得出结论并进一步完善,为今后的教学实践提供案例参考。

(4)评价方式多样。

在基于情境创设的高中生物学深度学习实践路径模型有效性的验证中,运用多样化的方式进行评价,利用前测和后测试题以及高中生物学深度学习情况评价量表(前测和后测)不仅可以评价学生的学习成绩,还可以评价学生的学习态度、学习动机、批判反思、学习策略等维度的水平,最终得出结论。

五、预期成果

1. 成果形式

预期构建的核心素养背景下基于情境创设的高中生物学深度学习实践路径

模型如图 9-5 所示。

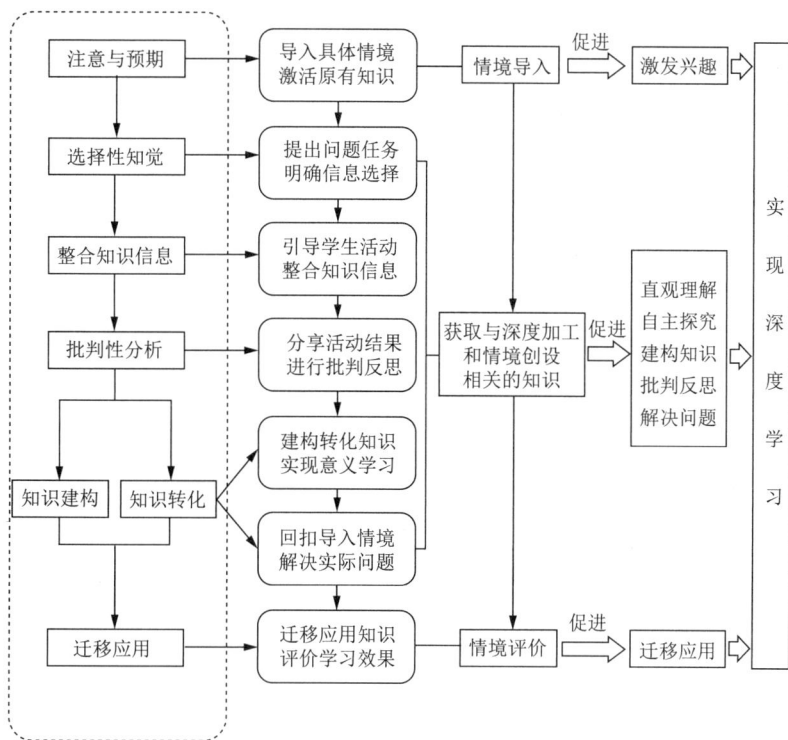

图 9-5　核心素养背景下基于情境创设的高中生物学深度学习实践路径模型

（1）情境导入（创设）。

导入具体情境,激活原有知识。导入关系着学生是否能把注意力放到课堂上,全身心投入学习中,直接影响学生后面的学习效果。深度学习强调学生积极主动地学习,导入是激发学生学习兴趣的首要环节,通过创设情境使课堂生动有趣是导入的有效措施。因此,该环节教师的主要任务是根据单元情境,选择恰当的资源创设每节课的具体情境,激发学生兴趣,激活学生原有知识,为新知识的建构打下基础。

（2）获取与深度加工和情境创设相关的知识。

① 提出问题任务,明确信息选择。

创设情境不仅仅是为导入环节服务,更主要的是能使学生从情境中发现问题,激发动机。学生通过解决问题获取知识,从而达成教学目标。因此,该环节教师的主要任务是通过情境提出探究性问题,让学生明确学习任务,为学生主动获取知识打下基础。

② 引导学生活动，整合知识信息。

学生是学习的主体，教师提出的问题需要学生通过活动自主解决。深度学习强调新旧知识的联系整合，这就需要学生通过活动将新旧知识相互联系，将新知识整合到原有知识结构中，自主解决问题。所以，该环节教师的主要任务是组织学生活动，引导学生通过活动进行新旧知识的整合，指导学生解决问题。学生活动的形式多种多样，包括观察视频和图片、自主思考、小组讨论、实验操作、调查统计等，应该针对学生和问题的特点组织不同的学生活动。

③ 分享活动结果，进行批判反思。

由于学生处在发展过程中，其探究结果很难完全正确，并且学生的思维方式和能力不同，探究的结果会有一定的差异，因此要获得正确的新知识，需要用质疑的眼光看待探究结果，相互批判，不断调整。深度学习要求学生具有批判性思维，并且强调对学习过程的反思。因此，该环节教师的主要任务是引导学生在课堂上针对活动结果相互交流、相互批判，通过不断地分析、调整，得到正确的知识。教师在该环节要注意给学生营造一个轻松、民主的氛围，调动学生发言的积极性，使学生敢于批判质疑，使师生之间、学生之间在相互交流、相互批判中不断接近正确答案，最终获得准确的新知识。

④ 建构转化知识，实现意义学习。

通过前面的学习过程，学生已经获得了一定的新知识，但还没有实现对知识的深度理解和加工。深度学习要求学生主动建构知识，提高解决问题的各种技能。所以，要实现从浅层学习向深度学习的转化，实现知识的有意义学习，此环节尤为重要。

深度学习强调知识的意义建构，在此阶段教师要引导学生在新旧知识之间进行反复的双向作用，利用前面获得的新知识，在已有知识的基础上进一步建构总结，获得结论性的新知识，更新知识结构，实现概念转变。因此，在该环节，教师要依据情境进一步提出总结性问题，引导学生利用零散的、浅层的新知识进行深度加工，使新知识融入已有的知识结构中，实现新信息的意义建构。

深度学习还强调知识转化，即由知识向技能转化，主要是解决问题的技能。因此，教师要通过设置情境练习题等方式，发展学生运用知识解决问题的技能，使学生真正学会运用知识，实现有意义学习。

⑤ 回扣导入情境，解决实际问题。

学习无论从学生个人层面来看还是从社会层面来看，其最终目的都是能运用知识解决问题。因此，仅仅获取新知识是远远不够的，还需要运用新知识解决问

题。深度学习注重知识与实际生活相联系,注重将知识迁移应用到实际生活中解决问题。因此,该环节教师的主要任务是回扣导入的情境再现问题任务,一方面提高一节课内容的整体性,另一方面引导学生解决情境中的问题,进一步促进知识的建构和转化。此外,学生在解决问题的过程中可以认识到生物学知识的价值,增强造福人类的社会责任意识,培养运用生物学知识解决实际生活问题的担当和能力。

（3）情境评价。

迁移应用知识,评价学习效果。想要明确教学质量的好坏,判断是否实现了深度学习,还需要进行教学评价。教学评价可以让教师获得反馈信息,发现问题,并及时对教学过程进行调整。教学评价,既要对学生学习过程中的表现进行评价,又要在教学活动最后对学生利用所学知识解决问题的能力进行评价。深度学习的最终目的是解决实际生活中的问题,因此教师要通过呈现另外的情境,提出情境中的实际问题,针对学生解决问题的情况来评价学生的学习效果。当然,该流程可根据具体的教学内容进行适当的调整,并且该路径也将在之后的研究中不断改进,从而更好地实现深度学习,发展学生核心素养。

2. 成果使用去向及预期社会效益

（1）成果使用去向。

本课题以高中生为研究对象,以期在核心素养的指导下,构建基于情境创设的高中生物学深度学习实践路径模型,在课堂教学实践中促进高中生物学深度学习的实现。首先在青岛市几所样本学校开展课堂教学实践研究,然后将研究成果在青岛市以及其他市的高中生物学教学中推广使用。

（2）预期社会效益。

通过本课题研究可知,基于情境创设的高中生物学深度学习教学实践能使学生在学习成绩、学习兴趣、学习动机方面明显好于常规教学,学生理解记忆、联系整合、迁移应用、批判反思、自主探究等方面的能力明显提高,从而有效促进深度学习的实现,发展核心素养。

六、研究基础

课题负责人主持了多项国家级、省级课题,发表了多篇与本课题相关的学术论文,撰写多部著作。

参考文献

[1] 中华人民共和国教育部. 普通高中生物学课程标准(2017年版 2020年修订)[M]. 北京:人民教育出版社,2018.

[2] 国务院办公厅. 关于新时代推进普通高中育人方式改革的指导意见[J]. 人民教育, 2019(C2):12.

[3] 何玲,黎加厚. 促进学生深度学习[J]. 现代教学,2005(5):29-30.

[4] 郭华. 深度学习及其意义[J]. 课程·教材·教法,2016,36(11):25-32.

[5] 安富海. 促进深度学习的课堂教学策略研究[J]. 课程·教材·教法,2014,34(11):57-62.

[6] 吴菱,张锋. 例析生物学教学中促进学生深度学习的策略[J]. 中学生物学,2017, 33(6):23-25.

[7] 杜威. 我们怎样思维[M]. 姜文闵,译. 北京:人民教育出版社,2005.

[8] Buckland W. Promoting Deep Learning Through the Use of Effective Textbooks[J]. Cinema Journal,2001,41(1):121-127.

[9] Sadeghi A. The Factors Affecting University Student Deep Learning(USDL)in The University of Guilan IRAN[J]. Social and Behavioral Sciences,2012(31):810-815.

[10] Kieran Egan. "Learning in Depth" in Teaching Education[J]. Alberta Journal of Educational Research,2013:705-708.

（注:本课题为山东省青岛市学科教研基地学校校本研究课题）

第十章
基于学科核心素养的任务驱动课堂教学

第一节　任务驱动教学法简介

一、任务驱动教法的内涵与路径

任务驱动教学法是指以富有趣味性、能够激发学生学习动机的情境为基础，以与教学内容紧密相关的任务为载体，使学生在完成既定任务的过程中获得知识与技能的一种教学方法。

1. 任务驱动教学法的内涵

任务驱动教学法是一种建立在建构主义学习理论基础上的教学法，是以"呈现任务—明确任务—完成任务—评价任务"为主要结构的教学模式，是教学诸要素在教学过程中相互作用而形成的相对稳定的组织结构和操作程序，具有稳定性、实践性、可操作性和灵活性。

任务驱动教学法中的任务来源于学生学习和生活的真实世界，反映与学生生活相联系的客观世界，能够激发学生强烈的学习、探究欲望。驱动是指施加外力使动起来，驱使、推动的意思。在探究教学任务的设计中，要"把学生所学习和生活的真实世界浓缩于任务中"，引导学生运用探索法、发现法去主动地搜集、分析与将要学习和建构的新知识相关的信息，将它们与自己已有的知识相联系，完成对新知识的初步建构。任务驱动的本质是通过任务来诱发、强化学生的学习动机。

任务驱动教学法体现了学习动机理论，它以建构主义学习理论为基础，以任务为主线,以教师为引导,以学生为主体,改变了以往"教师讲,学生听"的以教定学的被动教学模式,创造了任务驱动、以学定教、学生主动参与、探索创新的新型学习模式;通过"大任务展示—大任务分解—小任务完成",引领学生逐渐构建学科知识体系;恰当设计教学环节,注重学生认知规律,引导学生辩证分析、创新思维和组织语言,促进学生深度学习、有意义地学习。

2. 任务驱动教学法的路径

任务驱动教学法以任务为核心,首先设计出任务,然后在任务的驱动下开展教学,教师发挥主导作用,给予学生引导和帮助,学生发挥主体性,如图 10-1 所示,其基本过程是"设计任务→呈现任务→完成任务→评价任务"。

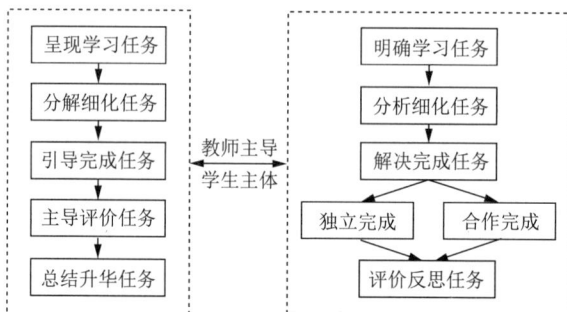

图 10-1　任务驱动教学法的路径

二、任务驱动教学法解决的问题、研究过程

1. 任务驱动教学法解决的问题

经前期调研,我们初步了解到青岛市多所学校由于种种原因,课堂教学仍存在传统的灌输式教学现象,比如:① 唯成绩论的狭隘观念在高中教学中仍然普遍存在,教育的改革创新无法一蹴而就;② 充分地发挥了教师的主导作用,但是学生的主体地位得不到充分体现;③ 传统的教学理念依然根深蒂固,教学方式陈旧,创新不足,一直采用高强度的机械式训练和满堂灌输的方式;④ 学校基础设施条件较差,忽视实验实践教学的重要性;⑤ 教学方法单一,与学生的互动率低,学生死记硬背的现象严重;⑥ 缺乏人文素养的渗透,不能体现学科育人;⑦ 教材处理不当,照本宣科,没有启发性学习和知识拓展;⑧ 仍然以学生的学习结果作为评价依据,不能真正发挥学习评价的作用;等等。

2. 研究过程

任务驱动教学法的研究过程分为以下几个阶段:

（1）第一，准备阶段（2019年11月至2019年12月）。

确定选题，完成前期调查、论证，成立课题组，制订课题研究的具体实施方案，申报立项。

① 查阅文献，了解目前高中生物学课堂教学的实际情况，学习课堂教学和学生发展的一般理论。

② 召开课题组研究人员会议，明确研究目标和任务，做好与课题相关的资料的收集与整理工作。

③ 课题组的每一位成员在过去多年的教学生涯中都积累了一定的经验，部分教师也曾经公开发表过国家级、省级、市级论文，真心愿意通过该课题的研究工作，将自身经验进行梳理并上升到一定的理论高度，进一步去发现、探索、研究。

④ 初步实施研究，邀请有关专家对本课题的研究思路、框架进行论证。

⑤ 撰写开题报告，制订课题研究总体实施方案。

（2）第二，实施阶段（2020年1月至2021年10月）。

全面实施研究，分阶段落实研究目标和任务，根据研究进程和实施情况，召开学术研讨会、成果报告会或中期展示会。

① 课题组教师学习与课题有关的文献资料，根据研究方案开展实质性的研究活动。

② 进行学情、教情现状调查与分析，完善课题研究的总体实施方案，设计案例，制订活动方案并组织实施。

③ 拟定课堂教学实践模式，开展备课、上课、评课、教学观摩、教学反思、案例分析、问题会诊、教师与专家对话、网络论坛、博客交流等形式的教研活动。

④ 对成果进行评价，及时总结课题研究的经验和教训，不断改进研究方案。

⑤ 做好有关实验信息、数据的记录、统计、分析、汇总、建档等工作，及时总结研究中存在的实际问题，并随时向上级相关部门反馈实验进展情况，邀请专家进行指导。

（3）第三，总结阶段（2021年11月至2021年12月）。

在不断深入研究的基础上，及时进行理性思考和科学总结，举行课题鉴定和成果发布会，撰写研究专题集，完成课题研究报告。

① 对两年的研究工作进行全面总结，并进行总结性评价。

② 汇编教师论文集、实验经验集和实验案例集。

③ 对获得的资料进行整理，用科学的方法进行统计、分析、汇总，上升到一定的理论高度，撰写研究论文和课题研究报告并装订成册，完成成果的整理工作。

④ 向上级相关部门申报课题研究成果,申请结题,做好结题工作。

近十几年来随着新课改的进一步实施和核心素养的落地,教学方法研究与时俱进,更加深入和细化。我们通过对任务驱动教学法研究的梳理发现,其发展变化主要有以下三个阶段(概念变化折射出的是教育与时代同步,是对教育教学本质认识后的新表达):

① 1.0版教学法:主体参与,任务驱动。强调以学生为中心,以教学为导学,设置知识性任务,还给学生主体地位,激发学生的学习兴趣,唤起学生探求知识的欲望,增强学生的主体意识。为学生营造一种积极主动、和谐民主、生动活泼的课堂氛围,追求学生喜欢、满意,强化学生能力的培养。

② 2.0版教学法:创新优化,任务驱动。强调创新和优化问题,改进设问方式和技巧,突出学生的主体性作用,设置有梯度的高质量问题,激发和培育学生的创新思维和创新能力。引导学生在真实的情境中发现真问题,解决真问题,培养科学思维,提升学科核心素养。聚焦培育学生创新素养,贴近学生实际,关注学生个体差异,注重评价过程,多方位、多维度发展学生核心素养。

③ 3.0版教学法:问题引导,任务驱动。以任务为主线,以教师为引导,以学生为主体,创造任务驱动、以学定教、学生主动参与、探索创新的新型学习模式,通过"大任务展示—大任务分解—小任务完成",恰当地设计教学环节,以学习为中心,以解决问题为中心,以学生成长为中心,以育人为中心,引领学生逐渐形成学科知识体系,引导学生辩证地分析,促进学生深度学习。

任务驱动教学法的教学过程是以任务为核心的。教师设计出能将知识蕴含其中的任务,在任务的驱动下开展课堂教学,并在学生接受任务和完成任务的过程中给予引导和帮助,发挥学生的主体性。教师在教学过程中发挥主导作用,控制课堂教学的进程,其过程如图10-2所示。

三、任务驱动教学法的实践与应用效果

课题组成员分别在山东省青岛第五十八中学、山东省青岛第一中学、山东省青岛第六十六中学、山东省青岛第二中学、山东省平度第一中学五所学校进行了任务驱动教学法的实践和探索。

通过近几年的教学实践,对某样本学校两个班级做了实验效果前测和后测,利用期中和期末测试,了解学生学习成绩、教师教学效果方面的变化。通过对实验效果前测和后测得到的数据进行统计和分析,总结出结论。

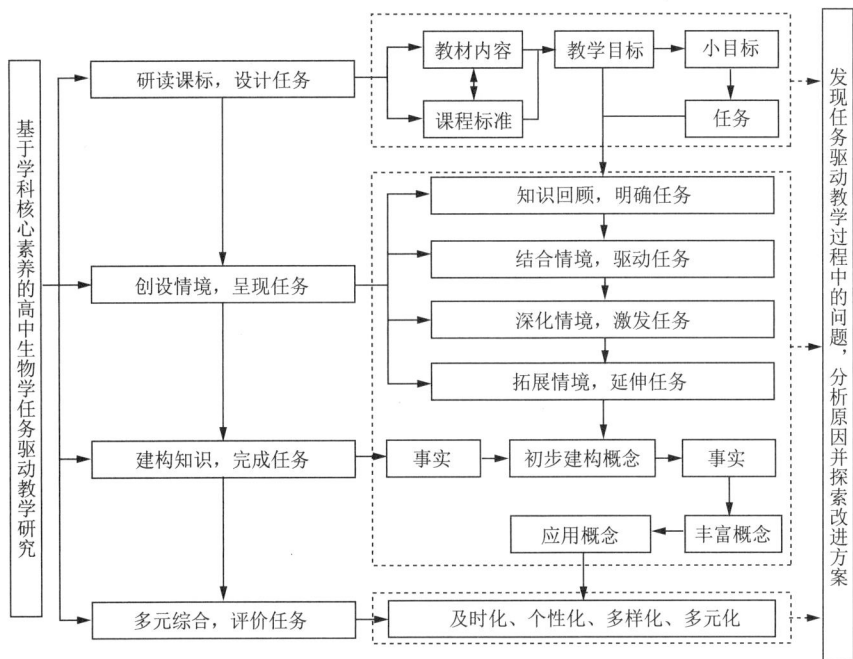

图 10-2　任务驱动教学法的教学过程

1. 实施任务驱动教学法的实验班和未实施任务驱动教学法的对照班实验效果的比较与分析

对高一(1)班(实验班)实施任务驱动策略指导下的教学设计,对高一(2)班(对照班)实施常规教学设计,实验结束后利用 Excel,对高一(1)班和高一(2)班的单元测试成绩、期中考试成绩、期末考试成绩进行统计分析,得出高一(1)班和高一(2)班实施教学实践后存在显著差异。由此可以得出,用不同的教学设计进行教学对两个班产生的影响是不同的。采用任务驱动策略指导下的教学设计,对学生学业成绩和学习主动性的提高有很大帮助。

学生成绩分析如图 10-3、图 10-4、图 10-5 所示。

2. 实验前测和后测结果比较

从图 10-3、图 10-4、图 10-5 可以看出,两个班实验开始前学习成绩不相上下,两个班的平均成绩无显著差异。对高一(1)班进行任务驱动教学后,班级的期中考试成绩和期末考试成绩均有所提高,尤其是学生生物学习兴趣、学习态度和学习成绩比实验前都有所提升。实验班和对照班后测成绩差异显著,实施任务驱动教学法的班级后测成绩平均值为 78,实施常规教学法的班级后测成绩平均值

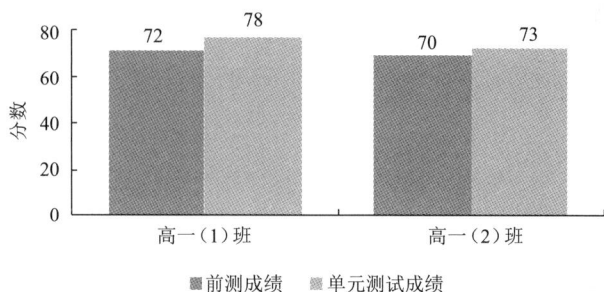

图 10-3　高一（1）班和高一（2）班前测成绩和单元测试成绩对比图

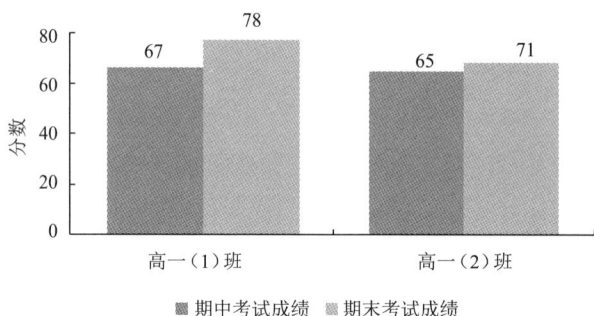

图 10-4　高一（1）班和高一（2）班期中考试成绩和期末考试成绩对比图

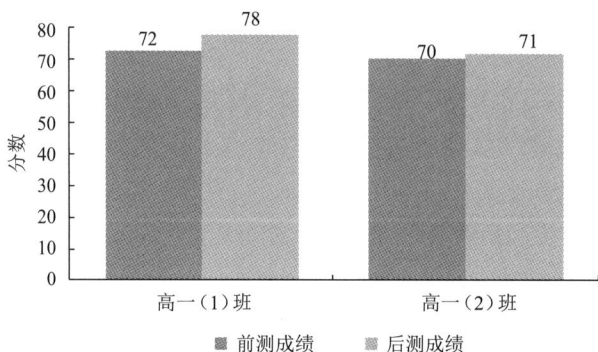

图 10-5　高一（1）班和高一（2）班前测成绩和后测成绩对比图

为 71。这说明，在课堂教学中采用任务驱动策略指导下的教学设计的效果比较明显。

　　高一（1）班实施的是在任务驱动策略指导下编写的教学案例，高一（2）实施的是以传统格式编写的教学案例。教学结束后对这两个班进行单元测试，初步得到实验数据并分析，通过单元测试成绩可以看出实验班成绩比对照班成绩高；通过对比两个班的期末考试成绩后也发现，应用任务驱动教学法的授课效果好于常规

授课。

综上所述,基于学科核心素养的高中生物学任务驱动教学法自 2020 年 1 月至 2022 年 11 月在五所样本校进行实践检验并取得良好的应用效果。

任务驱动教学法转变了教师的教育教学观念,使其由过去单纯传授教材上的内容,到现在把精力放在怎样利用任务驱动教学法改善生物学课堂教学,怎样依据课程标准培养学生的学科素养上。课堂教学以任务为主线,以教师为引导,以学生为主体,通过任务诱发、强化学生的学习动机,改变了以往"教师讲,学生听"的以教定学的被动教学模式。授课过程中采用任务驱动、以学定教、学生主动参与、探索创新的新型学习模式,通过"大任务展示—大任务分解—小任务完成",恰当地设计教学环节,引导学生逐渐建构学科知识体系,学会辩证地分析,促进深度学习。教师开始从经验型教师向科研型、专家型教师转变。

采用任务驱动策略能够激发学生的学习兴趣,给学生更多的自主学习的机会,增强学生的自主学习意识与合作能力。学生通过利用教师提供的教学视频和相应的学习资料进行自主学习,能积极地汇报学习结果并提出自己的观点,课堂表现明显好转。任务驱动教学法可以确立学生的主体地位,提升学生的学习能力。

第二节　基于学科核心素养的任务驱动课堂教学实践研究

一、选题依据及意义

(一)国内外研究现状分析

1. 国外研究现状

对任务驱动课堂教学的研究,教育学家普拉布(Prabhu)和威里斯(Willis)的影响比较大,他们的研究能完整体现任务型教学的理念。普拉布以任务为核心组织课堂教学,为任务型教学理论在教学实践中的应用开了先河。在任务的划分上,他把学习任务分为三大类:信息差任务,学习者通过目标语进行各种信息的交流和传递;推理差任务,学习者利用已知的和有限的信息进行推理、概括或演绎,以获取所需的信息;意见差任务,学习者针对某一特定的情境或话题辨别和表达个人的感受、爱好或态度。在具体的教学实施上,他把任务分为三个阶段:前任务阶

段、任务阶段和反馈阶段。在前任务阶段,首先由教师提供范例来说明学生需要完成的任务;在任务阶段,学生独立完成任务,遇到困难时可以请求外界帮助;在反馈阶段,由教师提供学习的反馈。普拉布的大胆尝试,为后来的任务型课堂教学研究打下了良好的基础。

1996 年,威里斯在他的著作《任务驱动学习框架》中,把任务作为任务驱动教学模式的中心元素,他认为任务驱动课堂教学包括以下三个阶段:前任务活动阶段,介绍主题和任务;任务周期阶段,完成任务和准备报告计划;语言聚焦阶段,分析和再练习。

斯凯恩(Skehan)在肯定威里斯任务驱动教学模式的基础上,指出了该模式的不足之处并提出了任务的五大特点:① 意义是首要的;② 有某个交际问题需要解决;③ 与真实世界中类似的活动有一定的关系;④ 完成任务是首要的考虑;⑤ 根据任务的结果评估任务的执行情况。

2. 国内研究现状

20 世纪 90 年代,任务驱动教学被引入国内,其研究多见于英语和信息技术学科,大都集中在任务驱动的教学设计和教学实践上。

近年来,随着教育改革的发展,任务驱动教学也越来越受重视。我们深入研究发现,任务驱动教学不仅局限于英语和信息技术学科,在其他学科的应用也有研究价值和实践意义。1996 年,香港第一次提倡任务驱动教学,香港教育署在一份英语语言教育计划中明确提出,任务驱动课堂教学应包含下面五个特征:① 任务要有一个明确的目标;② 任务要有一个适当的情境;③ 任务要考虑学习者的思维和行为模式;④ 任务活动要导向任务作品的产生;⑤ 学习者在任务完成后能获得知识和技能框架。

钱晓菁、马玉娟对信息技术教学中的任务驱动教学模式进行了研究,提出了任务设计是任务驱动教学模式的重要环节以及教师在教学中所起的作用,并对任务驱动教学模式的评价机制提出了见解。艾奉平发表在《中国电化教育》上的文章《信息技术课堂教学模式初探》提出的任务驱动教学模式的教学流程有五个环节,即任务驱动—师生共同讨论—任务完成—任务达成后效果评价—对任务包含的知识点进行归纳总结。在生物学教学中,对任务驱动的实践研究也在逐年增多。

朱晓燕 2011 年在《中学生物学》上发表的《"任务驱动"在初中生物课堂教学中的实践与思考》诠释了任务驱动教学模式在生物学教学中的具体应用。管新芳 2012 年在《新课改研究》中发表的《任务驱动教学模式在高中生物教学中的应用初探——以〈降低化学反应活化能的酶〉一节为例》以具体的课堂实施为

例,介绍了任务驱动教学模式的实际教学过程,并提出了几点思考。朱伟 2013 年在《新课程研究》(*New Curriculum Research*)上发表的《任务驱动教学法在初中生物教学中的应用》针对如何在"研学后教"理论下让任务驱动教学法成为一种更有效的课堂教学方式进行了探索。张冬杰 2015 年在《中学生物教学》上发表的《任务驱动教学法在高中生物教学中的实践》对任务驱动教学进行了实践应用研究,他认为任务驱动教学最显著的特征是将学生作为课堂教学活动的主体。

结合国内外研究现状可知,虽说任务驱动教学在不同学科领域的操作流程有少许差异,但是学者们对任务驱动教学的基本理念达成了以下共识:任务驱动教学是以学生为中心,建立在建构主义学习理论基础上的教学;任务驱动教学强调任务情境的创设,强调任务是学习活动的中心;学生通过自主完成任务或在他人的协助下完成任务来实现知识的意义建构。总的来说,任务驱动教学目前已经具备了以任务为主线,以教师为主导,以学生为主体的基本特征。

(二)研究的理论和实践意义

1. 理论意义

本研究以建构主义学习理论为基础,将培养学生核心素养的观念与任务驱动教学理论高度融合,以任务情境为切入点,聚焦任务驱动,体现了学习动机理论,探索国家课程校本化的教学改革与实践。

任务驱动教学实践研究是建构主义学习理论的精髓,情境、协作、会话、意义建构是建构主义学习理论关于学习环境的四大要素。建构主义学习理论指出,学习环境中的情境必须有利于学生所学内容的意义建构,教学设计不仅要考虑教学目标分析,还要有利于学生意义建构的情境创设,并把情境创设看作培养创新能力和独立性的"土壤"。

任务驱动教学是以激励学生主动参与、主动实践、主动思维、主动探索和主动创造为基本特征的,对于继承和发展建构主义学习理论,细化和丰富核心素养框架具有一定的理论价值。

2. 实践意义

本主要侧重于通过任务驱动教学对课堂教学进行改革的实践研究,寻求学科教学中优化培养学生核心素养的方法和途径,其实践意义显而易见。

本研究的首要任务是转变教师的教学观念,促使其思考:如何开展课程标准研究才能准确地理解和把握学科核心素养?如何开展任务驱动研究才能让学科核心素养落地?如何开展学习评价才能提升学生学习能力?本研究能够引发教

师对教学方式的高度关注,从被动改变传统课堂演化为主动构建新型课堂。这些研究对当前加强教师培训与学科教研,全面提高教育教学质量具有重大的实践意义。

本研究的最终目标是转变学生的学习方式,培养学生的核心素养。任务驱动的本质是通过任务来诱发、强化学生的学习动机。构建什么样的课堂生态、创设什么样的情境、设计什么样的任务、提出什么样的问题、采用什么样的驱动策略、如何制定和分解教学目标、如何进行学习评价等问题的解决,能够激发学生探究的欲望,使学生学会解决问题的方法、提升解决问题的能力,进而实现培养学生学科核心素养的目的。

本研究注重学生认知规律,引导学生辩证分析、创新思维和组织语言,促进学生深度学习、有意义地学习,这在一定程度上为教师专业发展和学生素养形成提供了支持和助力。

二、研究目标、拟解决的关键问题、具体内容等

(一)研究目标

(1)任务驱动课堂教学的逐步实施,便于学生全面理解和掌握课堂教学内容,提升学科核心素养。在课堂教学中,教师的教和学生的学以一个个具体的任务为中心而展开,这样的模式使教学内容有条理,有层次。

(2)任务驱动课堂教学的逐步实施,调动了学生学习的积极性,提高了学生学习的兴趣,增强了课堂实效。在任务驱动课堂教学中,任务情境的设置引起了学生的好奇心与求知欲;接受任务后,学生要在有限的时间内竭尽所能地完成任务,情绪高涨;完成任务后,学生会因任务的完成,以及教师和同学的好评而产生成就感。因此,任务驱动课堂教学能让学生对学习产生或提高兴趣,达到动员学生积极主动地投入学习的目的。

(3)任务驱动课堂教学的实施,便于提高学生分析问题、解决问题的能力,便于提高学生的综合素质。学生接受任务后,会通过不同的方式来完成任务,或联系旧知识,或归纳材料,或查阅资料,或借鉴实例举一反三。他们在完成任务的过程中冥思苦想,分析问题和解决问题的能力随之提高。

(4)通过研究,以学习任务驱动学生进行思维教学,开展具有教育性、实践性、创造性、发展性的学生主体活动,激励学生主动参与、主动实践、主动思维、主动探索和主动创造,有助于学生将抽象、零散的知识进行系统梳理,形成直观的知识网络,更加有效地建构生物学概念,发展科学思维,培养探究能力,增强社会责

任,尝试解决现实生活问题。

（二）拟解决的关键问题

（1）在课前准备中的应用。在课前准备环节,教师应明确课堂教学的目标与任务,并准备与教学相关的物品,利用教材知识和网络信息搜集功能,依托多元教学方式,对不同章节采用不同的教学方法,引导学生更快地进入学习状态。

（2）在任务实施中的应用。授课教师可以将学生分成若干个小组,同时布置需要小组合作完成的教学任务,要求全体组员共同完成任务。首先引导学生对任务进行讨论,然后引导学生在对目标任务进行探索的过程中开展自学。值得注意的是,在完成任务的过程中,每位小组成员都必须至少负责和完成一项任务,以确保学生参与的积极性。

（3）在任务评价中的应用。在任务评价中,教师可以组织小组自我总结,讨论小组合作探究学习中存在的问题及处理问题的办法。小组内无法解决的问题,在课堂上及时向授课教师提出,由其他同学或者授课教师进行解答。在小组总结和讨论结束后,教师应对学生的表现进行点评,引导学生规范操作,同时给予学生适当的鼓励和表扬。

总之,任务驱动教学能够激励学生主动参与、主动实践、主动思维、主动探索和主动创造,这将有助于学生建构学科概念,发展科学思维,培养探究能力,增强社会责任,提高解决现实生活问题的能力,也有助于实现课程育人目标。

（三）具体内容

1. 选题的界定

本研究以高中生物学科为例,在新时代新课程培养学生核心素养的教育理念下,开展探究教学策略的实践研究,促进教师对于学科核心素养、课程标准进行学习和研究,开展任务驱动课堂教学设计、任务驱动单元教学设计、任务驱动学习评价等研究,构建自主探究的任务驱动合作学习课堂,提高学生学习能力。具体包括以下主要内容：

（1）开展培育学生核心素养的深度学习和系统研究,促进教师教学观念的转变。课题组通过梳理国内外有关任务驱动教学的研究,参考最新研究成果资料,编写教师校本培训资料,增强教师对于核心素养以及立德树人根本任务的全面把握和准确理解,为教师培训提供有价值的资料。

（2）基于学科教学实践研究,总结和提炼任务驱动的方法与策略,建立任务驱动设计模型,形成具有推广价值的一般经验。

（3）开展任务驱动教学研究，优化教学设计。根据教学环节和教学内容，研究教学情境的创设、任务驱动的设计、评价方式的选择等，从内容上把握学科本质，从方式上逼近学生的活动与思维过程，实现从知识传递向知识建构，再到素养培育的教学转型。

（4）开展以培养学生核心素养为目标的任务驱动教学实验，构建任务驱动教学的课堂新生态。形成任务驱动教学课堂操作框架流程，构建任务驱动合作探究的民主课堂，提升学生的学习能力。

2. 任务驱动课堂教学实践研究的概况

"基于学科核心素养的任务驱动课堂教学实践研究"是指在核心素养背景下，以富有趣味性、能够激发学生学习动机的情境为基础，通过任务诱发、强化学生的学习动机，以与教学内容紧密相关的任务为载体，使学生在完成既定任务的过程中提升素养的一种教学改革项目研究。

以任务为主线，以教师为引导，以学生为主体，采用任务驱动、以学定教、学生主动参与、探索创新的新型学习模式，通过"大任务展示—大任务分解—小任务完成"，恰当地设计教学环节，引导学生逐渐形成学科知识体系，学会辩证地分析，促进深度学习。

3. 任务驱动课堂教学的内涵

任务驱动课堂教学融入了学习动机理论，以建构主义学习理论为基础，本质是通过任务来诱发、强化学生的学习动机。任务驱动课堂教学以任务为主线，以教师为引导，以学生为主体，改变了以往"教师讲，学生听"的以教定学的被动教学模式，创造了任务驱动、以学定教、学生主动参与、探索创新的新型学习模式；通过"大任务展示—大任务分解—小任务完成"，引领学生逐渐形成学科知识体系；恰当设计教学环节，注重学生认知规律，引导学生辩证分析、创新思维和组织语言，促进学生深度学习、有意义地学习。

4. 核心概念的界定

（1）核心素养。

核心素养是学生在接受相应学段教育的过程中，逐步形成的适应个人终身发展和社会发展需要的必备品格与关键能力，突出强调个人修养、社会关爱、家国情怀，更加注重自主发展、合作参与、创新实践。它指向过程，关注学生在培养过程中的体悟，而非结果导向。同时，核心素养兼具稳定性、开放性与发展性，是一个伴随终身可持续发展、与时俱进的动态优化过程，是个体能够适应未来社会、促进

终身学习、实现全面发展的基本保障。

（2）任务驱动。

任务是任务驱动课堂教学的中心，驱动体现了学习动机理论。学生的学习动机集中体现为一种成就动机，这种成就动机包括认知内驱力、自我提高内驱力和附属内驱力三个方面。在这三个方面中，需要是学习动机产生的基础，要激发学生的学习动机，最根本的就是培养学生的学习动机需要。任务来源于学生学习和生活的真实世界，反映了与学生生活相联系的客观世界，能够激发学生强烈的学习、探究欲望。驱动是指施加外力，使动起来，驱使、推动的意思。

任务驱动教学法是一种建立在建构主义学习理论基础上的教学法。在设计任务时，要"把学生所学习和生活的真实世界浓缩于任务中"，引导学生运用探索法、发现法去主动地搜集、分析与将要学习和建构的新知识相关的信息，将它们与自己已有的知识相联系，完成对新知识的初步建构。任务驱动课堂教学有以下作用：设置学习任务情境，引起学生学习兴趣，激发学生求知欲；让全体学生共同完成学习任务，自主探索和讨论交流，调动学生的学习积极性；在完成任务的过程中进行正确的评价，巩固和发展学生的学习动机。由此可见，任务驱动课堂教学的本质就是通过任务来诱发、加强学生的学习动机。

（3）课堂教学。

课堂教学是教育教学中普遍使用的一种手段，是教师给学生传授知识和技能的全过程，主要包括教师讲解、学生问答、教学活动以及教学过程中使用的所有教具，也称"班级上课制"。与个别教学相对，它是把年龄和知识程度相同或相近的学生编成固定人数的班级集体，按各门学科教学大纲规定的内容，组织教材和选择适当的教学方法，并根据固定的时间表向全班学生进行授课的教学组织形式。

（4）实践研究。

实践研究是指以理论为辅，以实地调查为基础，在实践中得出客观结论，一般包括实地调研、理论分析、对比借鉴等环节。实践研究过程中，教师从教育生活和社会生活中选择和确定研究课题，主动地获取知识、应用知识、解决问题。实践是研究真理的唯一标准，实践的需要是理论研究的出发点。

5. 研究任务驱动教学流程的发展和演变

我们通过对教学研究进一步梳理发现，其发展变化主要有三个阶段，具体见本章第一节。

6. 任务驱动课堂教学的基本程序

任务驱动课堂教学过程是以任务为核心来驱动的。教师设计能将知识蕴含其中的任务,在任务的驱动下开展课堂教学,并在学生完成任务的过程中给予引导和帮助,发挥学生的主体性。教师在教学过程中发挥主导作用,控制课堂教学的进程。

任务驱动教学的基本流程可以概括为"四步四层",共 64 个字,"四步"是指四大步骤:研读课标,设计任务;创设情境,呈现任务;建构知识,完成任务;多元综合,评价任务。"四层"即四个层级:知识回顾,明确任务;结合情境,驱动任务;深化情境,激发任务;拓展情境,延伸任务。任务驱动课堂教学的基本程序是设计任务→呈现任务→完成任务→评价任务,如图 10-6 所示。

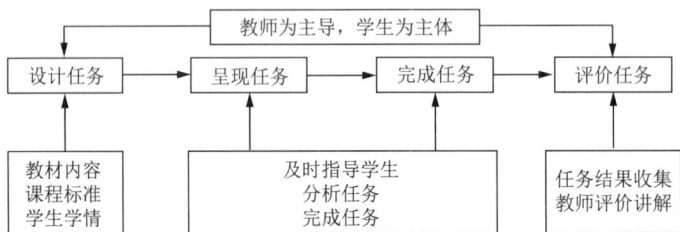

图 10-6 任务驱动课堂教学的基本程序

(1)研读课标,设计任务。

任务驱动教学模式中,教学效果取决于任务质量,故而任务的设计显得十分重要。一项好的任务应把学生掌握知识和技能、提高能力融入进去,使任务激发学生学习的兴趣,这就要求教师在课前做好备课工作,除了做好基本内容分析外,还要考虑该年龄段学生的心理特征和学习兴趣,然后确定相应的任务。

教师首先确定教学目标、教学重点和难点,再根据学生实际情况把总目标分解成一个个小目标,形成目标框架,并把抽象的教学目标转化成学生能力所及的具体学习任务,通过这些任务来实现总的学习目标。目标框架主要为知识目标框架,在设计任务时要将情感态度目标适当融入任务中,设计出的任务要能形成稳定的教学结构框架。

(2)创设情境,呈现任务。

问题往往产生于情境中,情境是学生核心素养培育的途径和方法,是核心素养得以实现的现实基础,真实的生活情境在以核心素养为本的教学中具有重要的价值。

情境一般是指一定时间内各种情况相对的或结合的境况。真实的学习是与

自然世界关联的复杂学习,必须有真实情境与任务的介入。

在具有趣味性和富有感染力的真实、复杂的情境中,强调知识的灵活性和动态性,将学生置于一种新的真实情境中。无论情境简单还是复杂,都可以循序渐进地培养学生的情境感知意识、情境分析意识,进而用不同形式的问题层层递进、逐步提升,驱动任务完成。教师应注重将任务融入合理的情境中,"把学生所学习和生活的真实世界浓缩于任务中",提出明确的学习目标和任务,为学生理解和执行任务做好准备,让学生在解决实践问题的情境中实现成长。任务的呈现方式有多种,如口头、板书和学习任务单等。其中,学习任务单是梳理教学内容、体现教学思路、融合多个具体任务的组合,是以任务为中心的课堂教学实践的关键媒介。学习任务单以文本的形式将任务呈现出来,便于学生完成任务并进行回顾。

① 知识回顾,明确任务。在学生探究与本课内容相关的具体任务之前,教师应设置知识回顾型任务,引导学生回忆与新知识相关的已学知识,回顾学过的相关概念,厘清概念之间的关系,为后续学习扫清障碍,以便学生能够更顺利地完成后续任务,并形成系统的知识结构。

② 结合情境,驱动任务。知识是素养的媒介和手段,知识转化为素养的重要途径是情境。教学过程不是简单的知识讲解过程,教师应结合情境创设问题,激发学生的学习动机,引导学生进一步思考,将新知识与自己已有的知识相联系,在原有认知的基础上,分析问题的来源,诱发强烈的学习和探究欲望。

③ 深化情境,激发任务。教师的教和学生的学以一个个具体的任务为中心而展开,学习目标非常明确,这时教师应进一步深化问题情境,激发学生的学习动机,以优质的新任务作为导学的纽带,使学生能够由浅入深、循序渐进地在自主学习和探究学习中提升学习能力和解决实际问题的能力。

④ 拓展情境,延伸任务。学习动机被激发后,学生情绪高涨,这时教师应进一步拓展情境,延伸出质量更高的新任务,启迪学生思维,激发学生的好奇心和求知欲,让学生自主探索和互动协作,在新的拓展情境中用所学的知识来分析问题、解决问题,以进一步培养高阶思维和解决现实世界中复杂情境问题的能力,提高综合素养。

（3）建构知识,完成任务。

在实际课堂教学中,学生在教师的引导下逐步完成学习任务单上的任务,循序渐进地掌握知识点。学习任务单在任务的表述上提供了学生完成任务的方式,如自主学习、合作学习、讨论交流等方式。学生在完成任务的过程中,分析问题的能力得以提升,学习兴趣和生物学核心素养也有一定程度的提高。

（4）多元综合,评价任务。

在教学过程中,学生任务完成以后,教师对任务进行评价讲解,给予学生鼓励和引导,调动学生的积极性。从心理学的角度来看,每个人都具有强烈的成就感和荣誉感,这种成就感和荣誉感有时来自他人的称赞和认同。因此,在进行任务评价时,评价的方式尤为重要,好的评价方式能够推动学生更加努力地学习。

在课堂交流中,教师通过展示学生课前预习、收集的视频和图片等资料,让相关学生介绍自己课前自主学习的收获,从而评价学生的学习准备情况;通过对学生解决问题的不同思维过程进行对比评价,让所有学生都可以看到问题的不同面和解决问题的不同途径,并做出适当的调整;通过让每一位学生都参与到任务成果的展示中来,评价学生的主动参与意识、团队合作精神和互相协作能力,杜绝"搭车"现象的发生;通过展示学生探究结果,肯定学生的学习成果和学习过程,指出存在的问题并分析原因,确保学生具备继续学习的勇气和信心以及解决问题的正确思路和方法。

从心理学的角度来看,来自他人的称赞和认同会让人产生强烈的成就感和荣誉感。教师可以利用成长记录袋记录学生的表现情况,包括任务的准备、任务的推进过程、任务的讨论、任务成果展示、根据任务结果评估任务的执行情况等各个方面。在此基础上,教师还要设置几道涵盖本部分重点和难点知识的综合性习题,及时获取学生测试情况的反馈。当然,习题设置要考虑本节课在课堂上形成的新知识,并进行一定的延伸和扩展,引导学生课下继续进行探索式学习和实践性学习。

三、改革思路及方法、创新点

（一）改革思路及方法

1. 改革思路

（1）时代背景。

中共中央、国务院印发的《国家中长期教育改革和发展规划纲要(2010—2020年)》中明确指出:"深化教育教学改革,创新教育教学方法,探索多种培养方式,形成各类人才辈出、拔尖创新人才不断涌现的局面。注重学思结合。倡导启发式、探究式、讨论式、参与式教学,帮助学生学会学习。"《普通高中生物学课程标准(2017年版)》首次提出并凝练了学科核心素养,明确了学生学习生物学后应形成的正确价值观念、必备品格和关键能力,克服了重教书轻育人的倾向。在这样的大背景下,课堂教学的改进迫在眉睫。针对当前课堂教学常常表现出的浅层学习特征,课堂教学的改进不仅是教育理论与实践发展的必然趋势,还是对

时代发展新要求做出的积极回应。

（2）问题提出。

经前期调研，我们初步了解到青岛市多所学校由于种种原因，课堂教学仍存在诸多的传统的灌输式教学现象，比如：① 唯成绩论的狭隘观念在高中教学中仍然普遍存在，教育的改革创新无法一蹴而就；② 充分地发挥了教师的主导作用，但学生的主体地位得不到充分体现；③ 传统的教学理念依然根深蒂固，教学方式陈旧，创新不足，一直采用高强度的机械式训练和满堂灌的方式；④ 学校基础设施条件较差，忽视实验实践教学的重要性；⑤ 教学方法单一，与学生的互动率低，学生死记硬背的现象严重；⑥ 缺乏人文素养的渗透，不能体现学科育人；⑦ 教材处理不当，照本宣科，没有启发性学习和知识拓展；⑧ 仍然以学生的学习结果作为评价依据，不能真正发挥学习评价的作用。我们调查分析发现，其主要原因是大多数学校的教学仍然过度地关注教师的教而忽视学生的学，缺乏对学生主动性和自觉性的调动，抑制了学生逻辑思维能力、抽象思维能力和自主学习能力的培养和发展。

我们针对以上实际问题进行课堂教学改革，提出了基于学科核心素养的任务驱动课堂教学。其教学过程以任务为核心来驱动，教师首先设计出能将知识蕴含其中的任务，在任务的驱动下开展课堂教学，并在学生完成任务的过程中给予引导和帮助，发挥学生的主体性。教师在教学过程中发挥主导作用，控制课堂教学的进程。

任务驱动课堂教学是一种以建构主义学习理论为基础的新型教学方式，它以任务为主线，通过对学生学习动机的引领，将学生代入任务中，围绕任务展开一系列的教学活动。学生以个体或小组的形式领取任务，分析任务，完成任务，并在这个过程中习得知识、提升能力。教师在教学活动中通过设置问题情境，引发学生兴趣，继而根据情境布置任务。任务的出现是为了激发学生主动探究的欲望，引发学生主动学习。任务的设计要考虑学生的身心发展特点和认知情况，尽量贴近学生的生活实际，不要使学生为了完成任务而完成任务。任务的难度要适中，不宜过难，使学生失去完成任务的信心；也不宜太过简单，使学生轻而易举就能完成任务。应结合学生的最近发展区，合理调整任务的难度，这样既不会使学生厌烦，也不会使学生失去信心而影响学习的积极性。

（3）课题界定。

在目前基于核心素养的教育教学背景下，某些教学方式的不合理性已经非常明显，如不能充分调动学生的学习积极性，就会造成学生两极分化。通过课题研究，在部分学校部分班级开展任务驱动课堂教学实践，并在教学实践后对学生进

行问卷调查,以尽可能地改变现状,提升课堂教学效率,全面培养学生的综合素养和高中生物教师的学科素养。

本研究以高中生物学科为例,并在一定时期推广到其他学科、其他学段,旨在通过任务驱动课堂教学的实践,真正落实学科核心素养,改变旧的课堂教学的弊端,力争培养全面发展的学生。

2. 研究方法

(1)文献研究法。

文献研究法就是对文献进行查阅、分析、整理,从而找出事物本质属性的一种研究方法。课题组成员查阅了大量与任务驱动教学模式相关的文献,梳理了国内外对任务驱动课堂教学的研究,掌握了任务驱动的相关概念、理论基础、操作流程和实施关键,构建出任务驱动教学模式在高中生物学课堂教学中运用的基本理论框架,为本研究提供了理论支撑。

(2)行动研究法。

行动研究法是一种实践性的研究方法,是指在现实教育实践活动中获得经验,获得具有一定规律性的认识。本研究采用行动研究法,对任务驱动教学模式在高中生物学教学中的应用进行探讨和研究,编制在任务驱动教学模式指导下的教学设计方案,并在教学中进行教学实践,从而研究任务驱动教学模式是否能够提高学生学习兴趣和学习主动性,提高教学有效性。

(3)教育实验研究法。

教育实验研究法是研究者按照研究目的,合理地控制或创设一定的条件,人为地改变研究对象,通过验证假设来探讨教育现象因果关系的一种研究方法。本研究的教育实验研究目的是寻求假说命题"若在传统教学模式的基础上结合任务驱动教学模式进行教学,则课堂教学的有效性得以提高"的正确性。也就是说,确实是任务驱动教学模式这一因素影响了教学有效性的变化。

(4)案例研究法。

案例研究法是研究者以科学的态度,从掌握的文献资料中摄取信息,了解事实真相,并发现事物之间内在联系的研究方法。案例研究的目的是考察特定事件或事物的发生和变化,回答"为什么"和"怎么样"的问题。它的显著特点是:侧重于信息的分析价值,而不是样本的代表性。

3. 技术路线

(1)微观—中观—宏观研究路线。

遵循教师的思维习惯,发挥教师的实践优势,建立微观—中观—宏观研究路

线(如图10-7所示),从局部研究入手,经过整合螺旋上升到聚焦学科核心素养教学的研究总目标上来。

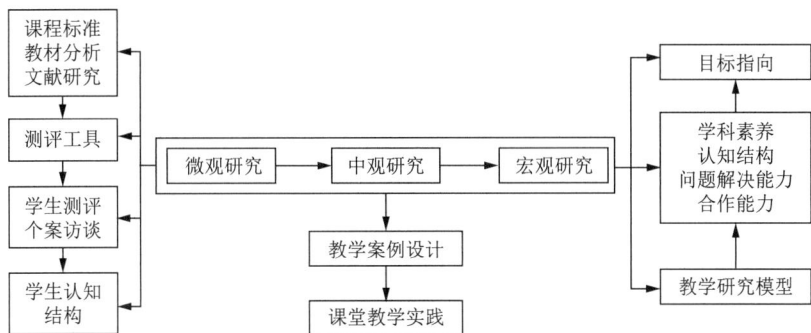

图 10-7　微观—中观—宏观研究路线

(2)不同阶段相互关联的研究路线。

在研究的不同阶段设计相互关联且突出重点任务的研究路线,如图10-8所示。

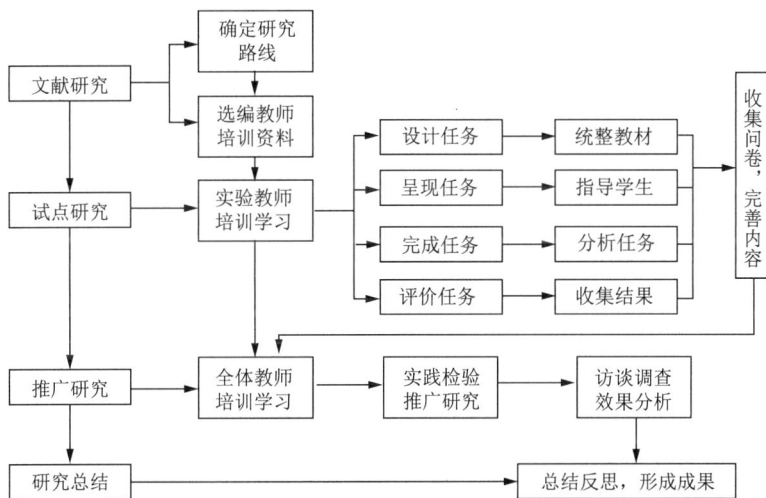

图 10-8　不同阶段相互关联的研究路线

(3)集体备课路线。

集体备课中,开展课型选择、教学方法、教学活动与教学目标、教学内容的相关性研究,以培养学生综合运用能力(学科核心素养)为目标,进行单元整体教学设计。单元备课框架模型如图10-9所示。

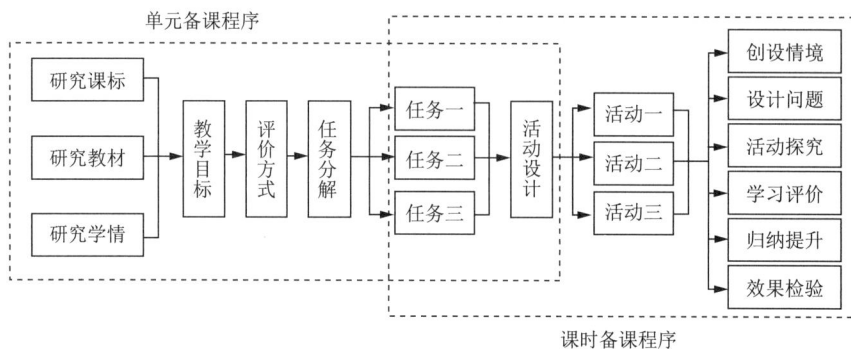

图 10-9 单元备课框架模型

（4）任务驱动教学实施策略。

任务驱动教学实施策略是以任务为核心来驱动的,教师发挥主导作用,设计出任务,在任务的驱动下开展教学,并给予学生引导和帮助,发挥学生的主体性。

（5）学习评价策略。

任务驱动教学的目的是提高学生自主学习的积极性,而评价是促进学生有效完成任务的手段。逆向教学特别强调评价设计先于教学设计,研究课堂教学的嵌入式学习评价,强化教师评价意识,尝试运用评价量规促进学生自评评价（嵌入式课堂学习评价原则与方式如图 10-10 所示）,形成核心素养背景下基于任务驱动的深度学习课堂评价指标（见表 10-1）。

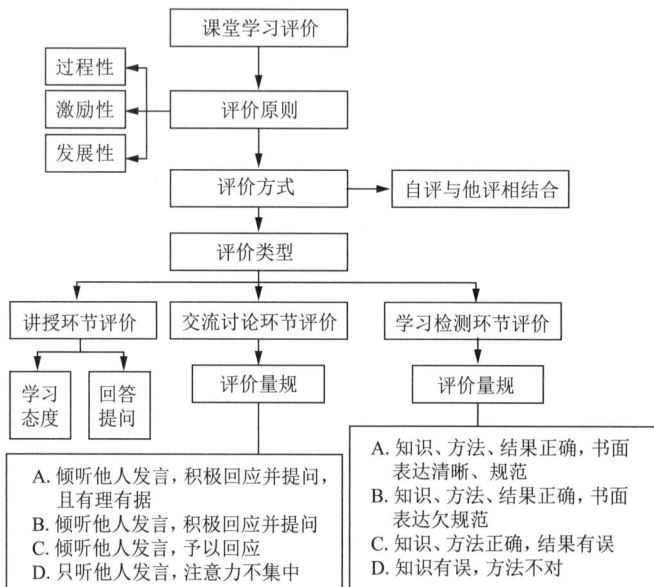

图 10-10 嵌入式课堂学习评价原则与方式

表 10-1　核心素养背景下基于任务驱动的深度学习课堂评价指标

项目		评价指标	评定
学习目标 （20分）		1. 基于学生主体确定课时学习指标（单元目标的分解）。 2. 突出思维可视化，明确学习成果（新果子），重视迁移，可操作、可测评（学业标准明确）。 3. 关注学生思维发展过程，能体现从低阶目标到高阶目标（素养目标）的思维进阶	
课堂 结构 （60分）	先行 组织 （10分）	1. 紧扣目标和成果创设情境任务，引发认知冲突，引发学生内在学习动机。 2. 设置新旧知识的连接点，为主问题（或主任务）解决做好铺垫	
	新知 建构 （20分）	1. 课堂学习（问题解决、任务完成）聚焦"思维成果"（即学习品质）的生成，以终为始，设计并组织结构化学习。 2. 贯彻目标、教学、评价一致性原则，基于学习目标和标准，搭建"学什么"（问题与任务）、"怎么学"（活动与路径）、"学得怎么样"（规则与评价）的学习支架，促进深度学习的真实发生。 （1）学习问题（或任务）：根据目标设计问题。以挑战性问题（或主任务）为核心，将问题转化为学习活动，依托活动要素组织教学，避免问题和活动碎片化、浅显化。 （2）学习活动（路径）：根据问题（或任务）设计活动。学习活动符合学习任务的性质，活动步骤具有递进性，突出认知发展和思维进阶。 （3）嵌入评价量规（即评分标准）：在思维障碍处、学习困难处搭建问题解决或活动规则评价框架，引导学生高质量做事。 3. 问题解决（或大任务完成）按照"读（听）—做（练）—展（答）—评（反馈）"四步学习链，即采用思维型教学"提出问题—组织学习—成果呈现—交互反馈—梳理归纳"的问题解决流程	
	迁移 运用 （20分）	1. 一切为了迁移，即出发点指向迁移，落脚点用在迁移。迁移题要紧扣目标中的核心知识，突出情境性、综合性、开放性特征。 2. 突出"联结—生成—迁移"深度学习特征，遵循"长程两段"（新知建构—迁移运用）的课堂规程	
	成果 集成 （10分）	1. 运用思维可视化工具，呈现结构化学习成果。 2. 组织学生思维反刍，总结得失（问题解决规律和注意事项），升华思维	

续表

项目	评价指标	评定
课外作业 （20分）	1. 基于单元整体作业设计布置作业，能够区分课堂目标与作业目标，控制"量"，提高"质"，丰富"形"。 2. 运用教学评一体化为作业完成搭建学习支架，助力学生高质量完成作业目标，着力解决学生作业做不做、会不会做、能不能做好的问题	
综合评定等级		

（二）创新点

1. 课题观点

任务驱动课堂教学融入了学习动机理论，以建构主义学习理论为基础，本质是通过任务来诱发、强化学生的学习动机。任务驱动课堂教学以任务为主线，以教师为引导，以学生为主体，改变了以往"教师讲，学生听"的以教定学的被动教学模式，创造了任务驱动、以学定教、学生主动参与、探索创新的新型学习模式；通过"大任务展示—大任务分解—小任务完成"，引领学生逐渐形成学科知识体系；恰当地设计教学环节，注重学生认知规律，引导学生辩证分析、创新思维和组织语言，促进学生深度学习、有意义地学习。

（1）在核心素养培养方面：在新一轮课程改革的大背景下，任务驱动课堂教学进一步提升了学生的学科核心素养、综合实践能力，以及在复杂环境下利用学科知识解决实际问题的能力。

（2）在学术思想方面：任务驱动教学以任务为主线，以教师为引导，以学生为主体，改变了以往"教师讲，学生听"的以教定学的被动教学模式，创造了任务驱动、以学定教、学生主动参与、探索创新的新型学习方式。

（3）在学术观点方面：任务驱动教学作为一种现代教学方法，是以学生为主体，以教师为主导，以任务为主线，以学生完成任务为结果的，它注重培养学生自主、创新和解决问题的能力。任务驱动课堂教学强调的是学生的主体性，学生是完成任务的主人，教师只是学习的引导者、促进者、协助者和陪伴者。

（4）在实施过程方面：任务驱动课堂教学过程是以任务为核心来驱动的，教师首先设计出能将知识蕴含其中的任务，通过对学生学习动机的引领，将学生代入任务，围绕任务展开一系列的教学活动，学生以个体或小组的形式领取任务，分析任务，完成任务，并在这个过程中习得知识、提升能力。教师在任务的驱动下开展课堂教学，在学生接受任务和完成任务的过程中给予学生引导和帮助，发挥学

生的主体性。教师在教学过程中发挥主导作用,控制课堂教学的进程。

（5）在任务设计方面:任务的设计要考虑学生的身心发展特点以及认知情况,尽量贴近学生生活实际,不要使学生为了完成任务而完成任务。任务的难度要适中,不宜过难,使学生失去完成任务的信心;也不宜太过简单,使学生轻而易举就能完成任务。应结合学生的最近发展区,合理调整任务的难度,这样既不会使学生厌烦,也不会使学生失去信心而影响学习的积极性。

（6）核心素养背景下的任务驱动教学可以引领课堂教学改革,提升教师的教学水平和科研能力,减轻学生课业负担,提高学生学业成绩,有效促进教学质量的提高,具有较高的推广应用价值。

2. 改革方法

（1）通过"大任务展示—大任务分解—小任务完成",引领学生逐渐形成学科知识体系。通过任务分解恰当地设计教学环节,注重学生认知规律,引导学生辩证分析、创新思维和组织语言,强化思维训练,高效突破重点和难点知识。

（2）研究的技术路线,参考图10-7至图10-10。

（3）任务设计遵循的原则:① 依据学生特点精心设计任务;② 通过分析教学内容分解设计任务;③ 任务的设计注重理论联系实际;④ 驱动任务在难度上有层次性;⑤ 任务设计体现任务的开发性;⑥ 任务设计关注任务的可思考空间。

3. 创新之处

（1）本研究理清了任务驱动课堂教学的基本流程,绘制了任务驱动课堂教学的基本程序示意图。

（2）本研究的技术路线有创新,建立了微观—中观—宏观研究路线,设计了不同阶段相互关联的研究路线,明确了任务驱动课堂教学的实施策略和学习评价策略,编制了核心素养背景下基于任务驱动的深度学习课堂评价指标,具有可操作性,在一定程度上具有可复制性、可借鉴性、可模仿性。

（3）任务驱动课堂教学契合了以核心素养为核心的新课程理念,将以传授知识为主的传统教学理念转变为以解决问题、完成任务为主的多维互动式教学理念,变再现式教学为探究式学习。

（4）从学生角度来讲,任务驱动课堂教学能够激励学生自主建构学科概念,使学生处于积极的学习状态。它以探索问题来激发和维持学生的学习兴趣和动机,为每一位学生的思考、探索、发现和创新提供了广阔的空间,使学习成为学生主动建构知识和经验的过程。

（5）从学习效果角度来讲,任务驱动教学是一种有效的教学方法。它从浅显的实例入手,提高学生的学习效率和兴趣,培养学生独立探索的自学能力。任务的完成,使学生获得满足感和成就感,激发了学生进一步求知的欲望。课堂教学过程充满了民主、个性和人性,课堂氛围也真正活跃起来。

综上,在高中生物学教学中以学习任务驱动学生进行思维,开展具有教育性、实践性、创造性、发展性的学生主体活动,激励学生主动参与、主动实践、主动思维、主动探索和主动创造,将有助于学生将抽象、零散的知识进行系统梳理,形成直观的知识网络,更加有效地建构生物学概念,发展科学思维,培养探究能力,增强社会责任,提高解决现实生活问题的能力。

四、研究计划与预期成果

(一)研究计划及进度

结合 2022 年 8 月结题的中国教育学会 2019 年度教育科研规划课题"核心素养背景下基于任务驱动的高中生物学课堂教学实践研究",将本研究的过程分为以下几个阶段:

(1)准备阶段(2022 年 11 月至 2022 年 12 月)。

确定选题,完成前期调查、论证,成立课题组,制订课题研究的具体实施方案,申报立项。

① 开展文献研究,查阅文献,了解目前高中生物课堂教学的实际情况,学习课堂教学和学生发展的一般理论。

② 召开课题组研究人员会议,明确研究目标和任务,做好与课题相关的资料的收集与整理工作。

③ 课题组的每一位成员在过去多年的教学生涯中都积累了一定的经验,部分教师也曾经公开发表过国家级、省级、市级论文,真心愿意通过该课题的研究工作,将经验进行梳理并上升到一定的理论高度,进一步去发现、探索、研究。

④ 初步实施研究,邀请有关专家对本项目的研究思路、框架进行论证。

⑤ 制订试点研究计划,撰写开题报告,制订课题总体研究实施方案。

(2)试点研究阶段(2023 年 1 月至 2024 年 5 月)。

聚焦学科教学中的突出问题,剖析成因,确立观念与能力作为学科育人的两大基石。分阶段落实研究目标和任务,根据研究进程和实施情况,召开学术研讨会、成果报告会或中期展示会。

① 课题组教师学习与课题有关的文献资料,根据研究方案开展实质性的研究活动。

② 进行学情、教情现状调查与分析,完善课题研究的总体实施方案,设计案例,制订活动方案并组织实施。

③ 拟定课堂教学实践模式,开展备课、上课、评课、教学观摩、教学反思、案例分析、问题会诊、教师与专家对话、网络论坛、博客交流等形式的教研活动。

④ 对成果进行评价,及时总结课题研究的经验和教训,不断改进研究方案。

⑤ 做好有关实验信息、数据的记录、统计、分析、汇总、建档等工作,及时总结研究中存在的实际问题,并随时向上级相关部门反馈实验进展情况,邀请专家进行指导。

（3）推广实验阶段（2024 年 6 月至 2024 年 10 月）。

在全校学科教学中推广任务驱动案例研究和课堂教学实验,通过任务驱动开发校本教学资源,建立教学资源库;以名师课堂教学案例展示和剖析能力与素养建构的教学过程,开展实践检验,转变教学方式,促进自主学习。

（4）总结阶段（2024 年 11 月至 2024 年 12 月）。

全面总结课题研究成果,形成研究报告,整理研究成果,顺利结题。

在不断深入研究的基础上,及时进行理性思考和科学总结,举行课题鉴定和成果发布会,汇编相关研究专题集,完成项目研究报告。

① 对两年的研究工作进行全面总结,并进行总结性评价。

② 汇编教师论文集、实验经验集和实验案例集。

③ 对获得的资料进行整理,用科学的方法进行统计、分析、汇总,上升到一定的理论高度,撰写研究论文和课题研究报告并装订成册,完成成果的整理工作。

④ 向上级相关部门申报课题研究成果,申请结项,做好结题工作。

（2）解决问题的方法。

① 悟透先进理念,创建理论与资源。采用古今中外教育理论比较、课堂观察、教学调研、师生访谈等方式,深度反思与研究教学,建构校本化理论,丰富优质教学资源。

② 理论与实践结合,强化教师培训。通过专题讲座、公开课（研究课）、示范课、城乡交流课等,在"实践—认识—再实践—再认识"循环中开展研究。

③ 名师展示推进,示范引领教学。从理论与实践的双重视角,研制范式与案例,以名师课堂教学案例展示和剖析能力与素养建构的教学过程,明确操作程序,以专业指导促进行动研究,提高教师教学能力,内化与落实教育价值观念。

（二）预期成果形式

准备阶段的成果形式有调查问卷和整理的问题,实施阶段和总结阶段的成果形式主要为典型课例、总结报告、论文等。

五、推广应用价值

本研究在学生全面发展、教师专业化成长、学校管理变革、教育质量提升等方面，为教育决策提供了典型案例等。

"核心素养背景下的任务驱动课堂教学实践研究"是新课程新课标新高考背景下对课堂教学改革的探索实践和优化发展，可以有效提高教学质量和教师教学水平，具有较大的推广应用价值。

（1）可以引领课堂教学改革，提升教师的教学水平和科研能力。

任务驱动课堂教学契合了以核心素养为核心的新课程理念，将以传授知识为主的传统教学理念转变为以解决问题、完成任务为主的多维互动式教学理念，变再现式教学为探究式学习。在课题组成员的带动下，样本学校一线教师积极参与课题研究过程，对教育教学进行反思重建，锐意进取，主动变革，教学观念悄然发生改变，教学能力和水平不断提高，并取得丰硕的教学成果。

（2）可以减轻学生课业负担，提高学生学业成绩。

任务驱动教学激励学生自主建构概念，使学生处于积极的学习状态，以探索问题来激发和维持学生学习的兴趣，为每一个学生的思考、探索、发现和创新提供了广阔的空间，使学习成为学生主动建构知识和经验的过程。任务驱动课堂教学是一种有效的教学方法，它从浅显的实例入手，提高学生学习效率和兴趣，培养学生独立探索的自学能力。任务的完成，使学生获得满足感和成就感，激发了学生进一步求知的欲望。课堂教学过程充满了民主、个性和人性，课堂氛围也真正活跃起来。以学生为主体，以教师为主导，以任务为载体，以活动为中心，以问题组串联教学内容的任务驱动教学模式，可以减轻学生的课业负担，提升教学质量。

（3）可以促进学校发展和提升学校的社会声誉。

课题研究的开展必然带来教育教学改革。为了让更多的学校了解样本学校，可以借机展示课堂改革成果，介绍任务驱动、教学设计、班级管理、作业布置等方面的具体做法，为样本学校的发展注入更多的活力，搭建起更为广阔的交流平台，不断提升学校的社会影响力和社会美誉度。

（4）可以积累教师校本培训的经验。

课题研究可以优化不同年龄、不同层次的研究型学习组织。课题组成员根据本课题开展学习、研究工作，参与编写教师校本培训资料，举行优秀教育教学改革成果展评，汇编研究成果集等，使自身快速发展和提升，也优化了学校的教师培训机制。

以课题为引领开展全体教师参与的课堂教学改革十分必要。课堂教学要与时俱进,离不开持续开展的教学研究,因为教学研究能够为教育科研营造良好的氛围,提供最新最佳研究视角,整体推进学校教学质量的提升,也能为优秀骨干教师提供专业发展的土壤,促进他们快速成长。

任何一种科学的教学理论都会在新时期得到新发展。科学类学科教师提出了论证式教学范式,人文类学科教师总结出辩论式教学范式,就是对探究教学的新发展,实践证明它们都具有很强的实用性,对于提升学生的问题解决能力、发展学生的学科素养十分有益。

第三节 基于学科核心素养的任务驱动课堂教学成果展示

成果一：典型教学案例

植物生长素的发现

一、教材分析

本节内容为人教版高中生物教材选择性必修 1 第 5 章第 1 节的内容。

本章主要讲述的是植物生命活动的调节,它与前面 4 章内容共同组成了稳态调节知识体系。本节通过对生长素发现过程的探究,为培养学生自主学习、合作探究以及综合运用等方面的能力提供了有效途径,从而更好地落实和发展了学生学科核心素养。

1. 教学目标

（1）通过对科学家在生长素发现探索历程中所做经典实验的问题分析,阐明其中蕴含的科学本质特点。

（2）通过问题引导任务驱动,概述生长素的合成、运输及分布,阐述植物生长素的作用特点蕴含的适度与平衡观。

（3）理论联系实际,解决生产生活问题,增强社会责任。

2. 教学重点和难点

（1）教学重点:植物生长素的发现、植物生长素的生理作用。

（2）教学难点:植物生长素的合成、运输、分布和生理作用。

二、学情分析

高二的学生虽然掌握了一定的生物学实验知识,但仍然缺乏实验探究、设计、改进、创新方面的能力。

本节课就从培养学生分析、推理和设计实验的能力入手,采用问题引导任务驱动教学模式设计教学过程,从而提高学生科学思维和科学探究能力。

三、教学策略

本节课采用问题引导任务驱动教学模式,利用归纳、演绎等推理方法,以及构建模型的方法,以问题串的形式引导学生通过科学家发现生长素的过程,引申出植物激素的概念,并通过对生长素生理作用及特点的探究,学会分析问题和解决实际生活问题。设计思路如图 10-11 所示。

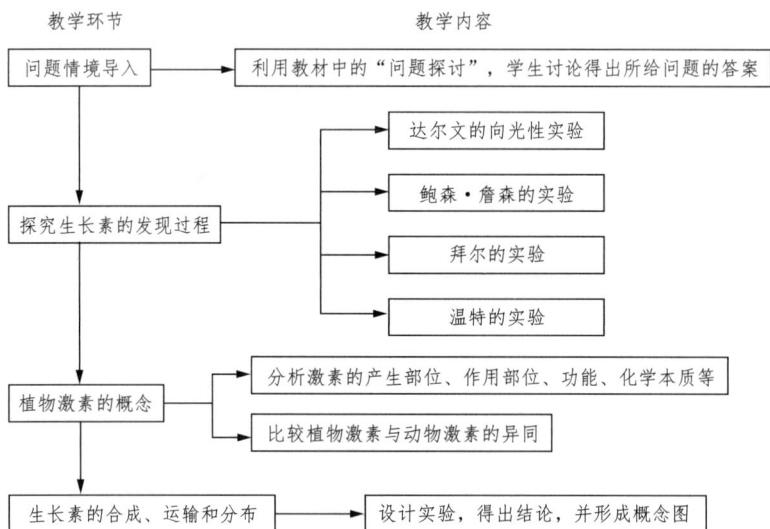

图 10-11　教学设计思路

四、教学过程

1. 情境导入,提出问题

驱动任务:探究植物的向光性生长。

任务呈现:多媒体展示向光生长的植物,利用教材"问题探讨"中的三个问题引导学生思考。

问题 1:图中植株的生长方向有什么特点?

问题 2:可能是哪种环境因素刺激引发了这株植物的形态改变?植株对这种刺激的反应有什么适应意义?

问题 3:这种生长方向的改变,是发生在植物的幼嫩部分还是成熟部分?

设计意图：通过学生日常生活中常见的例子，引发学生思考，激发学生的学习兴趣。

2. 引导探究，分析实验

（1）达尔文的向光性实验。

驱动任务：分析达尔文的向光性实验过程及结论。

任务呈现：展示达尔文的向光性实验示意图，引导学生就对照原则和单一变量原则展开分组讨论，并提出以下问题，引导学生归纳总结。

问题1：第1组实验说明什么？

问题2：第1组实验和第2组实验对照说明什么？

问题3：第1组实验和第3组实验对照说明什么？

问题4：第3组实验和第4组实验对照说明什么？

设计意图：培养学生观察和分析问题以及归纳总结的能力。

（2）鲍森•詹森的实验。

驱动任务：分析鲍森•詹森的实验过程及结论。

任务呈现：结合课件展示鲍森•詹森的实验示意图，讲解实验材料琼脂（补充云母片、玻璃片），提出问题，引导学生分组讨论。

问题1：鲍森•詹森的实验可以得出什么结论？

问题2：如果把琼脂片换成玻璃片或云母片，那么实验现象是什么？原因是什么？试分析课后"练习与应用"的第2题。

设计意图：培养学生分析问题、归纳总结以及迁移应用知识的能力。

（3）拜尔的实验。

驱动任务：分析拜尔的实验过程及结论。

任务呈现：展示拜尔的实验示意图，提出问题，引导学生思考、讨论并回答问题。

问题1：拜尔的实验为什么选择黑暗的环境？可以得出什么结论？

问题2：该实验可以得出什么结论？

设计意图：与之前两位科学家的实验做比较，培养学生分析和归纳总结的能力。

（4）温特的实验。

驱动任务：分析温特的实验过程及结论。

任务呈现：展示温特的实验示意图，提出问题，引导学生思考、讨论并回答问题。

问题1：温特的实验现象是什么？可以得出什么结论？

问题2：若想更好地得到上述结论，你认为本实验还有哪些需要改进的地方？请阐述理由。

问题3:如果想知道生长素的化学本质是什么,要如何操作呢?

设计意图:通过与达尔文、鲍森·詹森、拜尔的实验进行综合分析,培养学生严谨地评价和设计实验的能力,引导学生学习科学家积极探索的精神。

3. 分析原因,得出结论

驱动任务:解释、说明植物向光生长的原因,从而得出植物激素的概念。

任务呈现:教师引导学生阅读教材第92页,分析植物向光生长的原因,再根据提出的问题,归纳和总结植物激素的概念。

问题1:植物向光生长的内因是什么?导致植物弯曲生长的外界因素有哪些?

问题2:植物激素的产生和作用部位、生理作用以及特点是什么?

问题3:根据生长素的发现探索历程,归纳科学家采用的研究方法,你们从中得到什么启示?

设计意图:通过对生长素发现探索历程中科学家的经典实验的分析,阐明其中蕴含的科学本质特点,进一步提升学生科学思维的严谨性,提高学生的科学探究能力。

4. 思考讨论,归纳提升

驱动任务:比较植物激素与动物激素的异同。

任务呈现:教师根据教材第93页的“思考·讨论”中提出的问题,设计表格引导学生比较植物激素与动物激素的异同。

问题1:植物激素和动物激素都称作“激素”,二者有哪些相似之处?

问题2:植物体内没有分泌激素的腺体,这说明植物激素在合成部位上与动物激素有明显的不同,植物激素与动物激素还有哪些明显的区别?

小组讨论,完成表10-2。

表10-2 植物激素与动物激素的比较

项目	植物激素	动物激素
化学本质		
产生部位		
运输途径		
共同点		

设计意图:培养学生归纳、比较及整合知识的能力。

5. 评价实验,归纳总结

驱动任务:生长素的合成、运输与分布。

任务呈现：教师引导学生阅读教材第 93 页的相关内容,思考、讨论并回答教材中提出的三个问题。

设计意图：培养学生的阅读能力和提取信息的能力。

驱动任务：生长素的极性运输。

任务呈现：教师组织学生结合教材第 95 页的"思维训练",通过小组合作探究,得出三个问题的答案以及相关的结论。

设计意图：培养学生的科学思维、科学探究能力和合作创新意识。

五、教学反思

本节课以问题引导任务驱动教学为主线,无论是生长素的发现过程,还是生长素的合成、运输和分布,均以任务提出为出发点,层层设问,引导学生从科学家的实验中发现问题、提出问题,再通过小组讨论分析问题、解决问题,然后从中发现新的问题,继续分析和讨论,最终得出新的结论……通过一系列环环相扣的问题的设置,在学生反复思考、分析、设计实验的过程中,逐渐培养学生的科学思维与科学探究能力,从而有效地落实了学科核心素养,以此达成本节课的教学目标。

（此教学案例收录在人民教育出版社出版的 2020 年版《普通高中教科书教师教学用书·生物学·选择性必修 1·稳态与调节》,有改动）

成果展示二：论文

基于学科核心素养的高中生物学任务驱动教学实践
——以 2019 年版人教版高中生物教材必修 2 第 5 章第 1 节中"基因重组"的教学为例

中共中央、国务院印发的《国家中长期教育改革和发展规划纲要（2010—2020 年）》中明确指出："深化教育教学改革,创新教育教学方法,探索多种培养方式,形成各类人才辈出、拔尖创新人才不断涌现的局面。注重学思结合。倡导启发式、探究式、讨论式、参与式教学,帮助学生学会学习。"《普通高中生物学课程标准（2017 年版）》首次提出并凝练了学科核心素养,明确了学生学习生物学后应形成的正确价值观念、必备品格和关键能力,克服了重教书轻育人的倾向。在这样的大背景下,课堂教学的改进迫在眉睫。我们前期调研发现,某些教学方式的不合理性已经非常明显,重知识传授、忽视学科核心素养培养的状态没有从根本上得到改变,学生的主体地位没有得到充分体现。

任务驱动教学是一种以富有趣味性、能够激发学生学习动机的情境为基础,以与教学内容紧密相关的任务为载体,使学生在完成既定任务的过程中提升学科素养的教学方法。本文以 2019 年版人教版高中生物教材必修 2 第 5 章第 1 节中"基因重组"的教学为例,对任务驱动教学法进行探讨。

一、任务驱动教学的内涵

任务驱动的本质是通过任务来诱发、强化学生的学习动机。任务驱动教学以建构主义学习理论为基础,以任务为主线,以教师为引导,以学生为主体,改变了以往"教师讲,学生听"的以教定学的被动教学模式,创造了任务驱动、以学定教、学生主动参与、探索创新的新型学习模式;通过"大任务展示—大任务分解—小任务完成",引领学生逐渐形成学科知识体系;恰当地设计教学环节,注重学生认知规律,引导学生辩证地分析,促进学生深度学习。

二、任务驱动教学的基本流程

1. 研读课标,确定任务

确定和设计有效的任务性问题是实现学生与教师深度互动的保障。好的学习任务能够引起学生深度思考,任务的确定和设计应直指课程标准、教学目标,符合学生认知水平。在确定和设计任务阶段,教师应将总目标分解成若干小目标,形成目标框架,并把抽象的教学目标转化成学生能力所及的具体学习任务,以驱动学生完成具体的学习内容,如图 10-12 所示。

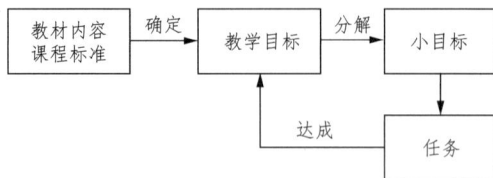

图 10-12　设计任务的教学思路

课程标准对本部分内容的要求是:阐明进行有性生殖的生物在减数分裂过程中,染色体所发生的自由组合和交叉互换会导致控制不同性状的基因重组,从而使子代出现变异。学业要求是:基于证据,论证可遗传的变异来自基因重组、基因突变和染色体变异。基因重组发生在减数分裂时期,是生物变异的重要来源之一,对生物进化具有重要意义。分子生物学基础、微观、抽象,学生理解起来有一定的难度;基因重组发生在减数分裂过程还是受精作用过程,学生也非常容易混淆;基因重组在教材中所占的篇幅不大,却是教学的重点和难点。

2. 创设情境,呈现任务

情境一般是指一定时间内各种情况相对的或结合的境况。真实的学习是与自然世界关联的复杂学习,必须有真实情境与任务的介入。任务驱动教学建立在具有趣味性和富有感染力的真实、复杂的情境中,强调知识的灵活性和动态性。

将学生置于一种新的真实情境中，无论情境简单还是复杂，都可以循序渐进地培养学生的情境感知意识和情境分析意识，进而用不同形式的问题层层递进、逐步提升，驱动任务完成。教师应注重将任务融入合理的情境中，"把学生所学习和生活的真实世界浓缩于任务中"，提出明确的学习目标和任务，为学生理解和执行任务做好准备，让学生在解决实际问题的情境中实现成长。任务的呈现方式有多种，如口头、板书和学习任务单等。其中，学习任务单是梳理教学内容、体现教学思路、融合多个具体任务的组合，是以任务为中心的课堂教学实践的关键媒介。它以文本的形式将任务呈现出来，便于学生完成任务并进行回顾。

在本节课的教学中，教师可先向学生介绍相关的背景知识并呈现相应的任务：金鱼以其雍容华贵、游姿优雅深受人们的喜爱，在金鱼各种变异特征中，最为突出的是眼睛的变异。朝天眼金鱼（望天金鱼）是从不同变异类型中经人工选择筛选出来的，由于朝天（望天）包含仰望天子之意，因此朝天眼金鱼在清代宫廷中曾是最受宠的品种之一。而出现较晚的水泡眼金鱼十分独特，与朝天眼金鱼杂交形成的朝天泡眼金鱼讨人喜爱。那么朝天泡眼是如何形成的呢？

（1）知识回顾，明确任务。

在学生探究与本课内容相关的具体任务之前，教师应设置知识回顾型任务，引导学生回忆与新知识相关的已学知识，以便学生能够顺利地完成后续任务，并形成系统的知识体系。例如，在本课中，教师可呈现任务1：辨析同源染色体、非同源染色体、等位基因、非等位基因、相对性状等概念（模型辨析类任务）。结合图 10-12，观察图 10-13，可将任务1进一步细化为以下具体任务：① 1号染色体中各字母表示的基因是等位基因还是非等位基因？为什么？② 从2～5号染色体中找出1号染色体的同源染色体，并说明原因。③ 指出同源染色体上的等位基因，它们在位置上有什么特点？④ 请举例说明什么叫作相对性状。

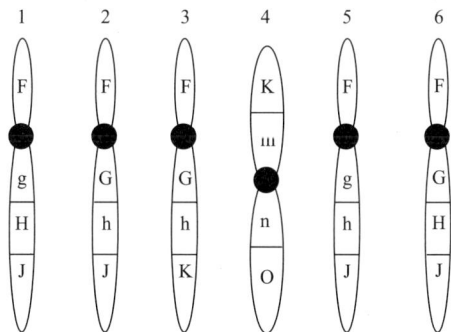

图 10-13　染色体结构示意图

设计意图:通过相关示意图,引导学生回顾学过的相关概念,厘清概念之间的关系,为理解基因重组的本质扫清障碍。

(2)结合情境,驱动任务。

教学过程不是简单的知识讲解过程,教师应结合情境创设问题,激发学生的学习动机,引导学生进一步思考,并与自己已有的知识相联系,在原有认知的基础上,分析问题的来源,诱发强烈的学习和探究欲望。例如,在本节课中,教师可呈现任务2:对非等位基因在染色体上的位置进行定位,分析基因重组的来源(模型建构类任务)。随后可将任务2进一步细化为以下具体任务:① 位于非同源染色体上的非等位基因是否遵循基因的自由组合定律? 画出ＭＩ后期及配子细胞中的染色体组成示意图(以GgHh为例)。② 位于同源染色体上的非等位基因是否遵循基因的自由组合定律(假设G和H连锁,g和h连锁)? ③ 若同源染色体上的非姐妹染色单体互换,请画出ＭＩ前期、ＭＩ后期以及配子细胞中的染色体组成示意图,分析互换前后配子中的基因组成有什么区别。④ 若亲本的基因型为GgHh(G和h连锁,g和H连锁),则朝天泡眼是如何形成的?

设计意图:通过构建模型,学生明晰自由组合的实质为ＭＩ后期非同源染色体上非等位基因的自由组合;互换的实质为ＭＩ前期同源染色体上的等位基因随非姐妹染色单体交叉互换而实现的非等位基因的重组。

(3)深化情境,激发任务。

教师的教和学生的学以一个个具体的任务为中心而展开,学习目标非常明确,这时教师应进一步深化问题情境,激发学生的学习动机,以优质的新任务作为导学的纽带,使学生能够由浅入深、循序渐进地在自主学习和探究学习中提升学习能力和解决实际问题的能力。例如,在本节课中,教师可呈现任务3:基于证据,论证基因重组为可遗传变异之一(数学推理类任务)。紧接着可将任务3进一步细化为以下具体任务:① 若生物的体细胞中有两对同源染色体 $(2n=4)$,经过减数分裂(不考虑交叉互换),可能形成几种配子? 三对 $(2n=6)$ 呢? 金鱼有47对同源染色体,金鱼精卵结合产生的后代有多少种? ② 如果考虑交叉互换呢?

设计意图:通过计算,学生发现通过基因的自由组合和交叉互换,染色体和它们携带的遗传信息重新排列组合,这种可遗传变异对物种至关重要。

(4)拓展情境,延伸任务。

学习动机被激发后,学生的情绪高涨,这时教师应进一步拓展情境,延伸出质量较高的新任务,启迪学生思维,让学生自主探索和互动协作,以进一步培养学生的高阶思维和解决现实生活中复杂情境问题的能力。例如,在本节课中,教师可

呈现任务4：学以致用，发展批判性思维（对比分析类任务）。然后将任务4进一步细化为以下具体任务：透明鳞（TT）鱼与正常鳞（tt）鱼杂交，其子一代出现五花鱼（Tt）的新杂种，杂种相互杂交，子二代出现透明鳞鱼、五花鱼、正常鳞鱼的比例为1∶2∶1，请问这个过程中控制鳞片是否透明的基因之间发生重组了吗？为什么？

设计意图：学生通过朝天泡眼鱼的出现，明确了基因重组的实质，在新的拓展情境问题中，用所学的知识来分析问题，解决问题，激发了好奇心和求知欲。

3. 建构知识，完成任务

通过设置"事实—初步建构概念—事实—丰富概念—应用概念"的流程，构建新的概念知识框架，有效提高了学生对知识的迁移应用能力和逻辑思维能力。学生在教师的引导和帮助下，通过自主学习、合作探究、分组执行任务，逐步完成任务单中的各项任务，然后分组做好向全班同学报告或展示的准备，最后分组展示任务成果。此时教师的作用是负责监督、引导，做出公平公正的评价，让学生在交流和对话中逐步达成比较一致的认识。

例如，在本节课中，在回顾同源染色体、非同源染色体、等位基因、非等位基因的基础上明确基因重组是生物体有性生殖过程中控制不同性状的基因的重新组合。基因重组包括两层含义，一是ＭⅠ后期，非同源染色体上非等位基因的重组；二是ＭⅠ前期，由于同源染色体上的等位基因的互换而导致的同源染色体上的非等位基因的重组。

4. 多元综合，评价任务

评价本身也是一种学习，教师一方面要对学生解决问题的过程、结果进行评价，另一方面要对分工协作能力进行评价，在教学第一时间开展评价工作，采用学生自评、互评及教师点评的多元综合评价形式，指出存在的问题并分析原因。评价的方式并不是只是给出一个分数，还要评价学生的态度、进步和亮点等，要做到及时化、个性化、多样化、多元化，避免片面化、单一化。

在本节课的课堂交流中，教师通过展示学生课前预习、收集的有关视频和图片资料，让学生介绍自己课前自主学习的收获，从而评价学生的学习准备情况；通过展示学生思维过程并进行对比评价，让不同的学生都可以看到问题的不同面和解决问题的不同途径，并做出适当的调整；通过让每一位学生都参与成果展示，评价学生的团队合作精神和协作能力；通过展示学生的探究结果，评价和肯定学生的综合学习能力。教师可以利用成长记录袋记录学生的表现情况，包括任务的准备、任务的推进过程、任务的讨论、任务成果展示、任务的执行情况等各个方面。在此基础上，教师还要及时获取学生测试情况的反馈，引导学生课下继续进行探索式学习和实践性学习。

三、总结反思

1. 更新了教育教学理念

任务驱动教学契合了以核心素养为核心的新课程理念,将以传授知识为主的传统教学理念转变为以解决问题、完成任务为主的多维互动式教学理念,变再现式教学为探究式学习。

2. 激励学生自主建构概念

从学生的角度来讲,任务驱动教学激励学生自主建构生物学概念,使学生处于积极的学习状态,以探索问题来激发和维持学生学习的兴趣和动机,为每一个学生的探索、发现和创新提供了广阔的空间。

3. 课堂充满民主、个性和人性

从学习效果的角度来讲,任务驱动教学是一种有效的教学方法,它从浅显的实例入手,提高学生学习效率和兴趣。任务的完成,使学生获得满足感和成就感,激发了学生进一步求知的欲望。课堂教学过程充满了民主、个性和人性,课堂氛围也真正活跃起来。

综上,在高中生物学教学中以学习任务驱动学生进行思维,建构具有教育性、实践性、创造性、发展性的学生主体活动,激励学生主动参与、主动实践、主动思维、主动探索和主动创造,将有助于学生将抽象、零散的知识进行系统梳理,形成直观的知识网络,更加有效地帮助学生建构生物学概念,发展科学思维,培养探究能力,增强社会责任,提高解决现实生活问题的能力,实现课程育人目标。

参考文献:

[1] 中华人民共和国教育部.普通高中生物学课程标准(2017年版)[M].北京:人民教育出版社,2018.

[2] Matsumura M, Ohkuma M, Honda Y. Electron Microscopic Studies on Celestial Goldfish Retina—A Possible New Type of Retinal Degeneration in Experimental Animals[J]. Experimental Eye Research, 1981, 32(5): 649-656.

[3] Goodrich H B, Hansen I B. The Postembryonic Development of Mendelian Characters in the Goldfish, Carassius Auratus[J]. Journal of Experimental Zoology, 1931, 59(2): 337-358.

(注:本论文发表于陕西师范大学主办的全国中文核心期刊《中学生物教学》(CN61-1256/G4)2022年第5期,有改动)

(2019年11月至2022年8月,作者主持并完成了中国教育学会教育科研规划课题"核心素养背景下基于任务驱动的高中生物学课堂教学实践研究",课题编号为201900180904B)

第十一章
思辨与思辨能力的培养

第一节　关于思辨的理解

一、关于思辨的理解和思维雏形

《现代汉语词典》(第7版)给出了"思辨"一词的解释:① 哲学上指运用逻辑推导而进行纯理论、纯概念的思考。② 思考辨析。思辨能力就是思考和辨析的能力,思考即人们在对问题进行探寻、分析和解决时用到的推理、判断等思维活动,辨析即通过辨别、分析来甄别事物的发展脉络和方向。具体而言,思辨能力包括问题分析能力、逻辑思维能力、推理判断能力、质疑能力等。

关于思辨的思维雏形,其实早在2 000多年前的经典中就有论述,《礼记·中庸》记载:"博学之,审问之,慎思之,明辨之,笃行之。"可见治学要注重提问请教(审问之)、周全思考(慎思之)、清晰判断(明辨之)。孔子认为问题意识在学习中非常重要,要求学生做到逢事必问。孔子还认为疑是思维的开始、学习的开端。此外,孔子的学生子夏发扬孔子学思结合的思想,提出了"博学、笃志、切问而近思"。孟子的"尽信书,不如无书"体现出对事物要持怀疑态度。张载认为,在应该提出疑问的地方无疑,相当于没学,学习必须有疑。朱熹认为,读书应该使人在无疑的地方,通过教导让其有疑;在有疑问的地方,通过解答疑惑让其无疑。陆九渊提出了"小疑则小进,大疑则大进"。综上可见,古人认为主动质疑和思考非常重要,这也成为思辨思维方式的雏形。

西方哲学家的思想中也体现出了思辨。苏格拉底的"产婆术",指通过双方对话不断揭示对方的矛盾,进而引发对方思考。亚里士多德在《形而上学》中提到:"凡愿解惑的人宜先好好地怀疑;由怀疑而引发为思考,这引向问题的解答""不论现在还是最初,人都是由于好奇而开始哲学思考的"。古希腊关于本体论的深入认识,从认为万物之源是水到后来认为原子(即物质的本源)是事物的最小组成单位,其中体现了不断批判、追求真理的思维。同时,马克思主义哲学批判了西方哲学家仅停留在对世界的解释上,并没有解决改变世界这一问题,真正体现出有限性、辩证性、发展性等思维特征。20 世纪,杜威从个人和国家关系的角度批判了柏拉图、18 世纪的个人主义、19 世纪的教育哲学,建构了教育哲学理论。近代学者余英时认为,西方哲学是崇尚思辨的。

综上所述,无论是中国还是西方国家,都非常注重对思辨能力的培养,但也存在一定的认识上的不同。中国主要将思辨能力作为学习方式,提倡在学习的过程中要进行思考和质疑,而西方国家更多的是将思辨能力作为一种思考方式进行哲学研究。无论从哪个角度来看,思辨能力都是一种理性的思维方式,是对问题进行思考、判断、质疑,进而形成自己的观点的思维方式。

二、思辨与思辨能力

"思辨"是课程标准中提到的最重要的词汇之一,强调学生要具有思辨性的阅读和表达能力。思辨能力已经成为应对新高考的一个底层能力,不仅是语文学科,甚至高考所有科目都会朝着这个方向靠近,而且它也是学生将来踏入社会所需要的一项重要能力。思辨能力,顾名思义就是思考和辨析的能力,要求学生通过自己的思考和辨析,能够洞察事物的本质。正如福州一名小学生在读到教科书中《羿射九日》这篇文章时,提出了疑问:文章前面已经提到江河中的水被蒸干了,后面又说他蹚过 99 条大河,这不合理,都没水了还怎么蹚啊?很快他的质疑在网上传播开来,后来负责教科书出版的出版社专门对孩子的质疑进行了回复,表扬了这个孩子在阅读时能够积极思考、敢于质疑,提出了一个很好的问题,承认联系上下文"蹚"字的用法的确不合理,并在下一版教材中对这个地方进行了合理的修改。多少年都没有人发现的问题,居然被一名小学生发现了。

思辨能力是指在进行问题分析时,运用逻辑、创造等方法进行推理分析的能力。培养学生的思辨能力对于他们的成长和发展非常重要,它可以帮助学生更好地理解和解决问题,发展逻辑思维能力和辨析能力,提高创造能力和迁移应用知识解决问题的能力。

具体来说,思辨能力包括以下几个方面:

(1)信息分析能力:指能够理解、分析、比较和对照信息的能力。在这个过程

中，我们需要确定信息的准确性、可靠性、相关性和实用性。

（2）逻辑推理能力：指在给定的情况下，能够形成合理、有逻辑的论证，以及做出明智决策的能力。它包括推理、归纳、演绎，以及解决问题的能力。

（3）创造性思维能力：指能够运用创造性思维进行思考和解决问题的能力，如在遇到问题时，能够通过联想、类比等方法找到解决方案。

（4）批判性思维能力：指能够运用批判性思维进行思考和判断，了解事物的优缺点和适用范围，从而做出正确的选择和决策的能力。

培养孩子的思辨能力不仅要靠教育者，还需要父母的努力。父母可以通过让孩子独立思考、鼓励孩子提出问题、引导孩子分析问题和解决问题等方式来培养孩子的思辨能力。同时，父母也可以通过阅读、写作、实验等方式来锻炼孩子的思维能力和创造能力，促进孩子思辨能力的发展。没有天生的自信，只有不断培养的信心。

一个人的认知水平和思辨能力决定了其做事效率的高低。

第二节　思辨能力的培养

一、培养思辨能力的必要性

思辨能力在世界范围内一直备受关注，近年来，我国越来越重视学生思辨能力的培养。《普通高中生物学课程标准（2017 年版）》中关于生物学核心素养的提出，体现了对学生思辨能力的重视，其中科学思维和科学探究这两个维度与思辨能力有密切的联系。通过对学生思辨能力的培养，可以有效促进学生科学思维和科学探究能力的发展，进而促进学生核心素养的发展和落实。此外，当今社会的发展需要具有思辨能力的人才，一个人的认知水平和思辨能力决定了其在社会中做事效率的高低，因此思辨能力的培养至关重要。

1. 人类生存和发展的需要

21 世纪，经济、科技飞速发展，全球各国联系紧密、竞争激烈，这种竞争主要是脑力的竞争、科学技术的竞争，换言之就是人才的竞争。"人才"在不同的时期有不同的定义。在 21 世纪经济、科技飞速发展的背景下，仅有大量知识的人已不再是社会所必需的人才。那么，什么才是人才呢？美国全国教育协会（NEA）倡导培养"4C"核心能力：Communication（沟通能力）、Collaboration（团队协作能力)、Critical Thinking（批判性思维能力）、Creativity（创造与创新能力）。由此可见，随着社会发展，关于人才已经不再是仅通过体力和知识储备量来衡量了，而是靠在学习过程中发展的各方面能力来衡量。这说明人才培养的标准和模式离不开对事物的分析和质疑，离不开思辨能力。

此外，现实生活中也需要思辨能力的发展。习近平总书记2020年9月30日在联合国生物多样性峰会中曾强调全球物种数量正在以越来越快的速度不断地减少，生物多样性丧失和生态系统的恶化对人类的生存和发展构成了前所未有的威胁和挑战。习近平总书记对生态问题的这一判断为人类敲响了警钟，解释了人类在追求经济快速发展的过程中所导致的重大问题，这一判断反映了我国政府的清晰认识。自从世界进入工业革命以来，为了快速发展经济，人类盲目地开发自然资源，肆意掠夺生态组分，对生态系统造成了不可逆的破坏，导致了生态问题。"自1900年以来，物种灭绝速度是过去1 000万年平均值的数千倍，而且增速有可能进一步加快""这场第六次生物集群灭绝主要由人类导致，原因是人类活动改变了75%的陆地表面和66%的海洋生态环境，破坏了超过85%的湿地""全球已有4.2亿公顷森林遭到砍伐，净减少面积1.78亿公顷，而损失最多的恰恰是物种最丰富的热带雨林""在未来全球气候进一步变暖的情形下，全球尺度和大陆尺度以及所有人类居住的区域，极端热事件（包括热浪）将继续增多，强度增加""强降水未来变化预估结果的信度水平与全球温升水平有关。全球温升水平越高，预估的强降水变化的信度水平就越高"。生物灭绝、湿地减少、森林砍伐、气候变暖，这全都是大自然给人类的警告，如果人类继续盲目地掠夺自然资源，无异于自掘坟墓。因此，我们要反思自己的行为，学会发现问题，学会反思问题，进而采取行动解决问题。只有这样，我们才不会把路越走越偏，才能让我们的未来更加美好。

2. 应对高考趋势的需要

自1977年恢复高考以来，无数学子通过知识改写了命运，这为社会发展奠定了良好的基础，也为人才培养提供了深厚的基础。但是，随着中国社会的发展、经济的增长、科技的腾飞，中国已经处于信息化时代，新的时代关于人才的定位和取向越来越多元化，社会需要的更多的是具有创新思维和创新能力的高素质人才。因此，仅靠知识量来衡量人才太过单一、片面，唯分数论已不再适应社会需求，而通过高考却很难评价学生在价值观等方面的水平以及在思维能力、创造能力等方面的发展。2014年《国务院关于深化考试招生制度改革的实施意见》颁布，其中提出了要坚持育人为本，扭转应试教育的倾向。这为育人目标提供了新的指导方

向,为课堂教学、课程改革和教学评价提供了重要的参考。

《普通高中生物学课程标准(2017年版)》中明确提出要培养学生的学科核心素养,这为高考提供了方向。学科核心素养的提出,更加关注学生科学思维和科学探究能力的培养,未来的高考将会更加重视对学生思维的考查,通过情境试题、图文表格等考查学生的逻辑思维、辩证思维和创新思维等。因此,在高考的引领下,要注重学生思辨能力的发展,落实课程标准的要求。

3. 人教版教材教学的需要

教材是按课程标准的要求编写的,将课程标准的要求转化为具体的、外显的教学内容和学习内容,从而促进教学目标的实现。教材是教学内容的基础和依托,教学内容是以教材为基础和指导而进行的进一步加工。

人教版教材以立德树人为根本目标,将相关的主题教育内容有机融入其中。教师要给学生提供充分的学习空间和轻松自由的学习氛围,教给学生学习的方法和思考的路径,引导学生自主探究、主动思考,让学生产生疑问,并通过思考形成个性化见解,从而使学习真实发生。

4. 个体自我成长的需要

个体在成长过程中会面对多样的外界环境,会接触不同的价值观、世界观,而个体在如此复杂的环境中会在行为和观念上发生一系列变化,这就需要思辨能力的参与。当今社会越来越开放、多元,教育竞争越来越激烈,虽然教育正在适应社会发展以培养社会需要的人才,但人才培养体制依然过于单一,以高考成绩论成败依然占据主流。不否定通过高考成绩选拔人才在某个时代具有明显的价值,为社会发展打下了良好的基础,但在当今时代多元化、全球化、开放化的趋势下,传统的单一教育制度培养出的人才无法适应当今社会的发展。此外,个体在自我发展过程中会逐渐形成自己的想法和见解,进而形成自己的价值观,并期望得到他人的评价,而这些评价复杂多样、褒贬不一,个体则需要主动思考,正确看待不同的评价和价值取向,不再执意追求做一个别人口中的好孩子、乖孩子,不再言听计从,而是用自己的内心感知世界,用自己的眼睛观察世界,用自己的双脚丈量世界,这些在个体成长中逐渐发展起来的习惯、爱好和价值观需要思辨。随着信息全球化,各种各样的信息纷至沓来,真假难辨,令人应接不暇。作为一个涉世未深的青少年,是否能明辨这些信息的是非对错?是否能拨开迷雾探寻到事情的真相?是否能在眼花缭乱的信息面前保持清醒的头脑?是否能抵得住不良诱惑?亚里士多德宣称"吾爱吾师,吾更爱真理",这可以为成长中的青少年提供参考,即个体要理性地判断世界,积极探寻真理,在复杂的信息中保持自己的立场,而这

同样需要思辨能力。

5. 当前各国教育对思辨能力的重视

思辨能力需要通过不断的学习和训练才能提高,因此教育在个人思辨能力发展中发挥着至关重要的作用。包括哈佛大学、剑桥大学在内的世界一流大学都非常注重思辨能力的培养,其中,哈佛大学追求"乐于发现和思辨",剑桥大学鼓励怀疑精神。思辨能力是高素质人才的必备能力,是教育中不可忽视的重要目标。我国《国家中长期教育改革和发展规划纲要(2010—2020 年)》中提出,要重视学生能力的培养,着力提高学生的学习、实践和创新能力。现代化强国的实现离不开创新型人才,而思辨能力是创新思维的重要条件。

二、思辨能力的培养

思辨能力的培养从三四岁就可以开始了。

一部哲学启蒙动画片中有一集是这样的:

主人公雨果正在寻找自己的书包,今天他就要去上学啦。找到书包后的他,脑子里突然产生了一个疑问:我为什么要去学校呢?面对这样的灵魂提问,如果是你,会怎么回答呢?因为必须去?雨果的好朋友菲利克斯给出了这样的答案:因为去学校可以学习知识啊,比如读书、写字,还有算术,还有一些很酷的、我们未知的东西,当然还有人和动物;还有我的朋友们,有时候我们还在学校里玩耍。听上去很有道理,对吧?可是雨果并没打算就这样结束,他的小脑袋又开始转了:那么,学校是唯一一个我们可以学习的地方吗?如果可以,在这里停顿一会儿,你来想想这个问题,或者让你的孩子也来想想这个问题!你有答案了吗?当然不是!有的小朋友跟爸爸学会了骑自行车,有的小朋友跟姐姐学会了搭积木,有的小朋友从电脑上学会了拼图游戏,我们还可以从电视里学习知识。这时候,聪明的雨果又有了新问题:既然能从家里学到很多知识,那为什么还要去学校呢?

菲利克斯回答道:"家里没有你的老师啊,还有你的朋友也不会待在家里。"老师确实懂很多呢!但也许他们并不是什么都知道,你也能从朋友身上学到如何与人相处。菲利克斯接着告诉雨果:"如果你在学校表现出色,长大后就会懂得更多,还能找到一份工作。"

到这里,一集 5 分钟的小动画就结束了,但是雨果在最后提出了新的问题:那是不是等我们长大后就不用去学校了呢?你怎么认为呢?这个看似简单却充满哲理的动画片就藏着培养思辨能力的小秘密,即不断地提出问题—思考问题—再提出进一步的问题。

可不要小看这一提出问题的方式,它来源于哲学家苏格拉底的教学方法。苏格拉底的教学方法始终以师生之间问答的形式开展教学活动,所以又称为"问答法"。苏格拉底认为,教学生概念时不能直接告诉学生,而应该通过不断提问的方式引发学生思考,纠正学生的错误,从而引导学生一步一步地接近正确的结论,进而获取概念。就像动画片中雨果的提问:

第一是问本身,"这是什么"——学校是什么?

第二是向前多问几次"为什么"——我为什么要去学校呢? 我们为什么要学习知识?

第三是向后多问几次"所以呢""你是怎么知道的"——所以只能去学校才能学到知识吗?

第四是向外多问几次"还有别的可能吗""为什么不呢"——为了学知识,还有别的方式吗?

是不是有点儿复杂? 其实不然。

正如动画片中的雨果问"我为什么要去学校",如果我们的回答是"没有为什么,必须去",又或者我们被孩子的"十万个为什么"问烦了,决定用权威来压制他们的问题,"我说什么你听着就是了,哪有那么多为什么",那么我们就失去了一个让孩子提高思辨能力的机会,自己也失去了一次思辨的机会。苏格拉底想要告诉我们的,正是回答孩子的"为什么"就是一场思辨的开始。

动画片中的菲利克斯说出了他关于学校的思考,那么我们也可以说出我们的思考,如果我们不知道答案,也可以和孩子一起去寻找答案。

对于大一点儿的孩子,我们甚至可以讨论得更多、更深、更远,而不再限于当下的角度。例如:

学校是什么时候出现的? 你觉得未来的学校应该是什么样子的? ——不再限于局部的讨论,让思考更多元。

学校里的老师会怎么看待学校呢? 你的同学又是如何看待学校的呢? ——不再限于浮于表面的想法,让思考更深刻。

学校建立的目的是什么? 你觉得学校达到了它原本的目的吗?

这时候我们可以和孩子一起集思广益,寻找论据,在思考中得出结论,提出新的问题,如此反复。再看有什么例外情况需要更深入地探讨,我们需要到哪里去寻找这些知识,这些知识又如何运用到我们的问题上。

这简直打开了知识的大门。

具体怎么做? 多引导孩子观察,向孩子提问日常生活里隐藏的很多我们成年人习以为常,在孩子眼里却很新奇的东西。当看到他们对某件事情感兴趣或者碰到问题时,我们要更好地引导他们观察。比如最近在下雨,两小儿兴奋极了,总想穿上新买的雨衣和雨鞋出去踩水坑,那我们可以引导他们观察下雨的时候为什么会有水坑,水坑为什么有大有小,下午的水坑为什么比上午的小。当你问他们问题时,或许他们并不知道答案,但是他们的小脑袋已经开始转动了,这就是思维的力量。

鼓励孩子质疑,让孩子多问"为什么"。

鼓励孩子质疑是思辨的第一步。要教会孩子寻找证据和资源,让孩子知道哪里可以找到第一手的资料,哪里可以查到这件事的来源和历史,谁对这件事做过研究,让孩子在互联网时代学会通过关键词搜索并筛选那些真正重要的信息。在查找资料的过程中,让孩子知道区分什么是事实,什么是观点。

事实:能被证明是真的还是假的的一段陈述。观点:表达一种感觉、看法或者信念的陈述,无须被证明。比如:我有一个弟弟(事实),冰激凌是用牛奶做的(事实);我的弟弟很讨厌(观点),冰激凌很好吃(观点)。在庞杂的信息网络中分析、比较、辨别信息,思考问题,也是培养思辨能力的重要方式。

手中常备一些科普类的工具书可以为孩子打开思维的大门。跳出思维框架,多引导孩子思考有没有别的可能性,凡事多问几次"还有别的可能吗""为什么不呢"。比如,曾经讨论比较多的如何让一张长纸条上的小瓢虫吃到树叶(这正是科学家发明莫比乌斯环的过程)。两个小孩在不断的尝试中几乎找到了方法。又比如,为了清扫地面上的垃圾,看看古人是如何发明扫帚的,而现代人是如何发明扫地机器人的。

和孩子讨论一些大问题,如关于爱、死亡、时间的问题。这些明明很重要我们却很少和孩子讨论的问题,藏着我们自己的价值观。如果当面讨论很突兀,那么就跟着孩子一起看类似《雨果带你看世界》的纪录片,这样一定会有不一样的收获。万事皆可提问,万事皆有知识。

父母想要培养孩子的思辨能力,首先要做一件事情,那就是耐心解答孩子的问题,并对问题进行拓展,有机会还要让孩子学会批判式思维。

孩子脑子里有各种各样的问题,很多问题稀奇古怪。面对他们的提问,我们要做的不是回避,而是根据问题合理答疑,让他们在解除疑惑的过程中成长,有所收获。

比如,有孩子分享了《卧冰求鲤》的故事,故事讲完后有个孩子向我提出了问题:"这个卧冰求鲤的人会不会冻死?"我说:"很可能会。"对于孩子的提问,很

多时候回避并不是办法,要和孩子一起分析。能结厚厚的冰,就说明室外的温度很低,而人在这么低的温度下不穿衣服,又躺在冰上不动,用不了多久四肢就会僵硬,所以很可能会冻死。人在失温的情况下,会产生幻觉,会影响行动能力。可以对孩子说:"写这个故事的人可能并没有想过这个人会冻死,他只是想让每个人懂得孝顺父母的道理,只是想让大家成为一个孝顺的人。俗话说'百善孝为先',现在看来卧冰求鲤的做法是很不负责任的,是愚蠢的孝。"接着和孩子一起分析冬天想吃鱼的其他办法,孩子们说得很好,想了很多办法,比如凿开冰钓鱼、去赚钱买鱼等。所以,做事情是要动脑子的,好好动脑子,很多问题就会解决。

孩子在思考中,在有能力的人的帮助下,沿着问题进行推理,进行思考,然后得到答案,思辨能力在这个过程中得以培养。给孩子提出他们能力范围内能回答的问题,或者是他们通过思考可以回答的问题,是培养孩子思维能力、答辩能力的最好方法。

第三节　思辨能力与学科核心素养的培养

一、思辨能力与中学生物学核心素养的关联性

普通高(初)中生物学课程的基本理念以核心素养为宗旨,生物学核心素养提出了科学思维和科学探究,这与思辨能力具有相吻合的特征。思辨能力是落实生物学核心素养的重要方面。

首先,思辨能力是依据所获得的信息和证据进行分析、判断、综合,最终得出结论或做出评判。生物学核心素养是生物学科教学的指挥棒,其包含科学思维和科学探究两个维度,二者都充分体现了积极思考、探真求实的思辨能力。科学思维即将因果相联系的思维。在生物学中,因果关系的思维分析极其重要,由原因推理结果和由结果追溯原因都是重要的科学思维。科学思维要求学生在以情境为载体的基础上,通过呈现的事实和证据,运用科学的思维方式进行分析、推理,从而揭示生物学规律,并解决实际问题。分析比较思辨能力和科学思维,可以发现思辨能力的技能要素和表现与科学思维的本质特征具有密切的相似性,都注重通过一定情境下的事实和证据进行推理、分析,进而得出结论,都注重原因和结果之间的联系,二者的能力要素和水平具有一定的相似性。

科学探究是发现并提出问题,然后通过探究解决问题的过程,通过探究获取

科学知识,掌握科学思维和方法,发展科学精神。科学探究是获取知识的过程,更是研究的过程,体现出综合能力和水平。科学探究强调在解决问题的过程中要学会探究的思路和方法,强调要形成合作、创新等科学精神。思辨能力虽然与科学探究没有具体的内涵的共性,但通过科学探究过程可以有效地发展学生的科学思维,使思辨能力在进行科学探究的过程中得到提升,科学探究过程也是思辨能力不断发展的过程。在科学探究过程中,科学思维和思辨能力共同发展,科学探究能力也不断提升。思辨能力要求学生能主动思考,积极探索事实真相,有效获取知识,进而通过推理分析找出结论,并对结论进行科学评价,最终解决问题。因此,思辨能力与核心素养中的科学思维和科学探究两个维度密切相关、相互促进,思辨能力的培养可以有效促进生物学核心素养的发展。

生物学科思辨能力的内涵具体见表 11-1。

表 11-1　生物学科思辨能力的内涵

思辨技能		思辨倾向
论证	评价	
在特定的情境下,运用给定的信息和知识进行综合分析,进而得出结果或结论,阐明思维过程	依据知识和信息阐释研究方案的合理性,论述结果与结论之间的一致性	追求真理,开放思想,分析能力,求知欲,系统化能力,自信心,认知,成熟度

二、学科教学如何培养学生的思辨能力

(一)结合学科新进展、高阶习题和开放性问题,多维度培养学生思辨能力

随着科学技术飞速发展,生命科学领域的理论知识和相关技术都在飞速发展,包括生物化学在内的知识在快速更新,大数据信息不断出现,但教科书不能及时根据生命科学的发展而更新。在信息更新速度飞快的形势下,我们要在教学中保证基础知识和理论的夯实,引导学生主动思考、积极探索学科领域的新进展、新发现,以应对教科书中知识更新滞后的弊端。因此,每一位教师,除了需要教给学生知识,还要引导学生提升积极思考、勇于质疑和敢于批判的思辨能力。所以,在学科教学中,要结合学科新进展,通过呈现学科进展的相关资料、高阶习题和开放性问题,培养学生的思辨能力。

1. 融入最新进展,强调批判创新思维

将生命科学领域的相关科学研究的新进展通过文字、视频等方式融入课本

知识的学习中,一方面可以让学生认识到学科知识的学习与科学研究密切相关,与实际生活密切相关,通过学科知识进行科学研究可以解决实际生活中的很多问题,认识到生物学知识在人类生活中的重大意义,从而激发学生的学习兴趣;另一方面可以让学生认识到在科学研究过程中需要科研人员具有独立思考能力、创新能力、批判和质疑精神,从而让学生学习科学精神,发展思辨能力。

2. 演练高阶习题,防堵思维漏洞

在平时的教学中我们发现,学生很容易遗忘基础学科知识,究其原因,主要是对知识的学习仍然停留在浅层记忆层面,并没有对知识进行深加工并将知识内化到自己的知识体系中,即未从记忆层面上升到应用层面。在教学过程中,我们要引导学生通过全面思考和综合分析应用内化知识,这就需要我们精心设计可促进学生启迪和训练思维的高阶习题,引导学生防堵思维漏洞,发展洞察现象和全面思考分析问题的能力,提高迁移应用知识解决问题的能力。

3. 设置开放性问题,鼓励发散思维

开放性问题没有标准答案或有多种答案,主张思维的多元化,体现发散思维。通过设置开放性问题,鼓励学生自己通过多种渠道查阅大量的文献资料,积极主动地思考,刨根问底地探索,发表自己的见解,从而解决问题。在教学中设置科学的开放性问题,可以有效地发展学生的思辨能力,提高学生积极探索的能力,潜移默化地培育他们的探索和思辨精神。

（二）穿插人文故事和价值观引导,强化学生的使命思维与情感态度

教育的本质是育人,教育的职能包括教书和育人,教书即知识技能教育,育人即道德品质和价值观教育。正如胡显章先生所言:"促进科学与人文、科学教育与人文教育的融合是培养和谐的高素质人才的需要。"借此再次强调思辨能力对科学发展的重大意义。通过介绍科学家进行科学探究的故事和伟大成就,凸显他们坚持不懈、勇于探究、无私奉献、敢于创新等优秀品质,引导学生学习科学家的科学态度和精神,不忘初心,坚守使命,形成积极乐观、坚持不懈、吃苦耐劳的品格。

三、新时代背景下关于教育教学的思考

1. 新赛道,新规则,未来已来,唯变不变

教育在不变与变中行进。不变的是教育本质(即立德树人),变的是课程、课堂、技术。教育质量的根本是人的质量,是生命的质量。一个好老师就是一门好课程,一门好课程将成就一批好学生。

教师要做名师，就要先做"明师"——明白之师、明辨之师、明日之师。教师需要二次成长。

信念变了，思考才会变；思考变了，语言才会变；语言变了，行动才会变；行动变了，习惯才会变；习惯变了，人格才会变；人格变了，命运才会变！

2. 时代挑战

2019年，教育部出台了《关于加强和改进新时代基础教育教研工作的意见》，提出了教研工作的"四个服务"（即服务学校教育教学、服务教师专业成长、服务学生全面发展以及服务教育管理决策），高度概括了新时代教研工作的功能和任务。

随着《普通高中课程方案和语文等学科课程标准（2017年版2020年修订）》的颁布与落实，以及教育数字化和信息化的推进，学校课程建设、教师课堂教学、学生学习方式等都面临着许多需要解决的问题，教研工作的"四个服务"成为一项具有挑战性的工作内容，对教研员的工作实践和专业素养提出了更高的要求。

著名心理学家布鲁姆指出，教学实践是"帮助或促进人的成长的努力"，教研则应是对"努力"在教学维度上的研究。新时代背景下，教研员的指导要基于客观的事实与数据，形成专业判断，开展有效指导，开展基于事实与数据的循证教研，推动教研修一体化。面对教育数字化转型带来的变化，教研员要躬身入局，加强自身学习，适应时代和教育不断发展的要求，更新教学理念，深入课堂教学实践，持续探索创新性实践方式，在支持教师转变和发展的过程中实现自身的发展。

3. 学习方式变革的知识观基础

（1）事实性知识（学科知识）：理解、记忆、再现、判断——记中学。

（2）方法性知识（学科方法、学习方法）：阅读、观察、思考、尝试、交流、讨论、对问、争辩、分析、综合、归纳、总结、提炼、概括、解释、推理、运用、拓展——做中学。

（3）价值性知识（学科意义、学习意义）：体验、反思、取舍、比较、借鉴、分享、定向、创造、信仰——悟中学。

4. 深度学习

当前，深度学习是教育教学改革的热门话题和重要方向，是开展教学活动的重要参考。教师在教学活动中要根据学生的发展水平和实际情况灵活处理，引导学生充分思考、主动探究，从而培养学生综合素质，促使学生深度学习，提高教学

效果。深度学习可以看作机器学习的一个分支,旨在通过多个处理层对数据进行深度的分析、加工和处理,具体过程包括:挖掘所给样本数据的内在规律与联系;提取、分析样本的特征信息,如图像、文本和声音;处理数据信息并发出指令;控制机器的行为,使机器具有类似于人类的学习、分析、识别、处理等能力。深度学习指向立德树人,可以提高学生的高阶思维能力,发展学生核心素养,促进学生全面发展。

新高考注重考查学生运用高阶思维解决实际问题的能力,而生物学实验可以有效促进学生批判性思维、创造性思维的培养,提高学生解决实际问题的能力,最大限度地发挥学生对生物学实验的兴趣带来的内驱力。此外,生物学实验可以提高学生的动手能力,发展生物学核心素养。这种合作学习和探究质疑的过程有助于提升学生的高阶思维,使学生能够从容面对新高考。

教师要利用自身的科学素养与教育智慧,在必要的时候创造性地改进实验,灵活地处理教材,预设开放性的问题,引导学生在实验过程中不断质疑、反思。尤其在探究性实验中,教师要根据实际情况和科学本质优化实验器材、方法和步骤,并支持和鼓励学生对实验进行改进和创新,从而发散学生的思维,增强学生的创新意识和能力。

5. 循证教学

循证教学是一种基于证据而进行的教学,注重教学过程中的证据、科学和理性,强调教学的理性化和科学化。循证教学为当前实验教学中存在的经验性和主观性现象提供了新的改进参考和支点,为提高学生的批判性思维和自主学习能力开辟了新道路,为生物学实验教学质量的提高提供了新思路。循证教学要求教师在教学过程中不能以主观经验为主导,而应该注重事实,通过搜集大量的真实数据、案例来组织教学内容,客观选用教学方式和评价标准,并在教学过程中有效引导学生尊重事实,培养学生在学习过程中敢于质疑、积极思考、重视证据的思维习惯,让学生在耳濡目染中潜移默化地形成证据意识,真正领悟"科学工作采用证据的范式"。数字化实验设备包括传感器、数据采集器等,操作简便,可以使实验过程和结果数字化、可视化,从而使实验更加直观、准确;可以使实验数据的处理现代化、科学化,省时高效。例如,在"探究酶的高效性"这一实验中,传统实验中通过观察溶液中气泡产生的速率和卫生香复燃的情况来判断生成氧气的多少和速率;数字化实验则可以在软件中设置时间—氧气含量坐标系,利用氧气传感器将氧气产生情况以数字或者曲线图的形式呈现出来,如果有两个氧气传感器,还可以在一个坐标系中通过设置不同的颜色进行区分,使数据以对比的形式直接呈现出来,使实验效果更加明显。

6. 高(中)考命题改革

高(中)考命题改革加强了对学生探究能力和思维能力的评价,从传统的注重对知识的机械记忆结果的考查,转变为注重对探究能力和思维能力发展水平的考查。

新高(中)考的必然趋势和基本特征可以概括为:从以知识为中心转化为以思维为中心,从以结果为中心转化为以过程为中心,从以掌握为中心转化为以迁移为中心,从以存储为中心转化为以运用为中心。

各地高(中)考命题改革的几点趋势:第一,命题的结构性变化。从重考查有什么到重考查能怎么,从重考查知识回忆到重考查思维过程,从重定量测量到兼顾定性评价,从答卷取向到作品取向。第二,命题的功能性变化。强化以标命题,教学导向。

高(中)考命题改革还呈现出以下几点变化:

第一个变化,改进知识测试方式,扭转死记硬背现象。比如:① 知识性试题比例和难度的调整,降低比例,降低难度。② 减少对考试熟练度的要求,题量合理,给学生留出思考的时间。③ 客观性内容的主观化测试。

第二个变化,改进情境化命题,推进情境化教学。最近几年高(中)考命题越来越重视情境化,在情境中考查学生。主要表现在:① 减少裸考知识,进行客观性试题的情境化测试。孤立的、问答性、选择性的题越来越少,更多的是情境化问题。② 提高情境设置水平,让问题生长在情境中。有些情境题的情境内容和最后考查的内容没有多少关系,把这些内容删掉完全可以。最近几年各地命题的情境化水平越来越高了,要考的问题都扎在情境里。③ 全景内涵丰富,多角度使用,分层次使用(做中考)。最近几年的情境类题目的信息量越来越大,每一个情境都要从多角度、多层次分析,表面上题量减少了,但实际上要思考和分析的信息却越来越多。

第三个变化,增加开放性题目,推进深度学习。近几年高考命题越来越倾向于开放性问题的设置,在考查知识的基础上注重对思维和能力的考查,从而落实课程标准,引导学生深度学习。具体地讲,核心有这么几点:① 让学生评价、改进、解读已有的结论;② 面对问题,提供问题解决方案;③ 对学生活动的个性化测试。

参考文献

[1] 吴成军. 任务情境在考查生物学学科核心素养中的作用[J]. 基础教育课程，2020（Z2）：83-93.

[2] 荆永涛，王海. 开展研究性学习，培养学生理性思维[J]. 中学生物学，2017，33（6）：22-23.

[3] 刘凤娟. 国内外大学生思辨能力培养研究[J]. 大连大学学报，2014，35（3）：134-136.

（注：本课题为山东省青岛市教研基地学校校本研究课题，正在申报青岛市"十四五"规划课题）

后 记

未来让人憧憬,未来值得期待。

课堂教学可以说是一种不完美的艺术,人们对课堂教学的追求也是永无止境的。

课堂教学有许多问题需要研究,也有不少挑战需要面对,还有一些困惑需要消除。

展望新征程,我们更是豪情满怀。如何让学科教学更好地服务于立德树人根本任务,更好地服务于国家创新驱动战略的实施?如何让学科课程更好地服务于国家创新驱动战略的实施?未来的课堂教学及学科教育大有可为,我们每一位教育工作者都肩负着重任。

对教师而言,研究课堂,打磨课堂,就是研究自己,就是打磨自己的教育人生。1993年,我在一所基层中学当教师,可以说那时候对课堂教学还处于一种懵懂的状态,后来慢慢地有了一些思考,从2004年开始申报关于课堂教学的课题,截止到2024年,可以说是整整二十年。课堂是如此的复杂又是那么的耐人寻味。课堂教学面对的是人,是复杂的生命系统,要揭示这样复杂的系统是相当困难的。如果课堂教学仅仅强化知识的学习,那么从根本上就失去了对人的生命的存在及其发展的整体意义,教师和学生也就失去了个体的生命色彩。基于核心素养的教学应该是基于价值引领的教学、基于真实情境的教学、基于高质量问题的教学、基于学科内整合的教学、基于信息技术与课堂深度融合的教学、基于实践的教学、基于问题和深度思维的教学、基于思辨的教学。通过课堂教学改革把基于核心素养的教学真正落实到课堂教学中,落实到学生的学习方式和教师的教学方式的深刻变革中,从而力争将核心素养由一个抽象的理念变成一个看得见、摸得着的行动。

新情境下的任务驱动教学创造了任务驱动、以学定教、学生主动参与、探索创新的新型综合学习方式,通过恰当地设计教学环节,注重学生认知规律,引领学生逐渐建构学科知识体系,引导学生辩证分析、创新思维和组织语言,促进学生深度学习。一个人的认知水平和思辨能力决定了其做事效率的高低。思辨能力的

培养促进了学科核心素养的发展。"情境 + 任务驱动 + 思辨"的课堂,是我们的追求。

二十年的课堂教学研究和三十年的教育教学实践,使我有了很多的感悟:研究课堂就是研究教师,就是研究教师的教育人生,课堂是教师专业化成长的主阵地;课堂是人的"生命发展场",精心备课永远是教学上最大的投资,是学生和教师最大的受益点;学无止境,一位优秀的教师永远走在学习的路上;学会赏识学生,发现学生的优点并由衷地赞美,是我们教师引导学生积极学习的最有力的武器;只要在教学上善于积累、善于反思,就会在成就学生的同时成就自己;做一位好老师,一定要学会创作艺术,把课堂变成演绎艺术的舞台。希望每一位教师都能在自己的教育教学生涯中找到适合自己、适合学生、适应时代发展的课堂教学的好方法,找到自己的生命意义和价值。

这是我的又一本著作,前几年撰写的《青年教师专业化成长规划》丛书由西南大学出版社和山东科学技术出版社共同出版,其中《为自己定制竞争力——青年教师专业化成长规划》一书已于 2015 年 6 月出版,收到了不少中肯的回馈,在此深表感谢。《滋养生命活力——课堂教学助力教师专业化成长》一书与《为自己定制竞争力——青年教师专业化成长规划》的主题一脉相承,致力于青年教师的专业化成长。2023 年,我又撰写了《成长的思与行——名师工作室引领下的教师专业发展》。这几本书的共同之处是,均涉及课堂教学和教师的专业发展。本书是在进一步研究的基础上,从另一个视角谋划,从更高的层次撰写而成的。本书中涉及多个在不同时期关于课堂教学的课题研究,也涉及教师专业发展规划、案例研究及相关课程资源开发的课题研究,它们都来自一线课堂教学和实践。本书主要着眼于课堂教学方面的实践研究,希望能对一线教师有所启发,有所帮助。

本书作为我对课堂教学二十年的探索研究的总结,肯定会有许多不尽如人意之处,我会在以后的日子里进一步补充和完善。

最后,衷心感谢帮助和支持此书出版的出版社、教育界人士、有关领导和同行们的鼎力支持!

未来已来,未来可期!

谨以此为记!

张洪军

2024 年 5 月